本书受华中科技大学国家治理研究院国家治理研究丛书出版基金、湖北省社会科学基金项目(2017015)资助

The Theory of
Reform Consensus:
History and Reflection on China

# 改革共识论

## 中国的历史与反思

赵泽林 ◎ 著

中国社会科学出版社

# 图书在版编目（CIP）数据

改革共识论：中国的历史与反思 / 赵泽林著．—北京：
中国社会科学出版社，2020.1（2022.6重印）
ISBN 978-7-5203-5345-8

Ⅰ.①改… Ⅱ.①赵… Ⅲ.①改革开放—研究—中国
Ⅳ.①D61

中国版本图书馆 CIP 数据核字（2019）第 230527 号

| | |
|---|---|
| 出 版 人 | 赵剑英 |
| 责任编辑 | 喻　苗 |
| 责任校对 | 石春梅 |
| 责任印制 | 王　超 |

| | |
|---|---|
| 出　　版 | 中国社会科学出版社 |
| 社　　址 | 北京鼓楼西大街甲 158 号 |
| 邮　　编 | 100720 |
| 网　　址 | http://www.csspw.cn |
| 发 行 部 | 010-84083685 |
| 门 市 部 | 010-84029450 |
| 经　　销 | 新华书店及其他书店 |

| | |
|---|---|
| 印　　刷 | 北京明恒达印务有限公司 |
| 装　　订 | 廊坊市广阳区广增装订厂 |
| 版　　次 | 2020 年 1 月第 1 版 |
| 印　　次 | 2022 年 6 月第 3 次印刷 |

| | |
|---|---|
| 开　　本 | 710×1000　1/16 |
| 印　　张 | 15.25 |
| 插　　页 | 2 |
| 字　　数 | 250 千字 |
| 定　　价 | 69.00 元 |

凡购买中国社会科学出版社图书，如有质量问题请与本社营销中心联系调换
电话：010-84083683
版权所有　侵权必究

# 序

马克思主义哲学最突出的特点之一就是强调实践的重要性。这种对实践的强调，既体现为一种实践唯物主义哲学的世界观，也体现为一种对世界万物开展理论研究的视野和方法。在马克思那里，"实践"的抽象与具体是辩证统一的。实践既是理论之源，也是理论研究的自然归宿。让哲学回到"人间"，关注人类现实生活实践，关注国家民族的现实实践，关注我们每一个人的现实生产生活实践，并对其进行追求极致的理性反思，既是当代哲学工作者继承马克思主义哲学精神的重要体现，也是当代马克思主义哲学理论的重要创新方式。

当代中国最为重要的实践之一是全面深化改革。改革开放与发展是1978年以来中国社会的重要主题。40年前，以"实践是检验真理的唯一标准"大讨论为起点，引发了中国的思想解放，也引发了中国经济政治社会文化的巨大进步和历史性变革。过去的40年，是世界格局发生极为重要变化的40年，更是中国社会发生历史性巨变的40年。这种变化最突出的特点之一，就是不仅中国经济总体量已经跃升到世界第二位，而且在全方位向历史与世界学习的过程中，中国社会内部要素与结构的多样性获得了极大发展，整个世界的"多元性"在中国社会体现得更加突出。"多元"本是自然界多样性存在的自然体现，但从未有哪个时代像今天这样将这种"多元性"在中国体现得如此深刻而"丰富多彩"。正是当今中国现实实践的"丰富多彩"，使我们每个人对自己、对国家、对社会等认识对象的认识变得更具复杂性。如何认识、处理不同社会成员有关社会变革的个体认识与集体认识的张力问题，尤其是如何就全面深化改革更好达成共识，已经成为当代中国国家治理中的重要课题。

赵泽林博士自来到华中科技大学哲学系，以我作为博士后合作导师开展博士后研究。他一方面积极投入国家治理研究院的绿色 GDP 绩效评估研究，先后获得两个国家博士后科学基金的资助，与我合作或者单独发表十余篇学术论文和咨政论文、三部研究报告，对湖北和全国绿色 GDP 绩效评估报告的研究和撰写发挥了不可替代的重要作用，其成果已经获得多个奖项。另一方面赵泽林博士仍在继续深化和拓展已有的人工智能哲学、马克思主义认识论、绿色发展等方面的学理性研究，尤其是对改革共识等当代认识论问题进行积极的探讨，形成了博士后出站报告《改革共识论：中国的历史与反思》。

粗览此著，作者独具匠心，选取"改革"作为切入点，聚焦中国社会主义改革的分歧与共识，通过对中国社会主义改革开放 40 年中不同时期关于"改革"的重大思想争论的历史追述，揭示中国社会主义改革意见分歧、改革共识产生与发展的历史与逻辑，并对其进行历史反思和理论提升，提出中国在新时代凝聚社会主义改革共识的基本思考，可谓小处着笔，展示的却是中国社会主义改革波澜壮阔的宏伟画卷。

细品全文，作者在种种历史事件的叙述与理论阐述中，让读者既能感受到中国在过去 40 年间复杂而深刻的社会变迁，更能触摸到过去 40 年间中国社会主义改革历史脉搏的不同温度；既能感受到不同社会成员在不同社会境遇下对中国社会主义改革的历史体认，也能够多少感悟到国家决策者面对复杂社会局面艰难而惊心动魄的重大历史决策；既能感受到中国社会主义改革历经艰难探索之后的辉煌成就，也能感受到中国社会主义改革历经 40 年仍将任重而道远这一理性认知。

40 年的中国改革开放实践告诉我们一个真理，只有社会主义才能救中国，只有改革开放才能发展中国、发展社会主义、发展马克思主义。当代中国特色社会主义进入了新时代，形成了经济建设、政治建设、文化建设、社会建设和生态文明建设五位一体的总体布局，形成了全面建成小康社会、全面深化改革、全面依法治国、全面从严治党的战略布局。同时我们也必须清醒地认识到，在加速中华民族伟大复兴、建设富强民主文明和谐美丽的社会主义现代化强国的进程中，我们还会始终面临不断出现不同程度的意见分歧，又不断凝聚社会主义改革共识的问题。这种现象不是"中国专利"，更不是"社会主义的专利"，而是从整个人类社会由传统社会转入现代多元社会后，"多元性"的积极体现，是人类社会历史不断进步的重要表现。面对新时代，引导人民群众理性表达改革意见，积极面对不同社会成员的正面诉求，是中国人民在新时代凝聚社会主义改革共识，形成改革合力的重要路径，也是中国人民在新时代推进国家治理体系和治理能力现代化应有的重要内容。

今年正值马克思诞辰200周年，《共产党宣言》发表170周年，是中国社会主义改革开放40周年，也是中国社会迈入新时代的重要启程之年。中国已经展开的社会主义改革，以及正在展开和即将展开的社会主义改革创新，正在让中国经历着最为广泛、深刻而独特的社会变革和实践创新。这种实践以及由此而带来的社会变革与创新，也正在为理论工作者提供更加丰富的实践资料和理论创新空间。本书作为作者对中国社会主义改革共识的初步探索，具有开端意义，但远未穷尽。如何更加深入地反思中国社会主义改革的历史逻辑，如何从中国社会主义改革的历史实践中提炼出更具普遍规律性的理论认识，仍是包括作者在内的当代理论工作者值得深入思考的重大理论与现实问题，当然也是当代马克思主义哲学工作者的重要历史使命，同时也是马克思主义哲学理论创新的重要生长点。

赵泽林的博士后出站报告经过王雨辰教授、叶泽雄教授、董尚文教授、雷瑞鹏教授、王晓升教授、吴畏教授、万小龙教授、陈刚教授和我的评阅，同时也得到了多位著名党史专家的大力支持，顺利通过博士后出站答辩，即将公开出版，邀我为之作序。作为他的博士后合作导师，略谈以上体会，既是交流探讨，也是期盼、祝愿，相信他能够在理论与实践的结合上取得更加丰硕的成果，做出更大的贡献。

华中科技大学国家治理研究院院长　**欧阳康**

2018 年 9 月 8 日

# 目　录

绪　论 …………………………………………………………（1）
　一　选题背景与研究现状 …………………………………（1）
　二　内容、思路与方法 ……………………………………（7）
　三　主要创新及其价值 ……………………………………（11）

第一章　新时代中国改革共识的特殊语境 …………………（15）
　一　多元社会的共识 ………………………………………（15）
　　（一）共识的基本内涵 …………………………………（16）
　　（二）共识的个人与社会条件 …………………………（20）
　　（三）共识的形成动因与机制 …………………………（23）
　二　马克思主义视野中的社会主义改革 …………………（27）
　　（一）马克思主义经典作家论社会主义改革 …………（27）
　　（二）我国社会主义改革的基本理论 …………………（30）
　　（三）新时代社会主义改革的基本思想 ………………（34）
　三　新时代凝聚改革共识面临的三个问题 ………………（37）
　　（一）改革共识诉求的表达问题 ………………………（38）
　　（二）改革共识形成的话语基础 ………………………（41）
　　（三）改革共识历史的认识需求 ………………………（45）

第二章　社会主义改革的历史出场 …………………………（50）
　一　社会主义建设的中国自省 ……………………………（50）

（一）经济政治领域的争论 …………………………………………（50）
　　（二）出访西方之后的震惊 …………………………………………（54）
　　（三）在比较中初获改革共识 ………………………………………（57）
二　从政治到经济的重新聚焦 ……………………………………………（60）
　　（一）真理标准的大讨论 ……………………………………………（61）
　　（二）拨乱反正，卸下思想包袱 ……………………………………（65）
　　（三）经济基础决定上层建筑的认识回归 …………………………（69）
三　社会主义的"变"与"不变" …………………………………………（73）
　　（一）恢复实事求是的思想路线 ……………………………………（73）
　　（二）统一新中国成立以来若干重大历史问题的认识 ……………（77）
　　（三）提出社会主义改革的基本思路 ………………………………（80）

## 第三章　社会主义改革的初步认识 ………………………………………（85）
一　社会主义改革的内外激荡 ……………………………………………（85）
　　（一）战争与和平的战略选择 ………………………………………（86）
　　（二）经济特区的风波 ………………………………………………（89）
　　（三）经济改革的价格闯关 …………………………………………（93）
二　社会主义改革的历史考验 ……………………………………………（97）
　　（一）改革与稳定的时代交锋 ………………………………………（97）
　　（二）姓"资"姓"社"的论战 ………………………………………（99）
　　（三）南方谈话促成新共识 …………………………………………（103）
三　在改革中形成中国特色社会主义 ……………………………………（107）
　　（一）统一了对社会主义改革的根本认识 …………………………（107）
　　（二）明确了社会主义经济体制改革的目标 ………………………（111）
　　（三）形成中国特色社会主义理论的基本框架 ……………………（115）

## 第四章　社会主义改革的理论再辩 ………………………………………（119）
一　社会主义改革发展中的新困惑 ………………………………………（119）
　　（一）股份制改革中的公私之辩 ……………………………………（120）
　　（二）私营企业主的身份之争 ………………………………………（123）

（三）国进民退还是民进国退 …………………………………（127）
　二　改革形成中国特色社会主义事业新布局 ……………………（131）
　　（一）社会主义市场经济的建立与完善 …………………………（131）
　　（二）对社会主义改革开放的新认识 ……………………………（134）
　　（三）中国特色社会主义事业的新布局 …………………………（137）

**第五章　社会主义改革迈入新时代** …………………………………（141）
　一　社会主义改革的新征程 …………………………………………（141）
　　（一）改革跨进"深水区" …………………………………………（142）
　　（二）啃下改革的"硬骨头" ………………………………………（148）
　　（三）改革承载时代厚望 …………………………………………（153）
　二　从经济到文化的历史跃迁 ………………………………………（157）
　　（一）从利益固化到全民共享 ……………………………………（157）
　　（二）从开放多元到"四个自信" …………………………………（161）
　　（三）从多样反思到坚定理想信念 ………………………………（165）
　三　社会主义改革共识的新蓝图 ……………………………………（169）
　　（一）完善和发展中国特色社会主义制度 ………………………（169）
　　（二）推进国家治理体系和治理能力现代化 ……………………（172）
　　（三）满足人民日益增长的美好生活需要 ………………………（174）

**第六章　中国改革共识的历史反思** …………………………………（180）
　一　在实践中发展马克思主义 ………………………………………（180）
　　（一）必须坚持马克思主义 ………………………………………（181）
　　（二）坚定不移走自己的路 ………………………………………（184）
　　（三）继续解放思想实事求是 ……………………………………（187）
　二　中国改革成败的关键在党 ………………………………………（190）
　　（一）高举中国特色社会主义伟大旗帜 …………………………（191）
　　（二）厘清"架子"与"样子" ……………………………………（194）
　　（三）下好稳定改革发展这盘棋 …………………………………（197）
　三　必须坚持以人民为中心 …………………………………………（200）

（一）心无百姓莫为"官" …………………………………（200）
（二）办法就在人民群众中 …………………………………（203）
（三）尊重人民群众的首创精神 ……………………………（208）

# 结语 改革没有完成时 ……………………………………（212）

# 参考文献 ………………………………………………………（218）

# 绪　　论

## 一　选题背景与研究现状

习近平总书记在中国共产党第十九次全国代表大会报告中指出："实现中华民族伟大复兴，必须合乎时代潮流、顺应人民意愿，勇于改革开放，让党和人民事业始终充满奋勇前进的强大动力。"如何将不同社会成员的不同认识转变为整个社会的共识，形成社会合力，是任何社会改革都不可回避的重大理论与实践问题。尤其是在多元社会中推进社会改革，更需要理性凝聚社会共识。"一个社会越是向前发展，就越需要多样的个性表达，越需要整合各种意见形成统一意志的能力。"[①]这种"统一意志的能力"的塑造，既需要我们对现实与未来有科学的把握，更需要我们对历史有着深刻的总结与反思。一个民族如果没有对自身历史的客观解读与充分肯定，如果不能看到历史发展的必然逻辑，就无法树立民族自信，无法揭示、把握事物发展的历史规律，无法看清现实与未来，就会迷失方向，失去发展的机会，甚至失去未来。

习近平总书记在党的十九大报告中指出，改革开放40年，"我们党团结带领人民进行改革开放新的伟大革命，破除阻碍国家和民族发展的一切思想和体制障碍，开辟了中国特色社会主义道路，使中国大踏步赶上时代。"这既是对我国社会主义改革开放40年的科学把握，更是对中国未来社会主义改革的鲜明指向。在过去的40年间，我国社会主义改革

---

[①]　人民日报评论员：《以包容心对待"异质思维"》，《人民日报》2011年4月28日。

释放了惊人的力量，创造了足以引人自豪的"中国奇迹"。这极大地增强了中华民族的民族自信心，也是树立中国特色社会主义道路自信、中国特色社会主义理论自信、中国特色社会主义制度自信、中国特色社会主义文化自信的宝贵资源。从世界社会主义运动的历史与现实来看，推进社会改革的国家并不少见，但大多经历坎坷。我国的社会主义改革可谓人类社会发展史上一道亮丽的风景，是独特的"中国特色社会主义改革"，是中国用 40 年为人类社会发展贡献的中国智慧、中国方案，具有重大世界意义。

然而，中国特色社会主义改革为什么会在短短 40 年间释放如此惊人的力量？我们可以从中收获哪些重要的历史启示？如何提炼、运用这些历史启示，继续推动社会主义改革？这不仅是每一位理论工作者应该思考的重大理论问题，更是身处社会主义改革大潮中的每一个人都应该关心的重大现实问题。因为，如何回答这个问题，既直接关系到我国社会主义改革发展的大局和中国特色社会主义的历史命运，又关系到全体中华儿女的未来及与之相关的切身利益。为此，我们打算独辟蹊径，从共识与合力为切入点，梳理中国特色社会主义改革历史中的改革意见分歧与共识，揭示在中国特色社会主义改革过程中的成功经验和历史启示，进而分析和探索形成中国特色社会主义改革共识与合力的一般机制，充分展现中国共产党带领全国各族人民化解改革分歧，广泛凝聚社会主义改革共识，祛除影响改革顺利推进的不利因素，形成社会改革的强大合力，将中国特色社会主义事业的建设和发展推向新的历史高峰。

人类社会发展的历史表明，一个全新的发展思路要转变为现实，既要凝聚共识，更要形成合力。所谓共识，顾名思义指的是群体之间就某一问题或事物形成的共同认识或看法，它是不同个体共同思想观念、共有价值取向的集中体现。共识是共同行动的思想前提，也是达到预见性结果的重要保证。只有在认识一致的情况下，才能采取共同认可的行动，这样的行动才可能收到好的效果。任何时代都是历史延续和发展的结果。在全面深化改革的新时期，我们既不能离开现实谈论改革共识与合力，更不能无视历史谈论改革共识与合力。当前的全面深化改革是历史与现实的必然呈现。党的十八届三中全会"决定"对我国全面深化改革做出了重大部署、指明了改革方向。但是，从我们的调研结果来看，人们最关心的还是落实问题，当前最大的问题也是如何将"决定"落到实处的问题。这一点也引起了党中央的高度重视。为何有政策出不了中南海的疑问？如何才能引导全国人民落实"决定"？是什么原因导致了这一现状？习近平总书记曾在中共中央党外人士座谈会上明确指出，思想统一是凝聚共识的前提。这指出了落实"决定"的根本路径，首先在思想认识上的落实，进而在行为上转化落实。这也是马克思主义认识论所揭示的人类行为的一般规律。

在当前推进全面深化改革的新阶段，我们认为，落实好"决定"的各项具体工作部署，首先需要最大限度地凝聚改革共识，并在客观规律的指引下形成改革合力。要实现这一目标，一方面，需要我们充分认识、理解社会主义改革史，进而使人民群众对社会主义改革产生历史自信与认同，坚定不移地支持继续全面深化社会主义改革，并在社会主义改革历史中探寻社会主义改革的基本经验和历史规律，为全面深化改革奠定必要的历史、思想基础。另一方面，需要我们客观和理性地判断全面深化改革的新形势，抓住全面深化改革的重点问题、难点问题，找到着力点和突破口，探寻全面深化改革的理性之路，构建全面深化改革的理性空间，为全面深化改革贡献力量。本书研究正是基于以上理论与现实的考量，决定紧扣社会主义改革从共识到合力这一主题，对社会主义阶段如何凝聚社会主义改革共识与合力做一番学理性探究，展现中国共产党带领全国人民不断凝聚社会主义改革共识，形成改革合力的辉煌历史，树立中国特色社会主义改革自信，阐述改革成功的历史经验与现实启示，探索改革共识与合力形成的理性机制。

我国改革开放40年以来，国内外学界对我国改革开放的历史进程、伟大成就、基本经验等方面的整体性研究、专题研究，相关成果可谓汗牛充栋。尤其是在改革开放40年之际，针对我国社会主义改革开放的相关理论研究、经验研究更是一片繁荣景象，取得了极其丰硕的理论成果。社会主义改革的历史不仅是一部经济史、社会史、政治史等，实质上更是一部中国共产党带领人民群众不断凝聚社会主义改革共识与合力的光辉历史。但是，针对改革开放以来我国如何面对改革分歧，凝聚改革共识与合力的专题研究却鲜有所见。当下，多元文化、多元价值追求等已经成为当代中国社会的典型特征。西化的改革思想、本土激进的改革思想以及本土保守思想等思潮，都在不同程度地影响着全面深化改革的历史进程。面对全面深化改革中的各种新现象、新问题，难免出现不同的声音。各种新的改革分歧还会不断涌现，凝聚改革共识与合力的难度与日俱增。如果不从理论上解决好如何再次凝聚社会主义改革共识与合力这一问题，势必影响全面深化改革目标的实现。

前些年，国内学界对改革共识的讨论相对较多，近几年国内对改革合力的讨论逐渐增多。这既是现实发展的必然，也是人们认识深入发展的必然。总体而言，有关改革共识与合力的理论成果主要体现在以下几个方面：一是凝聚改革共识与合力成为全面深化改革新时期最大的呼声和共识。根据笔者对相关研究成果的初步统计，自党的十八大以来，在短短四五年间，各大媒体、学术期刊约有100篇相关文章认为，全面深化改革的中国社会需要凝聚改革共识，形成改革合力。如周瑞金就认为，"当下的中国，迫切需要重新凝聚改革共识，凝聚深化改革的精神力量"。二是部分学者针对如何凝聚改革共识与合力问题进行了研究，提出了自己的观点和看法。尹汉宁认为，"只有凝聚改革共识，才能集聚改革力量，推动改革实践。我们必须高度关注社会群体的所思所想，最大限度地求同存异，找到最大公约数，凝聚推动改革的正能量"。李林认为，"法治是凝聚改革共识的重要方式和途径"。吴强认为，"有协商，才能有共识"。李艳玲认为，"扣准社会脉搏是凝聚改革共识的重要前提"。孙剑认为，"凝聚共识需要各界高度的历史责任感""凝聚共识需要求同存异""凝聚共识需要改革取得新突破"。三是另外一些专家、学者则从经济、政治、文化等社会主义建设的各个方面就全面深化改革、凝聚改革共识与合力提出了自己的观点。如吴敬琏、俞可平等国内外著名专家学者所编著的《改革共识与中国未来》，探讨了党的十八大之后，进一步深化改革的目标、政治体制和经济体制改革的具体路径，以及关系到中国未来发展道路的其他若干具体问题。上述成果不乏真知灼见，为我们全面深化改革凝聚改革共识与合力提供了重要参考。

相比之下，国外学者则立足于他们固有的立场，以及他们对中国特色社会主义改革的观察，做出了部分分析，为我们研究中国特色社会主义改革提供了另一种切入视角。国外绝大部分学者和社会其他各界人士，普遍看好我国新一轮的社会主义改革，但其中也不乏唱衰中国社会主义改革的声音。这些研究成果只能作为我们的参考资料，不能当作教条加入信奉。历史和现实一再向我们证明，要结合实际以批判性的眼光来看待各种改革观点。毕竟，推进全面深化改革、凝聚改革共识与合力需要充分了解、认识中国社会主义改革的历史与现阶段的实际情况。不过，国外学界开展一些关于共识、协商等方面的政治学、社会学、管理学基础理论研究，却可以为我们凝聚社会主义改革共识与合力提供一定程度的理论借鉴和参考。这主要体现在以下几个方面：一是国外学界比较重视对共识等相关政治学理论的元问题研究。如帕特里奇的《赞成与共识》、格拉哈姆的《社会科学概念：系统的分析》、汉布格尔的《十九世纪的共识理论》等，以及罗尔斯的《政治自由主义》、哈贝马斯的《在事实与规范之间——关于法律和民主法治国家的商谈理论》、伽达默尔的《真理与方法》、贝拉米的《自由主义与多元主义：朝向妥协的政治》等著作中，就十分注重应用哲学方法对"共识"这些基础概念做出历史考察与哲学分析。二是一部分学者就在不同群体之间如何达成共识及形成价值共识的机制，在多元民主社会中如何实现共识及实现共识的可能性等问题展开了多方激烈的论战。例如，受哈贝马斯和罗尔斯思想影响较深的本哈比、科恩、伯曼等学者认为，理性审议能够帮助不同的意见持有者在多种意见中形成共识，但需要借助一定的前提，这种前提是理性审议能够在一种理想的或假想的情境中发生。与此种观点不同的另一些学者，如杨和庄泽克等审议民主理论家认为，在审议民主中可能揭示出难以估量的巨大意见分歧，这种分歧使得理性共识成为不可能，化为泡影。三是帕里的《信任、不信任与共识》、霍诺维茨的《共识、冲突与合作：社会学上的盘点》、尼迈尔的《政党理想调节多元与共识》等，则针对共识与公共舆论、直接民主和审议民主、信念、意识形态、道德冲突与合作、政治秩序、合法性、妥协等问题展开了细致的理论研究。

综上所述，国内外学者有关社会主义改革共识与合力的研究，各有千秋。但总体而言，无论是其基础理论研究，还是应用实践研究，都还相对薄弱，远远不能满足我国全面深化改革的现实需要。另外，有些成果因为时间等问题，也还存在着一些必然的历史局限。这主要体现在以下三个方面。

一是在讨论全面深化改革共识与合力问题时，缺乏必要的历史梳理与理论建构，缺乏历史、思想基础，根基欠牢，由此也难免导致人们对于全面深化改革仍有较大分歧，凝聚力不够。社会主义改革是一个历史进程，在不同阶段需要根据实际情况解决不同的问题，这就需要我们具备社会主义改革的宏观史基础，具备中国特色社会主义的宏观视野，否则，必然难以言说凝聚社会主义改革共识与合力。目前，有关凝聚社会主义改革共识和合力的研究，几乎都以文章的形式进行综述，有些内容甚至流于政治文件的解释和空洞的说教。所出现的论述改革共识的几部著作，要么是学术论文集，要么是媒体人所撰写的并不严肃的通俗读物，或者是挂个共识、合力标签的畅销书，都不是严格意义上的学术理论研究专著。甚至，部分书籍对我国社会主义改革历史内容的描述，也存在着种种误读和争议。这不仅不利于形成真正的改革共识与合力，为全面深化改革、凝聚改革共识提供强大的理论支撑，还会动摇人们对于全面深化改革的信心，阻碍全面深化改革的历史进程。

二是在讨论全面深化改革共识与合力问题时，缺乏对相关基础概念、理论的必要学理分析，缺乏对共识、合力形成机制等基础问题的探索，从而使讨论的问题不在同一个层面，不仅难以直接解决现实问题，也增加了社会主义改革的分歧，难以形成改革共识与合力。在现有的文献中，大多数人似乎都将"社会主义改革共识""改革合力"当成一个常识性的词汇在使用。截止目前，仅有以姚大志、何怀宏、万俊人、顾肃、韩东屏等为代表的国内学者对罗尔斯的"重叠共识"理论展开过专门研究。童世俊在《批判与实践——论哈贝马斯的批判理论》一书中，对哲学史上的共识论（约定论）思想进行了较为系统的介绍，探讨了共识与真理的问题。但国内学界在谈到社会主义改革共识及合力等理论术语时并不一定完全是从马克思主义哲学的基本立场来进行阐释。有部分人甚至不得不直接引用或借用西方的话语，论述中国特殊的现象，这难免导致针对相关问题的解读理解上的差异，甚至出现根本立场上的分歧，制造全面深化改革的杂音。

三是在讨论全面深化改革的共识与合力问题时，缺乏必要的理论总结与提升，具有前瞻性的理论建构更是少见。大家提出的政策建议较为零散，大多各持己见、各表一枝，缺乏系统的理论论证和逻辑推演，亟待取各家之长，进一步加强整合和凝练有关的社会主义改革共识与合力理论，创新社会主义改革理论范式。目前，国内学者中，仅有周超和易洪涛系统介绍了公共政策中有关共识的方法论问题。[①] 在国外学者中，则有不同的理论倾向，如茵斯和布尔探讨了政策制定过程中的共识问题，认为通过共识达成合作制定政策，琼斯和杜兰特等人着重分析了共识达成的可能性和必要性，美国环境保护署提出了磋商式法规制定等。这些研究为我国社会主义改革共识的形成提供了理论积淀，但也存在诸多不足，如缺失了改革共识与合力的历史与现实研究等。

由此可见，基于我国社会主义改革的历史与现实，梳理过去40年间中国共产党带领全国人民化解改革分歧，回顾中国共产党有效凝聚社会主义改革共识与合力的辉煌历史，充分揭示在凝聚社会主义改革共识与合力的过程中所体现的历史经验与现实启示，进一步探索在社会主义全面深化改革新阶段凝聚社会主义改革共识与合力的理性机制，尝试构建凝聚社会主义改革共识与合力的理论基础，不仅有其必要，而且具有一定的创新性，也大有可为。

## 二 内容、思路与方法

马克思在一百多年前就曾指出："理论的方案需要通过实际经验的大量积累才臻于完善。"[②] 为了真正解决凝聚改革共识与合力这个重大理论与现实问题，本书站在中国改革开放40周年新的历史起点，以新时代为视角，坚持马克思主义的基本立场、观点和方法，坚持在中国与世界的

---

① 参见周涛、易洪超《政策论证中的共识构建：实践逻辑与方法论工具》，《武汉大学学报》（哲学社会科学版）2007年第6期。

② 《马克思恩格斯全集》第23卷，人民出版社1972年版，第417页。

互动、中国共产党与社会公众利益相关者的互动、中国经济与社会发展其他方面的互动和相互作用、影响的历史与逻辑中,审视中国社会主义改革的历史进程。

全书共分基础理论论述、历史梳理、理论总结三个部分。第一步是简要回顾社会主义改革的理论基础,揭示凝聚社会主义改革共识中的理论与现实问题。第二步是梳理社会主义改革共识的形成历史。按照历史发展逻辑,梳理社会主义改革进程中,针对社会主义改革产生了哪些大的思想分歧、认识分歧,中国共产党对这些不同的改革声音持怎样的态度,以什么样的决策凝聚了共识、形成了改革合力、产生了什么样的影响、形成了什么样的理论成果。由此展现中国共产党带领人民凝聚改革共识,不断开拓社会主义改革新阶段,取得新成果的辉煌历程,为全面深化改革奠定历史话语基础、思想基础。第三步是以史为据,揭示中国共产党领导全国人民化解社会主义改革分歧,凝聚社会主义改革共识与合力的历史启示,结合社会主义建设的理论与现实,探索中国特色社会主义背景下凝聚社会主义改革共识与合力的理性机制。从国家层面,总结改革开放以来,我们之所以能够战胜各种多元思潮的负面影响,取得改革共识的基本经验和根本原因。从党和人民群众两个基本角度,探索中国特色社会主义背景下,凝聚社会主义改革共识与合力的理性机制。

依循这一基本思路,本书分六章展开论述。第一章为新时代中国改革共识的特殊语境,旨在研究凝聚改革共识的已有基础理论,尤其是要阐述马克思主义关于社会主义改革的基本立场、观点,提出问题,论述我国社会主义改革凝聚改革共识与合力所面临的现实困境。第二章为社会主义改革的历史出场,旨在梳理我国社会主义改革开放初期,所经历的思想分歧,以及中国共产党如何引领全国人民化解分歧、形成改革共识与合力的历程,论述社会主义改革开放初期形成改革共识后所取得的重大理论成就。第三章为社会主义改革的初步认识,旨在梳理我国社会主义改革开放开创期所经历的思想分歧,以及中国共产党如何引领人民化解分歧,形成改革共识与合力的历程,论述社会主义改革开放开创期形成改革共识后所取得的重大理论成就。第四章为社会主义改革的理论再辩，旨在梳理我国社会主义改革开放发展期所经历的思想分歧，以及中国共产党如何引领人民化解分歧、形成改革共识与合力的历程，论述社会主义改革开放发展期形成改革共识后所取得的重大理论成就。第五章为社会主义改革迈入新时代，该章旨在分析全面深化改革所面临的新形势，凝聚改革共识与合力的困难问题，以及从理论上阐明凝聚改革共识与合力的基本目标、愿景。第六章为中国改革共识的历史反思，旨在从国家层面分析我国社会主义改革开放进程中凝聚社会主义改革共识与合力的基本经验，尤其注重对形成思想共识与合力的理论分析。

在多元社会凝聚社会主义改革共识与合力是一项十分艰巨的系统工程。此次研究过程中，我们也遇到了一些从未遇到的困难。一是资料收集困难。无论是对社会主义共识与合力的基础理论研究，还是对社会主义共识与合力的经验研究都还比较少。这对我们的科研创新能力提出了不小挑战。二是中西方对共识基础理论研究的不均衡，容易受西方理论话语干扰。西方政治学领域拥有相对较长的共识理论基础研究史，我国学界却鲜有研究，即使在马克思主义经典作家那里，也难以找到有关凝聚社会主义改革共识与合力的直接论述。这种西强我弱的基本格局，对我们始终保持清醒的头脑，坚持思想的相对独立性、客观性提出了不小挑战。三是，国内观点纷繁复杂。无论是在过去的40年间，还是在当前，有关社会主义改革中的意见分歧就从未间断，改革诉求此消彼长、五味杂陈，各种改革思潮、观点具有不同的话语背景，要在众多观点、思潮中抽丝剥茧、把握重点、求同存异，找到凝聚社会主义改革共识与合力的着力点，从理论上加以阐明，确实很难。

为了突破研究中的重点和难点，圆满完成研究任务，达到预期目的，本次研究十分注重研究方法的选择。我们首先确立了一个基本思想，即一切从实际出发，尊重历史，实事求是。既尊重已有研究的理论成果，又不拘泥于现成的研究结论和理论框架；既尊重历史发展的客观规律，又拒绝主观构想出研究结论而寻求研究过程的论证，既注重对多元化文明成果的吸收，但决不奉行拿来主义、照单全收，而是从历史与现实中探寻问题的解决办法。具体而言，本书主要采用了以下三种基本方法：

一是矛盾分析法。矛盾分析法是马克思主义最为基本的方法论之一，它是指在观察、分析社会现象的过程中具体问题具体分析，运用对立统一规律，坚持一分为二的观点，以达到认识社会现象发展变化的内在联系与机制的方法。它是唯物辩证法的根本方法。运用矛盾分析法，不仅能说明现在，而且能对中国特色社会主义改革的未来做出科学的预判和判断。当今中国社会已无法逆转多元化的必然趋势，无论是社会结构，还是社会思想、社会价值都已经踏上了多元发展之路，社会主义改革的不同看法与声音必将不绝于耳。如何对这些看法与声音做出有效区分，并正确对待这些看法与声音，就需要深刻把握其中的重点、难点，具体问题具体分析，抓住重点和主流，坚持两点论和重点论的统一，坚持一分为二地看问题，从而找到凝聚社会主义改革共识与合力的最大公约数。

二是系统分析法。系统分析法是立足于系统科学，把对象纳入系统中进行综合考察和分析，以发现解决问题的可行方案的方法。它也是建立在对现有理论与现实之上的全面研究、理性思考、系统整合的创新性研究方法。中国社会主义改革是一项伟大的系统工程。全面深化改革，必须坚定信心、凝聚共识、统筹谋划、协同推进。当前的社会主义改革必须增强改革的系统性、整体性、协同性，做到改革不停顿、开放不止步。改革的力量就来自社会主义改革共识的凝聚，这就需要我们全面倾听不同观点，系统处理社会主义改革中的各种分歧，增进社会共识，才能真正凝聚改革力量，开创社会主义改革的新局面。

三是跨学科研究方法，又称"交叉研究法"，是指建立在不同学科视阈及不同方法论基础上，对某一问题进行多角度切入、多维探视的研究方法。跨学科研究方法是现代科学研究的基本方法，也是创造性思维的主要源泉。跨学科研究方法强调各种研究方法的相互借鉴与渗透，是现代学科发展的必然趋势，跨学科研究的最终目的是达到知识和技术的复用和创新，是当今理论创新的一种重要方法。辩证唯物主义认为，世界是永恒发展和普遍联系的。社会主义改革涉及人类社会的方方面面。社会主义改革过程中出现的不同认识、诉求、思潮等各种分歧，具有着不同的经济、政治、文化背景，要凝聚共识与合力，我们就必须运用多学科的不同研究技术和成果，仔细、客观分析其中的缘由与机理，探寻规律，找到解决分歧的办法，从而达到凝聚改革共识与合力的目的。

除此之外，我们还始终坚持批判性的分析方法，借助现代科技手段，多方收集资料，对大量史料、数据、文献资料进行批判性的总结与分析，既研究已经发生的历史事实，又关注最新实际情况的变化，既研究已有国内学术观点，又注意吸收国外最新研究成果，既研究常见学术文献，又注意收集各类传统媒体和新兴媒体的不同文献和观点，从而最大限度地增强研究资料的全面性，增强研究结论的科学性。

## 三　主要创新及其价值

本书坚持运用马克思主义的基本立场和观点，采用科学的研究方法，努力克服研究中的重重困难，充分展现了过去40年间中国共产党带领全国人民化解改革分歧，凝聚社会主义改革共识与合力的辉煌历史，揭示了凝聚社会主义改革合力与共识的历史启示，探索了在社会主义阶段凝聚社会主义改革共识与合力的理性机制。为今后一个相当长的历史时期，凝聚社会主义改革共识与合力，推动中国特色社会主义的理论与实践发展，提供了历史借鉴，奠定了一定的理论基础。

一是选题视角的创新。从选题上看，有关改革开放的理论研究和历史经验研究一直较多，但对改革开放过程中，我们是如何凝聚社会主义改革共识与合力的历史启示的理论研究却鲜有成果，既没有专题论文，更没有专著。即使当前社会各界都对现阶段凝聚改革共识与合力进行了较为广泛的讨论，也没有出现较为严肃的学术理论研究，而大多还停留在较为粗浅的常识性论述、政治宣传上，本书是对凝聚社会主义改革共识与合力的历史经验与理论研究相结合的一种学术尝试，选题视角具有新颖性。

二是研究框架的创新。西方现有的共识研究主要是基于共识基础理论的研究，当然也有对资本主义社会的现实问题研究。我国现有的凝聚社会主义改革共识与合力研究主要是基于当前现实的应用性研究。这些研究各有优势，但又各有其必然的逻辑局限。本书的研究试图结合中西方的共识等相关理论研究成果,把当前凝聚社会主义改革共识这一重大现实问题回归到我国社会主义改革开放的历史背景中,寻根溯源,从根本上奠定凝聚社会主义改革共识与合力的理性认知历史基础、话语基础。这既有别于西方的已有研究,又弥补了国内现有对凝聚社会主义改革共识与合力学理性研究的不足。

三是研究结论的创新。现有关于社会主义改革共识与合力的研究成果,大多是根据各自的理论立场、关注的问题等方面展开的局部性问题研究,其结论具有明显的"碎片化"特点。凝聚社会主义改革共识与合力,需要的不仅是充分展现各个"片段""局部"的观点,恰恰更需要我们在充分把握这些不同观点的历史、现实的基础上,展开理性的系统分析,在比较中找到最大公约数,在不同层面凝聚社会主义改革共识与合力。这就需要梳理历史,把握当下,才能提高研究结论的说服力,使研究结论更具科学性,更具真正的共识性,为凝聚改革共识与合力,统一思想认识,提供必要的理论支撑。本书力图在史论结合中探讨凝聚社会主义改革共识与合力的历史启示与现实路径,具有一定的拓新性。

另外,本次研究成果的呈现还十分注重文风的转变。本书力图做到既不同于烦琐的历史叙事,又不同于四平八稳的政治说教,而是切实转变文风,坚持史论结合,始终站在国家发展和民族未来的高度,勾勒出历史事件与历史发展之间存在的逻辑必然关系,紧扣现实问题,以史为据,以史为鉴,展现历史,彰显成就,讲好故事,说好道理,做好理论总结、提炼与升华,解决好具有长期性的理论与现实问题。因此,本书的研究无论是在理论方面,还是在实践方面都具有重要的当代价值。

一是本书有助于推动我国社会主义改革理论研究,重新审视社会主义改革的问题阈限,探索社会主义改革的内在机理。中国特色社会主义改革理论是中国特色社会主义理论的重要组成部分。中国特色社会主义改革的历史是树立"四个自信"的重要资源,是中国人民在中国共产党的领导下所进行的伟大实践。在此期间,难免出现不同的声音。在今后一个相当长的历史时期,如何根据我国国情,最大限度凝聚改革共识与合力，增强民族凝聚力，真正实现社会主义改革的再升级，始终是一个十分重大的理论问题。对这个问题的回答，仅仅限于一般性的讨论显然是不行的，必须在这种讨论中，探寻理论支撑，形成必要的理论基础。本书紧扣凝聚社会主义改革共识与合力这一重大现实问题，试图从改革开放的辉煌历史中寻求经验与理论养分，推动凝聚社会主义改革共识与合力的探讨，为化解新时期的改革分歧、凝聚改革共识与合力提供历史基础和理论支撑，推动中国特色社会主义改革理论的与时俱进。

二是本书有助于丰富中国特色社会主义的理论研究，为中国社会改革事业提供长期性的理论参考。中国特色社会主义建设工程，需要世世代代中国人民的接续奋斗。党的十八大、十八届三中全会针对我国社会建设实践的现实，提出了"凝聚社会共识"这一重要目标，既是对中国特色社会主义建设长期性、复杂性的理性思考，也是对当前我国社会主义建设实际情况的理性判断。要落实党的十八大及党的十八届三中全会的重要精神，实现党的十八届三中全会提出的目标和一系列全面深化改革的重大部署、举措，就必须基于历史与现实，仔细分析新情况，把握新问题，充分借鉴一切文明成果，最大限度为我所用，解决好改革共识与合力问题，弄清楚有哪些凝聚改革共识与合力的历史经验可以借鉴，弄清楚当前凝聚改革共识与合力的难点在哪里，弄清楚导致大家产生改革分歧的根本原因，弄清楚全面深化改革凝聚改革共识与合力的方向、路径是什么等这些基本问题。基于此，本书尝试着对这些重大理论与现实问题做出一番探索与回答。

三是本书有助于强化中国特色社会主义政治学术话语体系的建构，阐述国际政治话语的"中国内涵"，彰显国际政治话语的"中国要素"，防止西方政治话语的滥用，甚至是误用。习近平总书记在"8·19"讲话中明确指出，要掌握意识形态的主动权，首先必须加强话语体系建设，占领宣传高地，将中国故事和中国声音更好地向世界传播。当前，无论是在关于共识的基础理论研究方面，还是在其历史经验研究方面，我们跟西方确实有差距，但国内民众又广泛接受了这一理论术语。尤其是在全面深化改革的关键换挡时期，如何在这方面加强中国的声音，获取共识等政治理论的话语解释权，引导人们科学理解、应用共识等新兴政治术语，建立中国特色改革话语体系。这既是一个重大现实问题，又是一个重大理论问题。本书也是对构建中国话语体系的思考与探索。希望我们的努力能够起到抛砖引玉的效果，为社会主义改革贡献智慧和力量。

# 第一章

# 新时代中国改革共识的特殊语境

党的十九大庄严宣告："经过长期努力，中国特色社会主义进入了新时代，这是我国发展新的历史方位。"这个新时代既是我国社会主要矛盾发生根本性变化的新时代，也必然是我国社会更加多元化的新时代。这种社会的多元化既是现代一般社会本身面目的必然呈现，也是我国全面深化改革历史进程多元文化、价值选择的必然呈现。恩格斯认为，人类社会历史本身就是人的合力作用的结果。任何事情发生和演变都有内在的目的和意图。在一个更加多元的社会中，如何最大限度凝聚改革共识与合力，是我国在新时代国家治理中面临的重大理论与实践难题。解决这一问题，不仅需要我们从理论上对基本概念和命题进行必要的厘清，也需要对我国凝聚社会主义改革共识的现实语境进行科学分析，更需要我们站在新的历史起点，对40年以来的中国社会主义改革历程做出客观总结，从而奠定必要的话语基础，继往开来。

## 一 多元社会的共识

社会多元化是历史发展的必然趋势，思想多元、价值多元是现代社会的基本特征，这也是现代社会中每一个人都必须面对和接受的客观现实。无论我们如何看待，是否从心理上接纳，多元社会都已成既定事实。何谓"多元社会"？多元社会是社会进步的表现，也是实现个人真正自由而全面发展的根本保障。社会的多元蕴含着对国家治理的新挑战。中国台湾著名历史学家林毓生在《政治秩序与多元社会》一书中认为，多元社会意味着人们有选择的自由,在多种选择之间作出符合自己意愿的选择,没有自由的分殊不是真正意义上的多元,也不可能真正实现多元。在多元社会中,社会成员的个性得到不同程度的体现,从而凸显、加剧社会的多元性。在法治思想欠缺、法律意识淡薄、法制制度不健全的社会中,实现社会改革,更需要凝聚社会共识。否则社会秩序就极易走向失范。这是当代任何一个多元社会在改革的过程中都必须面对的社会风险。因此,凝聚社会改革共识不仅是当代国家治理中的必然课题,同时也是国家治理的一大难题。

### (一) 共识的基本内涵

所谓"共识",在一般的意义上,共识被理解为共同的认识。[①] 在日常话语表达中,共识一般被理解为一致同意、形成一致意见或寻求普遍认同。它是指多元社会中,不同阶层、不同利益的社会成员所寻求的共同认识、价值、理想。这种共识是基于社会成员个人思想上的自由,以及对某些重要价值的共同认可。它是形成共同行为的思想认识基础,是社会执行力的根本动力源。从中国古代文献来看,古汉语中仅有"共"字,并没有"共识"这一说,"共识"一词在现代汉语中属于舶来品,是从西方思想话语体系中演化而来的。在我国古代思想史中尽管没有明确提出"共识"一词,但共识的思想还是存在的。《说文解字》中明确指出,"共,同也,从廿廾。凡共之属皆从共"。可见,在古汉语中,"共"为同之意。梳理古汉语中的解释,我们发现"共"有"同"的意思,意味着人们对某种思想或行为有相同或相似的认知,在此基础上进行合作以实现共同的目标。"共识"简单来说就是社会成员对特定的思想或行为有着共同的认识,据此采取一致的行动。由此可知,现代汉语中的"共识"概念是从古代汉语中的"共"演化而来的。在《现代汉语词典》中,"共识"被界定为共同的认识。

有关"共识"的最初理论研究出现在社会学领域。如今"共识"一词广泛出现在政治学、哲学等领域,成为多元社会的常见词汇。在西方,

---

[①] 《现代汉语词典》,商务印书馆2002年版,第441页。

"共识"进入学术研究的视阈大致是在20世纪60年代前后,格雷汉姆、帕特里奇、希尔斯、李普赛特等对"共识"问题展开了卓有成效的研究,取得了丰硕的成果。虽然他们并不像哈贝马斯、罗尔斯、柏林那样如雷贯耳,他们的成果也不如这些学者有影响力。但是,他们的研究也颇具特色,集中于"共识"问题的一些基本概念的厘定和阐释,得到了广泛的认同,以至于后来的许多学者无须重新对"共识"进行概念分析,便可直接使用。也似乎从那时开始,共识问题就成为现代社会科学理论中的重要论域,与许多重大的现实问题和时代课题紧密联系在一起。近年来,随着我国社会改革步伐的逐渐加快,社会对"共识"的需求和呼唤陡然上升,成为了学者们重点关注的对象。

作为一个理论概念,"共识"与歧见、异见、差异等相对立,强调"同"而不是"异",是指"在一定的时代生活在一定的地理环境中的个人所共享的一系列信念、价值观念和规范"①。它通常被看作与政治体系有关的一种集体认同与信念。在社会科学中,有程序性共识和实质性共识之分。前者主要强调对程序形式上的共同认可,后者主要强调对内容上共同认可。在社会政治活动中总是存在矛盾、斗争、利益冲突,无论什么样的社会,都必须有共同的政治共识和协作规范,如果社会的价值和规范没有被社会成员广泛接纳,那么社会就可能处于紧张和冲突的状态,社会秩序就会陷入混乱,政治政策和管理决策就会失去其应有的效能。就此而言,维持社会和平,维系社会秩序,都离不开形成广泛的社会共识。与此相关的"政治共识"指的就是一种协定,一项能得到社会成员和组织广泛认可的广义的协定就形成了特定的"政治共识",当指基础性和原则性的协定时,可以允许在侧重点上和细节上存在不同。②

从现有的理论文献来看,我们可以从以下几个角度来对"共识"概念的界定进行归纳和总结:第一,"共识"的一般意蕴。作为现代政治学

---

① 戴维·米勒、韦农·波格丹诺:《布莱克维尔政治学百科全书》,邓正来译,中国政法大学出版社2002年版,第166页。

② 安德鲁·海伍德:《政治学核心概念》,吴勇译,天津人民出版社2008年版,第21页。

的核心范畴,通常被视为是以一种非暴力的方式解决政治冲突的做法,它构成了现代政治生活的基本样态,也是现代国家治理的有效途径、根本方法和必然选择。第二,"共识"的特殊规定。从现实来看,"共识"是在不同群体之间达成的特殊的协定,具有广义和狭义两个方面的意涵。从广义角度来看,共识主要是指某项规定或协议得到了社会成员的普遍认可。从狭义的角度来看,则强调在坚持基础性和原则性等核心问题不动摇的基础上,细节和侧重点可以略有调适。第三,"共识"的主要表现形式。在现代社会中,"共识"是政治活动得以展开的前提。达成政治共识,建构共识政治是多元民主政治的主要目标。从内容上来看,共识政治主要有程序性共识和实质性共识两种类型。程序性共识主要是以协商合作的方式来实现,通过磋商、讨价还价来达成一致意见。实质性共识表现为意识形态取向上的重叠和根本政策目标上的一致,它是共识政治的最高形态和最终目标。

我国学者张秀娜认为,共识的基本内涵包括了三个基本维度:一是共同体层面的"信念共识"。二是制度层面的"程序共识"。三是政府层面的政策共识。这三个方面分别从三个不同的理论视域对共识概念进行了剖析,涵盖了共识的主要方面。在民主制度中,没有共同体层面的信仰,没有就某些基本的问题达成思想上的基本一致,民主制度就不可能有效运转。从这个意义上看,共同的信仰是民主制度良性运行的前提条件。著名学者爱德华·希尔斯对信念共识进行了多维探视。他认为,共识从根本上来说是一种社会信念体系,这种社会信念体系具有社会凝聚和整合功能,是实现社会稳定的助推器。信念的分歧与信念系统的连贯性具有内在相关性。虽然平等和自由被认为当今西方自由民主社会中非常重要的信念,但自由和平等在西方社会中并没有得到彻底的实现,而是以一种模糊不清的幻化的形成命令方式发生作用。[①]

通常认为,在民主社会中,制度层面的程序共识是唯一可以用来解释政治稳定的共识形式。因此,亦将其称为"游戏规则的共识"。一些当

---

① Shils, E. and Lipsitz, L., *Consensus. In International Encyclopedia of the Social Sciences*, Vol. Ⅲ, ed. D. S. Sills. New York: Macmillan and the Free Press, 1968, pp. 260.

代的社会学家和政治科学家认为，共识与分歧之间的平衡是维持政治社会稳定的主要原因，在民主制度中体现得更加明显。基于他们的理解，存在广泛而激烈冲突的社会能够保持稳定的一个可能性的解释是对既定的程序和过程实现了共识，这为社会冲突的表达和社会冲突的解决提供了可能性并依此作出合理的决策。程序共识的形成离不开一定的前提，如果社会成员没有社会价值共识、社会制度共识、社会目标共识等，就不可能实现程序共识。也就是说，社会价值共识、社会制度共识、社会目标共识等是形成程序共识的必要条件。这些"基本信念"是民主理论中的基本构成要素，它们是形成社会共识的基础，同时也在民主理论中发挥主导作用。然而，也有学者不同意此种观点，他们并不认为"基本信念"的一致同意是形成共识的关键，也不认为政府行为是基于信念的一致。

政策共识即在政策制定上形成一致并具体化为政策条文的共识。政策共识是建立在异见基础上的，是基于异见而形成的共识，没有政策异见，就无须形成政策共识。在现代民主制度中，政策的制定往往要听取多方意见，进而形成政策共识。在多元民主社会中，社会的分歧需要通过对话的方式来解决，这就需要对自身的观点进行论证，阐释其中合理的能为广大社会成员接受的理由。这个过程就是通常所说的审议民主，它因采取和平协商的方式解决分歧争端，因而获得了正面和积极的评价。密尔曾认为，通过不断讨论，错误的意见和观点就会在这个过程中逐渐得到改正，进而在人们的心理产生影响并发生作用。[1] 因此，从这种意义上来看，政策共识的形成得益于公众对政策的广泛讨论。政策共识是促成社会共识的重要实现机制。

本书所讨论的"改革共识"，在最为一般的意义上，就是指在中国特色社会主义改革进程中，当不同社会成员因为改革而引发可能或者现实冲突时，所共同坚持的立场、观点与采用的措施。更为具体地讲，就是指改革过程中我们需要形成的共同的理想信念，以及保障这些目标实现的机制和公共政策。后两者是共同理想信念的外化产物，而改革性质、

---

[1] 密尔：《论自由》，商务印书馆2006年版，第23页。

目的等方面的基础认识、共同信念是前提与基础。这种"改革共识"是推动改革和社会发展的精神因素和根本动力，是形成改革合力的前提条件，也是国家治理的重要方式。

### (二) 共识的个人与社会条件

作为一种共同的认识，共识首先是指人的观念、思想认识，这种认识只可能在实践中产生、发展。人的思想认识从根本上说源于人的实践活动，人的实践活动为人的认识的形成提供质料和环境。马克思在《1844年经济哲学手稿》中指出，人是一种对象性的存在。人的生产生活都发生在对象性关系中，一物之所以为对象是因为在它之外还有他物存在，物与物之间互为对象性存在。没有他物，就无所谓对象。相对于实践活动主体的人来说，实践活动的对象是与人相分离的对象性存在。客观世界作为人实践活动的对象，也是人的认识对象。实践活动是人认识对象和改造对象的基本方式，那些不能成为实现活动的对象性存在，就不可能成为人潜在的认识对象和改造对象。马克思主义认为，实践与认识是一种双向互动的关系，实践是认识的源泉，也为认识的发生提供了可能性，同时认识又对实践提出了新的更高的要求。毛泽东也强调了实践是形成正确认识的基本途径，认识不可能是先天存在于人的头脑中的观念形态。[①] 什么是实践？实践是人类自觉活动的一切行为，包括物质层面的活动和精神层面的活动，是人的本质力量的对象化，是人类及其个体不断寻求自我解放的现实活动。人的自我意识与现存世界的矛盾是推动人类自我解放的根本矛盾。这种矛盾的存在推动人类个体及组织、阶级通过生产关系的不断整体调整，完成对自然、个体及其整个人类的解放活动。在多元社会中，共识的形成也正是依赖于这种实践活动。

从本质上看，共识本身也是一种实践，不仅是个体的人的实践活动，还是作为类存在的人的实践活动。马克思认为，人的存在不仅是个体的存在，而且是自由自觉的类存在。孤立的、个别的人并不能体现人

---

[①] 《毛泽东著作选读》（下），人民出版社1986年版，第839页。

的本质。马克思指出,人是现实活动中的自由自觉的感性存在,物质生产活动是人的基本的存在方式,离群索居不是人的本真的反映和真实写照。这种现实的个人是"只有在社会中才能独立的动物"①。在实践活动中,人的个体性和社会性得到了充分显现,人的本质能力也在这个过程中得到了充分发展和实现。因此,当我们在讨论共识的时候,就必须关照共识的主体、客体和媒介三个基本方面。共识的形成依赖于三个基本方面,即共识所指向的客体、主体与媒介。人既是实践的主体,也是形成共识的主体。这里的人不仅是作为个体存在的人,也是作为类、作为同一社会环境中的现实的人。实践的客体是共识的共同指向,是形成共识的目标所在。生活在不同社会背景和文化环境的人,达成共识的可能性越低。

共识的形成依赖于公共空间的客观存在。共识不仅是在头脑中完成的过程,更是主体双方或多方共同努力的实践过程。这个实践过程的完成依赖于实践中主体双方的平等互动。只有在相对平等的情况下,需要达成共识的各方才可能真实、完整地表达意见,为求同存异提供稳定的前提条件。如若任有一方破坏了这种平等,迫于强势一方的压力,弱势的一方都只能形成表面服从。这种表面的平静并不能带来真正的共识,相反却蕴藏着分裂的危险。因为,处于不平等弱势的一方的内心反抗将时刻准备着可能的爆发。当我们把人作为一个整体来看时,我们每个人都只是这个整体的一分子,只是这个公共空间平等的一分子。因此,只有在平等的实践关系中,人才可能充分展现自己需要的共识,以及可能因为谅解而达成共识。在这个过程中,人们实际上构建了公共共同的生活空间。公共的生活空间的存在为社会成员显现共同的需求、共同的价值追求等提供了条件。也正是在公共生活的空间,人们有了解决冲突形成共识的需要。因此,达成共识只能在公共生活领域,而不是其他的什么地方。

除此之外,个人的相似成长经历是社会成员形成共识的一般性基础。从单个个体来看,在不同的成长阶段,人们形成共识的一般规律则有所

---

① 《马克思恩格斯全集》第30卷,人民出版社1965年版,第25页。

不同。在孩提时代，个体处于成长阶段，并没有形成独立的个人意识。他对世界的所有认识来源于他的实践空间，来源于参与他的实践活动的所有因素。在此期间，与之相处的长者意见成为左右孩童时代个体的人的认识的重要因素。他们通过长者的讲述，获得了对社会的初步印象，完成了对社会、人与国家的初步建构。当孩童时代个体的人具有更为稳定的人格特征时，个体的人有了成为更加社会化的人的选择的自由。他能超越自己家庭、长者的范围，与其他社会成员建立友谊，形成同龄伙伴关系。当他们逐渐融入某个群体之中时，通过参加各种重大的集体性仪式活动，不断地与社会、与他人交换观点和意见，在外界的频繁刺激下，他们逐渐改变原有的认识模式，开始重建自己的认知体系。这样，社会的文化观念、价值取向、制度体系这些"软"层面就会融入社会成员的认知系统中，内化为一种共识性的文化。这种在个人成长中的共识性认识成为多元社会共识形成的一般性基础，也是社会共识得以形成的最初起源。

共识的形成并不是一蹴而就的，而是个体在社会实践活动中不断地与他者交流思想和交换观念中形成的。"大量利益的冲突以及有关于何为公平和正义这类规范的冲突造成了持有分歧的人们和持有共识的人们之间的反复重组。"[1] 人们的认识在这种"反复重组"中逐渐趋向新的共识。孩童时代形成的共识并不是恒定不变的。它会随着环境的改变而发生相应的改变。这种改变的终极动因仍然是实践。马克思认为："人们是自己的观念、思想等的生产者。"[2] 作为一个具有自觉意识的生命活动体，人与其他的生命体之间的最大区别在于，人是理性的存在物。人的理性认识能够使我们完全超脱某时某地的情境之上，超越对直观经验的完全吸取，将其转化为人的理性认识能力。一定社会的共识就依赖于人们的共同价值指向。由于这种强烈的意识透视，我们变得能够通过丰富的、相当稳定的客观世界和事件，体验我

---

[1] Shils, E. and Lipsitz, L., *Consensus. In International Encyclopedia of the Social Sciences*, Vol. Ⅲ, ed. D. S. Sills. New York: Macmillan and the Free Press, 1968, pp. 265.
[2] 《马克思恩格斯选集》第 1 卷，人民出版社 1995 年版，第 72 页。

们存在的环境。我们还可以继续将一系列身边的情境，与典型事件的历史相结合。我们还可以观察其他人，并从他们的行为与活动中认识到不同的人的影子。最后，带有认同感的信念应运而生。所以，不同社会背景下的人的信念既具有种种不同，但具有共同的社会基因。这为多元化的人类社会形成共识提供了基础性条件。由此可见，没有共同的社会实践，没有对社会实践历史的共同认识，共识将无所适从。换句话说，共识只能从共同的社会实践历史中产生，而不是其他任何地方。离开了这种共同的社会实践历史，离开了共同的社会实践现实，共识必将成为空想。

### （三）共识的形成动因与机制

在任何一个特定的社会形态中，共识的协调主要包括了两个基本的层次：一是对价值观的认同。共同的价值观念是共识形成的基本前提。价值观属于人的信仰层面，信仰的力量主要体现在人们基于终极目标的认同基础上产生的内在动力和动机，以及建立在社会道德、文明、法律体系之上的社会结构原动力。对于人类来说，人类认识和判断是与非、善与恶也要以价值观为基本参照。共同的价值观念是维持社会结构稳定的基本手段。从更加宽泛的层面来看，人类社会任何秩序的建构都需要以共同的价值观念为基础，否则社会秩序就会缺乏向心力，最终必然走向分裂。共同的价值观念宛如自然界的万有引力，万物在它的作用之下紧紧依附于地球，并形成合理的自然秩序。社会也同样如此，社会秩序的建立和社会结构的良性运行都需要发挥价值观念的"向心效应"。二是共同的物质利益追求。恩格斯曾在《马克思墓前的讲话》中指出，上层建筑必须从物质生活资料的生产这个基础性的角度来解释。在这个基础上形成的个人物质利益及其社会价值观也将伴随现代社会主义多元化的社会经济基础一起发展。只要社会生产中存在私有制及其表现形式，个人物质利益的价值观的冲突就一定会存在，并伴随私有制及其表现形式的发展而发展。因此，在多元社会中，以物质利益驱动形成共识也是一种可能。

马克思认为："不是人们的意识决定人们的存在，相反，是人们的社会存在决定人们的意识。"① 这就是说，人们的一切社会意识都是对社会存在的反映。与社会存在的变化相伴而生的是社会意识的逐渐改变，但社会意识与社会存在的变化并非完全同步。社会存在和社会意识之间的关系在现实中主要有两种基本的表现形式：首先，社会存在与社会意识同步发展，二者相互促进，这是人类社会发展的理想状态。其次，社会存在与社会意识的发展不同步，也主要有两种基本情况②，无论是哪一种形式，都会对社会本身带来一定的影响，这种影响有可能是积极的，也有可能是消极的。从根本上来看，人类意识来源于社会实践、来源于社会存在。但是，它也可能在其思维的深度与广度上与现实的社会存在一定程度的分离，从而滞后或者超越社会存在，并展现出自身特有的发展规律。在共识形成的过程中，物质利益的共识要比理想信念方面的共识更具基础性，也更容易形成。但是，这绝不意味着理想信念的共识就完全受制于物质利益，在一定程度上具有某种独立性。因此，从形成共识的物质基础和精神基础方面来看，两者都是缺一不可的，既不可只强调物质基础，亦不可只强调其精神基础。

共识形成机制，简言之，即共识形成的路径与方法。从已有历史来看，存在着三种典型的共识形成机制。一是内在主义的共识形成机制。该种机制认为共识是以个体自身利益为基础，以个体自身兴趣为着力点，以自发性学习和追求为抓手，以建构和激发自身内部知识体系为目标，进而产生共同的意识或追求一致或相似的目标，构成个体内在的认同。如此形成的共识性个体，在配合整体的社会行动过程中，个体具有较高的灵活性和自由度，并且可以最大限度地发挥个体自身的积极性、主动性和创造性。他们为这种共识而努力的意志不仅不会受到其他因素的影响和干扰，而还会根据自己的社会实际经验和知识结构，千方百计地学习和寻求帮助，实现共识目标。二是外在约束形成共识。顾名思义，这种共识受外在因素的限制和约束，其形成过程受外在强制力影响。在这里，影响的发起者主要包括统治者、上级、权威或长者、父母等，他们

---

① 《马克思恩格斯选集》第2卷，人民出版社1995年版，第32页。
② 要么社会意识先于社会存在而变化，要么社会存在先于社会意识而变化。

是活动的主体，被影响者主要是被统治者、下级、子女等，该群体是受影响的对象。影响的主体往往通过"灌输"和其他强制措施迫使被统治者或下级接受他们设定的价值观念、道德规范、制度机制等。由于这种机制形成的共识不是基于广大成员的意愿，所以他们在现实过程中大多只是迫于强制因素的压力，被迫采取非情愿的活动，因而不可能具备主动性和创造性。也可以说，他们仅仅是一个工具，或者是一个受动者。当个体的自由意志与自身所从事的行为或活动发生冲突，与自身的兴趣和利益相悖时，被强制者往往会采取消极抵制、不主动合作、选择性配合等态度，对并非自己所愿的活动或行为进行抵抗。三是，内外兼修而形成共识。这种共识的形成是前两种共识形成模式的综合，是内外两种因素共同作用的结果。从内部因素来看，主要通过唤起主体自身的内在共鸣，进而形成共同的情感或意识。从外部因素来看，个体在社会行动过程中基于自身的认知和知识框架，可以自发地、主动地、有选择地进行活动，这些活动受他们自己的实践行动和知识结构的影响，带有明显的意向性特征。但除了法律和纪律等约束外，他们的自由意志不会受其他因素过多的影响，基本上是自由的。

从根本上看，"共识"的终极动因是社会存在。当具有特殊性的社会成员漫步于人类社会实践时，就不可避免与其他社会成员形成一种特殊的相互关系。这种关系不仅可以相互解释，更是一种相互改造。更普遍地说，是个体的认识将被社会环境提供的阐释方式所改造。每一种改造的过程和目标都包含着个体与社会之间的平衡。一旦形成这种平衡，社会便呈现一种相对稳定的社会秩序，并以这种状态把社会推向前进。任何社会共识的形成都是由他们身处的现实的社会文化环境所决定的，与他们自身的传统文化与生产生活方式分不开，尤其取决于所属社会中绝大部分成员的价值观和基本信念。这些在社会历史中形成的基本信念成为人们从事活动的指南。罗素认为："信念加上一定的外在条件，就将产生行动，而这种行动可以让一个外面的观察者看出某人相信的东西是什么。"① 普特南指出，有些信念可以引起行为，可以作为行为的解

---

① 罗素：《人类的知识》，张金言译，商务印书馆1983年版，第135页。

释原则。而另一些信念将作为思想的状态永远存留于人们的认识之中。他把人们在社会历史中形成的信念区分为"加括号的信念"和"直接的信念"。前者指的是这样一种心理状态，即它不以思想所支撑的现实事物的存在与性质为前提，因而这种信念是一种纯粹的心理状态。后一种信念则是与外部实在有联系的信念。这种信念一旦产生就会引起行为。这种信念呈现的是一种"相信"，有这种信念就可能有达到某种目的的相应行动。本质而言，稳定的共识正是依赖于这种特殊的社会存在：信念。

共同的理想信念是不同社会成员形成持久共识，并转化为合力的关键。从根本上来说，理想信念是人类实践活动的产物，属于精神现象的范畴。它是人在实践活动中形成的对美好未来目标的向往和追求，属于人的价值活动和价值取向的最高形态，是人类实践活动的动力源和人类价值观、世界观、人生观等方面的集中体现。人的理想和信念是二位一体的，二者相互支持，有价值的信念定是以崇高的理想为前提，崇高的理想又以有价值的信念为支撑。在当代政治体系中，各个国家形成共识的机制虽然大同小异，但也各有特色。大多数国家都采用了通过立法等行政手段来结束争议、形成共识。因此，有学者认为，立法是当代国家治理中达成共识的重要手段。但是，越来越多的人同时也认识到，行政或者立法并不是长久之计，并不能从根本上解决共识的形成。真正形成共识还需要从思想深处，把外在的共识压力转变为内在的思想动力。这是意识形态工作的重要目标之一。20世纪50年代以来，一部分西方学者广泛宣传，认为意识形态即将终结。半个世纪过去了，终结的不是意识形态，而是意识形态终结论本身。这也表明，真正在思想上形成共识还是一个巨大的难题。多元社会的社会成员并不会简单地屈服于行政、立法等方式而自愿缴械投降。因此，唯有构建并不断强化共同的理想信念目标才可能形成内在的共识，并转化为现实的合力。

## 二 马克思主义视野中的社会主义改革

社会主义制度建立之后，社会主义社会要不要改革，怎样改，改什么？早在一百多年前，马克思、恩格斯就对这些问题做过一些初步的思考和尝试。列宁在领导苏联人民进行社会主义建设时，也对这些问题进行过理论和实践探索。我国从1956年年底完成"三大改造"走上社会主义道路以来，一直没有放弃对这些问题的艰苦探索，在经历了长达22年的社会主义建设之后，才真正找到了符合我国国情的社会主义改革之路——中国特色社会主义道路。正是在这条充满活力的道路上，开辟了马克思主义中国化的新境界。全面深化改革正是马克思主义者们在不断探索社会主义建设中开启的新阶段和新征程。

### （一）马克思主义经典作家论社会主义改革

社会主义社会究竟是一个什么样的社会？它的特点及其发展规律究竟怎么样？科学社会主义的创始人马克思、恩格斯一直在思考和探索之中。他们尽管做出过这样或那样的预测和设想，但从来没有把自己对未来社会的判断当作终极真理予以推行，而是认为要在历史发展中和人类社会实践中来不断认识和提升。恩格斯曾郑重指出："无论如何，应当声明，我所在的党没有提出任何一劳永逸的现成方案。"[1] 而是要从现实的社会实践和历史发展中来探索和寻找结论，任何脱离这种科学路线的做法都没有理论价值和现实效应。虽然马克思恩格斯没有为社会主义提供一个放之四海而皆准的模式，但有一个基本观点和方法论原则，马克思和恩格斯是反复强调的：社会主义社会不是僵化和封闭的社会形态，也不是一成不变的，而是根据具体情况经常变革的社会。[2] 社会主义的生产方式、分配方式以及劳动者自身，都要不断地发展和完善。马克思恩格

---

[1] 《马克思恩格斯全集》第36卷，人民出版社1972年版，第419—420页。
[2] 《马克思恩格斯全集》第37卷，人民出版社1972年版，第443页。

斯生活的时代缺乏直接从事社会主义建设的经验，而是依据对社会发展一般规律的认识，从理论上预示了社会主义社会在其发展进程中将不断进行改革的历史必然性。

唯物史观是马克思主义哲学的基本内容，也是马克思哲学超越于以往哲学理论的重要所在。在《政治经济学批判》序言中，马克思运用独到的理论视角，深刻地揭示了生产力和生产关系、经济基础和上层建筑之间的辩证关系。马克思恩格斯还认为，社会发展变化的最终动力是社会中存在的最根本的矛盾。社会主义社会也不例外，仍然是人类社会发展的特定阶段，仍然受这一基本规律的支配。这就是说，在社会主义社会，不仅仍然存在着经济基础与上层建筑、生产力与生产关系这两对社会发展过程中的基本矛盾，而且这两对矛盾仍然会发挥着作用。只不过，社会主义社会中每一次矛盾的凸显和解决都是一次变革，不会也不可能像资本主义社会中的改良一样。资本主义的改良之所以会陷入恶性循环，是因为它的基本矛盾没有得到根本解决。社会主义的改革则不同于资本主义的改良，改革是不断地去化解新矛盾，而不是仅仅改变其存在的形式，从而在新的基础上适应和推动生产力的巨大发展，将整个社会的发展带入良性的发展轨道。所以，社会主义社会的基本矛盾运动总是表现为波浪式的前进和螺旋式的上升过程。社会主义社会的发展过程就是不断调整生产力和生产关系、经济基础和上层建筑之间的关系的过程，并使之不断得到优化和完善的过程。在社会主义社会中随着社会生产力的不断发展进步，社会主义经济基础也随之得到巩固和加强。因此，社会主义改革不同于旧式的、对抗性的社会革命，而是在社会主义根本制度基础之上对社会发展难题的再破解。

在阶级社会中，阶级矛盾主要是通过阶级斗争的方式解决，阶级斗争意味着双方发生对抗性冲突。这种对抗性的冲突是推动阶级社会发展的根本动力，也是实现阶级内部变革的潜在因素。以对抗性斗争去解决社会中存在的矛盾是阶级社会中十分常见的现象。然而，在社会主义社会中，情况则有所不同，阶级矛盾已经基本上被消除了。那么，在这种情况下社会主义社会该如何发展呢？社会主义社会发展的动力何在？马克思指出:"在没有阶级和阶级对抗的情况下,社会进化将不再是政治革命。"① 这意味着社会变革的方式发生了根本性的变化。马克思主义经典作家的这些论述表明,社会主义社会并非一成不变的,而是处于不断的变革之中的社会,不断调整社会主义社会中的两对矛盾以推进社会的变革。十月革命胜利后,列宁在《论黄金在目前和在社会主义完全胜利后的作用》一文中指出:"今后在发展生产力和文化方面,我们每前进和提高一步,都必定同时改善和改造我们的苏维埃制度。"② 列宁认为,建立苏维埃制度是实现无产阶级专政的必要条件,而在当时由于经济和文化方面的发展水平有限,需要改造的东西还很多,因此"面有愧色"。由此可见,列宁十分重视社会主义改革,将其视为推动社会主义事业发展必由之路。这表明,社会主义社会也需要不断进行改革,改革是完善和发展社会主义制度的必要手段和途径。

社会主义该如何改革?恩格斯提出的历史合力论认为,历史是由生活在社会中的许多单个意志在相互作用下彼此相交错的过程中形成的。这样,历史既不是单个意志的体现,也不是许多单个意志的简单相加得到的总和,而是许多单个意志相互合力作用的结果。③ 根据恩格斯对历史发展的这一经典表述,社会发展的力量产生于主体要素间的协调统一、客体要素间的协调统一以及主客体要素间的协调统一,亦即主体与客体之间相互关联和彼此交错而产生推动社会发展和进步的合力,这就是恩格斯所谓的历史发展的力的平行四边形。无数个力的平行四边形构成了社会进步的最终力量源泉,历史的发展就是这个合力作用的结果。

由此可见,社会进步、历史发展,不是由单一要素、单一力量、单一群体所决定的,而是各种不同要素、不同力量、不同群体之间相互作用、相互影响而形成的。这也是历史唯物主义的基本规定。任何现实的力量既不可能独立于历史之外,也不可能单凭自身的力量对历史进行根

---

① 《马克思恩格斯全集》第37卷,人民出版社1972年版,第443页。
② 《列宁选集》第4卷,人民出版社1995年版,第613页。
③ 《马克思恩格斯选集》第4卷,人民出版社1995年版,第697页。

本性的改变或改造,只有与其他各种理想彼此协调、相互促进,才可能为历史的发展贡献自身的力量。同时,各个个体的力量要素对于历史合力又具有积极的聚合作用,它们是主观能动的,而不是消极被动的,它们对历史合力的大小和性质具有重要影响。因此,历史的发展不仅要有整体观念,还应有协调观念,在整体中寻求各个力量要素的协调共处和最佳组合,才能最大限度地发挥自身的潜力,从而更好地推进社会历史的进步。恩格斯的历史合力论为社会主义改革指出了明确的动力之源。社会主义改革既不是某个人的独立意志的体现,也不是某些英雄人物的杰作,它只可能是人民群众合力作用的结果,是人民群众集体智慧的历史产物。

**(二) 我国社会主义改革的基本理论**

中国特色的社会主义改革理论虽然形成于1978年之后。但是,马克思主义经典作家对社会主义本质的认识以及建设社会主义的基本思想和经验总结成为社会主义改革理论的重要思想理论源泉。从理论上看,马克思主义经典作家的社会主义改革思想是马克思、恩格斯、列宁等人面向实践,运用辩证唯物主义观察人类社会发展的必然产物,是以历史唯物主义的基本立场分析社会主义发展规律的必然产物。我国社会主义改革的基本理论认识则是将这些基本原理与我国社会主义实践相结合的历史产物。

建设什么样的社会主义,社会主义应当如何,怎样建设社会主义,这是每一个社会主义国家在确立社会主义制度之后都必然面临的重大问题。但是各个国家各有不同,尤其像中国这样一个历经百年革命与战争的落后国家该如何建设社会主义更是一个历史难题。在我国建立社会主义制度之前,既没有哪一位理论家对我国如何建设社会主义作过详尽而明确地论述,也没有任何现成的实践经验可供借鉴。基于此,只有在社会实践和探索中去解决。解放之后,我国在1956年完成了"三大改造"正式进入社会主义,中国共产党人就开始探索社会主义建设的事业,为社会主义改革理论的提出奠定了必要的理论基础和实践基础。时至今日,我国的社会主义改革已经经历了40年的光辉历程。在这个过程中，我国社会主义改革理论逐渐从不成熟走向成熟、从不断探索到相对完善，形成了体系健全、内容翔实的社会主义改革理论，凝结了人民群众的集体智慧，是中国共产党领导全国人民实现中华民族伟大复兴的实践产物。

改革是一场新的革命，社会主义改革是在建立社会主义制度之后对不适应社会发展的因素的积极扬弃，是基于生产力的发展现状对生产关系的重新调整以满足生产力发展新要求的举措。通过社会改革，推进社会关系良性发展和社会制度不断完善，实现社会各方面的全面进步。长期以来，在社会主义建设实践中，存在着一种错误的认识和错误的倾向，即把社会主义发展阶段等同于人类理想的共产主义社会的高级阶段，并认为社会主义根本制度的存在可以解决一切问题，社会主义社会发展阶段并不需要任何改革。这种观点不仅以形而上学的观点看待社会主义社会，从根本上否定了社会主义制度的发展与变革，而且更为严重的是混淆了社会主义根本制度和社会主义具体制度之间的区分，将二者混为一谈。这种错误的观点存在着严重的理论误区，忽视了社会主义社会具体制度某些弊端的必然性存在。这些观点显然是对社会主义缺乏深刻认识的表现。

在我国确立社会主义制度后不久，毛泽东就告诫我们，虽然我国建立起了社会主义制度，从整体上而言是与我国的社会生产力发展水平相适应的，但是还有很多不完善的地方，还有许多和社会发展不协调的地方，需要我们不断地改进和完善。面对社会主义社会必然存在的基本矛盾，我们就需要对生产关系和上层建筑进行变革，改变其中不适应生产力发展和经济基础建设的部分，使之满足社会发展的需要。如果任由落后的生产关系和上层建筑发展，就会对社会的发展带来不可估量的损害。毛泽东强调，社会主义社会也存在基本的矛盾，只不过与旧社会相比性质有所不同。[①] 毛泽东认为，造成这种现象的原因是由各自的社会特质和社会制度决定的。社会主义社会的矛盾的特点和表现形式不同于其他社会中的矛盾，尤其是资本主义社会中的矛盾。资本主义生产资料私有制

---

① 《毛泽东著作选读》（下），人民出版社1986年版，第767—768页。

这种所有制形式决定了资本主义社会的主要矛盾只能通过社会主义革命，通过无产阶级对资产阶级的革命，推翻资本主义制度，废除剥削和压迫，建立生产资料公有制来解决。社会主义的矛盾并不像资本主义社会的矛盾那样是由制度因素引起的，也就是说，这种矛盾的症结并不在于制度本身，而是其他因素造成的。因此，对于社会主义社会存在的或出现的矛盾，通过社会主义具体制度的改革就可以得到有效解决，通过社会主义具体制度的自我革新就能得以实现。

社会主义制度的自我变革和完善是社会主义改革的目标。邓小平在继承马克思主义关于社会主义社会基本矛盾的分析之后认为，"我们建立的社会主义制度是个好制度，必须坚持"①。社会主义改革就其实质而言是以社会主义根本制度为依托而进行的对社会主义具体制度的调整、变革和完善，其目的是更好地解放和发展社会主义社会的生产力，实现社会主义具体制度的革故鼎新，而不是从根本上去变革社会主义制度本身。因此，在这种意义上，可以说社会主义改革是对社会制度不断发展和完善的过程。邓小平指出，无论是革命，还是改革，它们的共同目标都是解放生产力。在革命时期，就是要推翻"三座大山"的压迫，获得生产力的解放。在建设时期，社会中还存在着许多阻碍发展生产力的因素，为了更好地推进经济社会的发展，增强社会的活力，就必须进行改革。邓小平在总结我国社会主义改革的经验时反复强调："不改革开放，只能是死路一条。……看准了的，就大胆尝试，大胆地闯。"② 他认为，社会主义制度是一个逐渐完善和发展的过程，体制中的障碍要通过改革来解决。改革是社会主义制度的自我革命，充分彰显了社会主义制度的张力。

社会主义改革必须坚持四项基本原则，这是我国实现"四个现代化"的根本前提。不旗帜鲜明地以四项基本原则为指导，就不可能坚定不移地走正确的政治道路。邓小平指出，四项基本原则一直都是我们党坚守的基本准则。他认为，我国选择社会主义制度是历史发展的必然，是中

---

① 《邓小平文选》第3卷，人民出版社1993年版，第116页。
② 同上书，第370页。

国人民在经历长达数十年社会动荡和战乱磨难的切身体验后经过比较做出的正确选择，这一历史结论是不可动摇的科学结论。改革不能，也不应该放弃社会主义制度这个根本性的前提。任何改革都必须有正确、科学的理论作为指导，社会主义也不例外，那就是经过实践检验的马克思主义、毛泽东思想。我们必须依靠中国共产党的领导，实行无产阶级专政来不断推动并巩固社会主义建设成果。社会主义改革与四项基本原则是内在统一的，是为了更加充分发挥社会主义制度的优越性，为了使我国成为社会主义现代化国家。邓小平指出，中央之所以要反复强调四项基本原则的重要性，就是为了防止哪怕是极少数人在这个根本性的问题上犯错误，以致动摇社会主义事业的根基。在这个问题上，我们必须立场坚定，旗帜鲜明，决不能有丝毫动摇的念头。邓小平强调，每个共产党员，尤其是党的理论工作者更应坚定信念，恪守四项基本原则的规定，四项基本原则中的任何一项都不能动摇。四项基本原则动摇了，社会主义就失去了根基。

马克思主义哲学明确指出了人民群众在社会生产生活实践中的历史地位和作用，强调了人民群众的核心地位。从历史发展视阈来看，应该说这一结论是正确的、是科学的。无论是在社会发展还是在社会改革中，都需要依靠和发挥人民群众的力量。对于社会主义的改革来说，更是如此。社会主义的性质决定了社会主义社会的制度和社会主义的改革都必须代表广大人民群众的根本利益，都必须运用人民的智慧和力量去推进社会主义改革。如若不然，就背离了社会主义的本质规定。人民群众是决定历史发展走向的关键性力量。社会主义改革是极其艰巨和复杂的。很多旧的问题需要解决，新问题更是层出不穷。面对这种情况，要推动改革，我们必须随时听民意、知民情、晓民声，才能形成强大的力量，顺利地进行改革。如果没有广泛听取人民意见，就不能形成广泛的社会共识，社会主义社会就必然走向不稳定，甚至葬送社会主义事业的前途。所以，党组织、党员都要永远站在人民群众一边，同人民在一起，了解他们的要求、意见，倾听他们的呼声，采取一切可能的办法争取他们的利益，只有这样，社会主义改革才能拧成一股绳，形成社会主义改革的合力，才会把社会主义事业推向前进。

### (三) 新时代社会主义改革的基本思想

党的十八大以来，以习近平同志为核心的党中央高举旗帜，以巨大的政治勇气和非凡的政治智慧，继续深化改革和扩大开放，党和国家事业取得了历史性成就、发生了历史性变革。当前，我国正处于全面深化改革的关键期，以习近平同志为核心的党中央基于我国社会改革的伟大实践和面临的现实挑战，对进一步推进我国社会主义改革进行了卓有成效的探索，赢得了广大人民群众的支持和拥护。习近平基于我国改革的现实境遇，针对社会主义改革的现实难题和亟待解决的改革困境，提出了一系列重要的改革举措，发表了一系列重要讲话，为我国新时期的社会主义改革注入了强心剂。

习近平总书记关于改革的系列讲话坚持以马克思主义基本原理为指导，深刻剖析了我国改革面临的新情况和新问题，全面分析了社会主义改革在新的历史环境下的着力点和主攻方向，彰显出了高超的政治智慧和巨大的政治勇气。这一系列的重要讲话，深刻地回答了我们党在新的历史条件下如何改革社会主义，怎样改革社会主义等重大的理论和现实问题，是党的十八大精神的深入阐释，也是马克思主义中国化的最新成果，不仅是对党的科学理论的进一步丰富和发展，将执政党的建设规律和中国特色社会主义规律有机结合起来，而且还为我国社会主义改革提供了方向指引和路径尝试，满足了广大人民群众对国家改革的新期盼和新要求。习近平同志的系列讲话精神不仅是对我国社会主义改革的重要总结，更是起到了引领新阶段社会主义改革的作用。

一是以习近平同志为核心的新一届中央领导集体，更加明确了社会主义改革的伟大战略意义，坚定不移推动社会主义改革。以习近平同志为核心的党中央将改革置于民族和国家命运的历史高度，全面剖析了全面深化改革在当今中国社会中的重要作用，指出了改革是实现"两个一百年"奋斗目标和复兴中华民族的关键抉择，揭示了我国改革过程中面临的机遇与风险，强调了要不畏艰难、勇往直前将改革推向新的历史阶段，实现社会的健康发展和长治久安，谱写社会主义建设事业的新篇章。习近平指出，开弓没有回头箭，我国的社会改革已经进入了十分关键的阶段，停顿和倒退都不能解决现实问题，必须解放思想，与时俱进，冲破落后观念的束缚和限制，善于解决改革中的障碍，敢于啃掉改革中的硬骨头。习近平强调，当前我国改革已进入深水区，皆大欢喜的改革已经完成了，剩下的都是十分棘手的现实问题，我们必须一鼓作气，坚定不移，要敢于向积存多年的顽症痼疾开刀，坚决打好全面深化改革这场攻坚战①，从根本上解决阻碍我国社会发展的障碍。习近平指出，历届三中全会的议题、决定、举措、信号对于未来5年至10年具有重要的指导意义。②党的十八届三中全会明确提出了全面深化改革这一既定方针，提出要直面现存体制机制弊端，在一些重要领域改革要取得突破性进展，建构起科学合理的制度体系，彰显了新一届党中央巨大的政治勇气和高超的政治智慧。实践表明，我国社会中存在的诸多现实问题必须通过改革来解决。社会主义改革不是停止，不是裹足不前，相反是以更大力度和更加全面地推进。

二是以习近平同志为核心的党中央，更加明确了社会主义改革的重大举措，对进一步深化社会主义改革作出了重大部署。从党的十八大和十八届三中全会的内容来看，下一阶段的社会主义改革涉及人们生活的方方面面，尤其是那些原来可能未涉及的，群众呼声高的领域将会有较大动作的改革。就党的十八届三中全会的决定来看，在框架结构上，除引言和结束语外，共有16个部分，分为三大板块。第一板块（总论部分），从重大意义、指导思想和总体思路几个方面对我国全面深化改革进行了总括性概述。第二板块为分论（主要包括第二部分至第十五部分），该部分从6个大的方面对全面深化改革作出了具体部署，阐述了全面深化改革的重大举措和主要任务。其中经济领域涉及的内容主要为第二至第七部分，政治领域涉及的内容为第八至第十部分，文化领域主要体现在第十一部分，社会领域包括第十二至第十三部分，生态文明表现在第十四部分，国防和军队领域为第十五部分。第三板块（第十六部分），主

---

① 参见《习近平总书记系列重要讲话读本》（2016年），学习出版社2016年版，第70页。
② 习近平：《关于〈中共中央关于全面深化改革若干重大问题的决定〉的说明》，《人民日报》2013年11月15日。

要从组织的角度对全面深化改革进行论述，为全面深化改革提供组织保障。这充分表明，新一阶段的社会主义改革无论是从内容上来看，还是从举措上来看都将是更为彻底的和更为全面的改革。2016年12月5日，习近平在中央深改组第30次会议上的讲话中提出了"四个有利于"① 的基本思想，深刻阐释了社会主义改革的路径、目标及价值取向。② "四个有利于"是新一届中央领导集体对推进全面深化改革的新论断和新部署，也是我国推进全面深化改革的重要举措。

三是以习近平同志为核心的新一届中央领导集体，更加重视社会呼声，给了人民以新的希望，尤其对人民群众反映突出的重大问题有可能在新一阶段的改革中取得突破性进展。比如，针对当前一些干部的特权思想、滥用权力、失职渎职等现实问题和一些领域消极腐败现象，明确提出全面深化改革强化权力运行制约和监督体系是改革的重点内容之一，健全了惩治腐败的体制机制和工作机制。党的十八届三中全会提出，要从制度入手，发挥制度在管权、管事、管人方面的作用，将权力置于透明的运行机制之中，真正将权力关进制度的笼子。为此就必须从权力的运行本身发力，强化对权力的监督，防止盲目滥用权力，提高权力的执行力，严惩贪污腐败行为，构建不敢贪、不能贪、不想贪，努力实现干部清正、政府清廉和政治清明的政治生态。针对人民群众普遍关心的与人民群众自身密切相关的生态环境问题，党的十八届三中全会提出，要大力推进事关人民福祉和民族未来的生态文明建设，发挥制度在生态环境保护中的作用。

全面深化改革是"四个全面"战略布局中具有突破性和先导性的关键环节，是顺应当今世界发展大势的必然选择和根本出路，也是解决我国现实问题的根本途径。面对新时期的全面深化改革，习近平从改革的总目标、改革的着重点、改革的依靠力量、改革的具体策略、改革的方

---

① "四个有利于"：多推有利于增添经济发展动力的改革、多推有利于促进社会公平正义的改革、多推有利于增强人民群众获得感的改革、多推有利于调动广大干部群众积极性的改革。

② 习近平：《总结经验完善思路突出重点提高改革整体效能扩大改革受益面》，《人民日报》2016年12月6日。

向等方面对社会主义改革作了总体部署。习近平指出,在全面深化改革的过程中,要牢固树立"三种意识"。首先是进取意识,改革如逆水行舟,不进则退,不能因为改革进程中的硬骨头就犯畏难情绪。其次是机遇意识,改革也要讲求机遇,很多时候机遇一去不复返,错过了改革的窗口期就失去了改革良机,因而要不失时机地促成改革。再次是责任意识,改革是时代赋予的历史使命,要以功成不必在我的宽广胸襟勇担改革责任,也不能因为一己私心回避改革过程中的风险和挑战。习近平同志还认为,我国的全面深化改革要处理好以下几对关系:

一是解放思想和实事求是之间的关系。改革不能脱离实际,也不能思想僵化。二是整体推进和重点突破之间的关系。全面深化改革不是某一领域的改革,而是全方位的改革,此外,改革要有着重点和突破口。三是顶层设计和摸着石头过河之间的关系。顶层设计和摸着石头过河是两种不同的改革路径,都是具体改革必然面临的现实选择,二者应相互补充、相互促进。四是胆子大和步子稳之间的关系。改革不能畏首畏尾、裹足不前,但也要充分评估改革中的风险和挑战,步步为营、稳扎稳打。五是改革发展稳定之间的关系。改革既需要稳定的外部环境,同时改革又会打破现有的利益格局,如何保证二者之间的平衡是改革必须面对的现实难题。[1] 除此之外,习近平同志发表的"系列讲话还就当前国际国内形势、促进两岸和平统一、国防和军队现代化等重要问题展开了论述"[2]。总的来看,习近平同志的系列重要讲话顺应了时代大势,充分体现了新一届中央领导集体的责任担当,吹响了全面深化改革的集结号,是马克思主义在当代中国的最新成果。

## 三 新时代凝聚改革共识面临的三个问题

自古以来,背离人心的改革大多是不成功的,最终会以失败而告终。

---

[1] 参见《习近平总书记系列重要讲话读本》(2016),学习出版社2016年版,第79—81页。
[2] 《深刻领会、准确把握习近平总书记一系列重要讲话的内涵与实质》,《瞭望新闻周刊》2013年6月29日。

而那些众望所归的社会改革基本上会得到人民群众的拥护和认同,从而实现改革的既定目标。习近平总书记指出,"实现中华民族伟大复兴,必须合乎时代潮流、顺应人民意愿,勇于改革开放,让党和人民事业始终充满奋勇前进的强大动力"。当前,全面深化改革,更需要广泛的凝聚共识,形成改革合力。合力形成于共识。任何社会、任何国家的改革都必须以共识为基础,依赖于共识提供的强大合力。一般来说,社会的共识度越高,人民的参与性就越强,改革成功的可能性就越大。中国过去几十年间的改革之所以能够取得如此巨大的成就,在很大程度上就是因为在全社会形成了较高的共识度,对社会改革的认识获得了高度的一致,正是得益于"全国人民都拧成了一股绳"。新时代的中国,将会在价值观等方面更加多元化,继续深化社会主义改革,尤其需要注意当前我国社会主义改革共识形成中的三个问题。

### (一) 改革共识诉求的表达问题

当前,我国社会对改革共识的探讨有一种明显的不良倾向,即通过改革共识一语表达个人的或是局部的改革诉求,而忽视了社会主义改革的整体利益,将个体利益凌驾于整体利益之上,缺乏改革的大局观、全局观,有的甚至与社会主义性质背道而驰,从而最终陷入改革共识的非理性表达的历史旋涡,而且这种现象有蔓延趋势。例如,有的人认为,我们的改革应该推行西方宪政;有的人认为我们的改革应该搞"普世价值";有的认为,改革最为关键的是要坚持物质利益价值观;有的人认为,现代化就是西方化等,莫衷一是。这些对改革共识的非理性表达主要体现三个主要方面。

一是借用西方话语肆言我国的社会主义改革共识。一直以来,共识概念是西方社会学家们研究的专利,我国对共识、改革共识的理论研究相对比较贫乏。改革再出发,话语基础的薄弱,为西方强势学术话语的入侵并迅速扩散提供了一定的条件。当我们在谈论新时期的改革共识时,在西方的强势学术话语之下,西方的宪政、普世价值等似是而非的话语体系自然而然成为大家表达改革期望的首选话语、常用话语。在西方的价值认知中,"多样化""包容性"都是备受推崇的概念。但在涉及政治生活上，一部分人愚昧地认为只有西方的选举民主才是正当的、才是现代的，中国甚至新加坡这样的国家，都是行进在错误的国家发展道路上，注定会走进"死胡同"。所以，有人认为，改革共识的必要内容就是走西方的政治改革道路。殊不知，这些人已经犯了一个逻辑错误。既然承认了世界多元性，为何就一定要像西方一样？这个时候，怎么就忘了世界的多样性呢？忘了人类社会发展的多样性呢？只要稍稍读读中国现当代历史，就应该明白我们取得今天的成就并不是"西化"，而恰恰是走自己的道路的结果。

二是借用改革共识表达个体的、局部的非理性诉求。我国进行社会主义改革四十年以来，取得了伟大成就，但也确实还存在着这样或者那样的问题。其中最为突出的问题之一就是改革"红利分享"的不均衡性。改革开放初期，改革利益的分配差异并不是很大，总体上具有普惠性特征。但是，随着社会主义改革的深入，特别是市场机制的逐步渗透，利益格局不断调整，社会阶层分化日益明显，与人们生活息息相关的收入差距也在日益扩大。对此，一些社会成员对收入差距持续扩大的被剥夺感、不公平感以及心理的不平衡感等越来越突出，加剧了社会分化的程度。一般来看，不同的利益立场决定了不同的看法和诉求。有些地方享受了巨大的改革成果，而有些地方却依然比较落后，有些人先富起来了，有些人依然还比较贫穷……这些现象都为非理性诉求的表达提供了可能性。面对新的改革机遇，谁也不想放过表达诉求的机会，改革共识正是希望收集民意、解决问题，而不是只考虑自己的诉求，通过非理性表达来呈现个人的、局部的共识。改革共识的形成只有理性言说才能真正解决问题。

三是对改革共识存在着严重的理解误区。有的人认为改革共识必须继续坚持 GDP 主义，有的人认为改革共识还必须坚持沿海优先发展战略……这些都存在着严重的误区。实践在变化，改革共识包含的具体的内容，也应该有所改变。我国经济社会发展正面临着重大转型，经济生活日益复杂化，社会生活日益多元化。复杂化需要经济管理进一步精细化，多元化需要社会管理更加富有弹性化。改革内容已经越来越呈现出极其复杂的一面。今天的改革需要的是注重其系统性、协同性、整体性、创新性，而绝不仅是某一方面的单向发展，而是社会整体的协同推进。改革的复杂性特征，使所有改革措施的推出都不能仅仅建立在一腔热情和良好愿望的基础之上。改革必须坚持有序性原则，这种有序性应建立在对约束性条件的清醒认识、清晰的发展理念、连续性的可预期的政策、明确的规划思路、具有可操作性的运作方式等基础之上，必须建立在清晰的认识基础之上。匆忙推出的改革措施，必然只会损害改革的共识，最终还可能影响改革的效果，与改革的初衷背道而驰。因此，改革的政策或措施应更具前瞻性、科学性和可调控性，从源头就需加强改革的"顶层设计"建设。

这些对改革共识的非理性表达有着极其巨大的危害性。其一，最大危害就在于它使整体性的改革共识陷入一种局部改革利益的争夺与博弈，给社会稳定、民族团结和国家安全带来了一些新的不稳定的因素。随着我国改革开放的深入，新的改革诉求不断涌现。人们的改革期待不仅仅停留在物质利益层面，更多地转向了精神文化领域。这使人们的改革期待更具多样性和复杂性。在这种背景下，改革共识逐渐成为一种讨论改革政见的发泄通道，甚至成为任意表达诉求获取改革利益的博弈工具，而不是解决矛盾与冲突的手段，这严重背离了"共识"一词的基本内涵和初衷。一旦政策、法律等约束失效，各种社会群体就会根据自己的立场固守自身的既有利益，阻碍社会主义改革。这不仅会大大延缓全面深化改革的进程，使改革措施难以落实，而且会把整个社会推向不稳定的境地。

其二，对改革共识的非理性应用会淹没我们已经拥有的对改革的基本认识。目前，以改革共识为标签的改革诉求的非理性表达与泛滥，一定程度上也淹没了改革共识应有的基本目标。近几年，无论是在国内主流媒体上，还是在一些非正式场合，"改革共识"一词越来越频繁地出现在大众传媒以及人们的日常生活之中。各种社会力量都在通过各种媒介，意图通过"改革共识"的讨论，不断传播、放大个体、部分群体的声音。这些声音有的有利于社会主义改革，有的则隐藏着其他图谋。尤其是在信息传播飞速发展的多元社会中，在国际舆论格局西强我弱、西方主要媒体左右着世界舆论的严峻形势下，一些国内外的非主流声音不断改头换面，相互混杂在一起，泥沙俱下，混淆视听，形成对主流声音的强大攻势，甚至淹没改革共识应有的视域和声音。严重的时候，就会使整个社会失去前进的方向、失去必要的凝聚力，陷入一盘散沙的危险境地。

其三，它使改革共识这个严肃的话题陷入"闲言"境地。社会主义改革涉及面广，既有关涉不同群体、不同个体等各方利益，更有决定中华民族前途与命运的整体利益。其复杂程度可想而知，必须达成改革共识。"改革共识"本身理应具有必然的严肃性。然而，在改革的过程中极易陷进"闲言"的话语环境中，进而耽误改革的进程和步伐。海德格尔认为，"闲言的无根基状态并不妨碍它进入公众意见，反倒为它大开方便之门"[①]。公众作为独立的个体，天生具有一种无须刻意就能领悟闲言的能力，并且这种闲言一旦内化到个体内部，就会形成强大的力量，对其他声音和观念进行压制。因此，从这种意义上而言，如果使改革共识的谈论陷入闲言境地，则将导致严肃的政治讨论走向"失范"的乱言，对人民群众积极参与社会主义改革大潮造成严重的误导，甚至制造不存在的、不必要的社会矛盾，其消极影响可想而知。

**（二）改革共识形成的话语基础**

为什么会出现社会主义改革共识的非理性表达？原因是多方面的。但是，我们仔细观察就会发现，最近几年，人们关于改革共识与合力的讨论不可谓不多。可我们总觉得缺了点什么，到底是什么呢？我们以为，当前，最为根本的问题是话语基础的缺失。共同的话语基础是我们对话协商的前提，哈贝马斯就曾强调普遍语用学的重要性，他把普遍语用学当作交往行为理论中最基础的层次，是理解可能发生的普遍条件。也可以说，在哈贝马斯那里，共同的话语基础为建立共识和主体间的非强制性交往奠定了基础。话语基础的缺失制造了一个巨大的语言陷阱。在没有共同的话语基础的情况下，我们不仅陷入自说自话的困境，而且只能暂时借用西方的话语体系，来言说我们所面对的现实和境况，讨论我们

---

① 海德格尔：《存在与时间》，陈嘉映译，生活·读书·新知三联书店2012年版，第196页。

需要解决的问题。不可否认，今天的中国社会已经足够开放，也逐渐呈现出前所未有的多元化特征，话语体系亦是如此，朝着多样化的方向发展，多种话语体系相互交织成为当今中国社会的特殊景象。不同的言说都以语言为基础。语言是呈现人类思想和行为的重要方式，传递着人们的观念倾向和价值选择。语言通常有两种最为基本的运用方式：对话和独白。对话是最常见的交往方式，一种是声音语言的对话，另一种是文字符号语言的对话，通过对话能使主体间实现相互理解和沟通，进而达成一定的共识，采取相应的合作行动模式，实现交往行动的目的。这是哈贝马斯的解释模式。而与对话相对应的另一种语言呈现方式是独白，它是主体内心的活动，是主体意识的自我认知与反思。主体哲学、意识哲学就是通过内心独白的方式来解释永恒真理的。共识是在现实的社会中形成的，它是经验的而不是先验的，是选择性的而不是必然的，是开放的而不是命定的。因此，在一个多元的社会中，奠定共同的话语基础是形成共识的必要前提。列宁说，范畴、概念是思维的网上纽结。奠定话语基础的首要工作就是对基本概念、理论的必要清理。如果没有这种必要的前提工作，必然陷入自说自话的尴尬境地，从而难以形成共识。如果我们对于改革共识的基本概念和理论没有最为基本的研究与认同，当然也就缺乏必要的话语基础，更无从谈起凝聚改革共识了。

在目前所出现的有关改革共识的讨论中，几乎没有学者去深究何为共识、共识是如何形成的等这些基础理论问题，更没有人针对改革共识作出明确的界定。大家都把改革共识一语的应用当作理所当然，当作对方是在跟他一样的理解这个术语，当作一个常识，而不是严肃的讨论，并未对这个术语作出严格的学术界定，更没有阐明其语境及其理论。很显然，这并不是一种严谨的做法。从概念到命题，再到理论是一个逐渐建构的过程。在整个建构过程中，它依赖于不同的历史背景，实践环境和语境，从而呈现特定的语义。化解分歧，形成共识必须构建共同的话语基础，建构自己的话语体系，而不是含混不清的借用、挪用或者混用话语。这种话语基础是维系共同目标的必要手段，它的发展与变化体现了一个语言群体的变化。它有着共同的话语呈现目标，他们使用特定的语言体裁和专用词汇，在相互交流中形成语言共同体。只有掌握这种特定话语体系的社会成员方能进入这种讨论模式之中。

造成我国当前改革共识话语基础缺失的原因是多方面的。总体来看，既有现实的原因，也有历史的原因。从思维方式来看，中国人的思维与西方人的思维模式存在着差别，西方思维崇尚理性主义，重逻辑推理、重理性抽象，而中国人的思维重情景、重象征，这种思维方式带有极大的不确定性和多元性，带有非同一性的特征，强调"和而不同"和彼此尊重。因此，中国人的思维趋向于模糊、体验、直觉，具有象征主义、相对主义、一元主义的性征。尤其是在中国古代汉语语境中，文约义丰，充满了模糊性、随意性、不确定性、暗喻性，同时也引人遐想，趣味无穷。中国语境所呈现出来的独特人文思维逻辑，并不擅长基本概念的逻辑分析和语言清理，这确实给我们为改革共识奠定共同的话语基础造成了一定的困难，尤其是不利于对规律进行分析和推演。

在西方的语境中，"共识"实际上是基于主体间的相互理解而形成的社会整合形态，这种社会形态的最终目标是实现社会的良性运行。格雷汉姆认为，共识是"社会目标、决策程序和具体政策三个基本维度上的一致同意的状态"[1]。哈贝马斯认为，"共识"主要是指"两个交往过程的参与者能对世界上的某种东西达成理解，并且彼此能使自己的意向为对方所理解"[2]。人们在实践活动中所表现出的复杂性和多样性使得寻求共识成为一种应然性的必然目标。在达成共识的过程中，实践在场的理解者、不理解者以及相关主体间都需要通过协调达成一致意见。在传统的专制社会，达成共识的方式主要是靠权力来主导。权力主导下的社会共识以主导者的价值利益为依托，并且随着权力类型的变化而变化。人类社会最初的权力主要是赠予式权力，统治者通过赠予来获得被统治者的权力认同，这一时期社会的共识较为"具象化"，以具体的物象为共识基础。例如，在原始氏族部落时代，象牙等具体器物构成了权力的象征，全体成员也会对之产生膜拜和认同，进而形成一种物象共识。从人类社

---

[1] Graham, J. G. Jr, *Consensus. In Social Science Concepts: a systematic analysis*, ed. G. Sartori. Beverly Hills, Calif., London and New Delhi: Sage, 1984, p.111.

[2] 哈贝马斯：《交往与社会进化》，张博树译，重庆人民出版社1989年版，第3页。

会进入阶级时代开始，权力的类型就发生了根本性的变化，主要以暴力的形式表现出来。在阶级社会中的共识是一种暴力型共识。统治者通过暴力的方式迫使社会成员服从或认同统治阶级的思想观念和价值取向。在现代社会中，随着人们对平等关系的意识觉醒，寻求共识需要建立在相互的理解之上，是一种理解型共识，或者说是一种基于理解而形成的合作主导型共识。在这种社会背景下，形成共识的真理之维消解，合理之维凸显。从一开始，共识就只有在人类交往中才会普遍形成。

我们今天所讨论的社会主义改革共识，是有特定的话语背景的，不是美国或者其他国家的改革，而是社会主义中国的改革。因此，社会主义改革共识一语的使用必须已经蕴含了这样一些基本内涵。其一，它是社会主义的改革，这就决定了这场改革的方向和性质。它只可能是在社会主义根本制度下对社会主义具体制度的再变革，它所代表的只能是广大人民群众的根本利益。这样一来，那些走向资本主义、偏离社会主义的改革理应不成为共识的内容，自然不能成为我们所讨论的改革共识的备选项。所以，在社会主义改革的过程中要十分警惕那些错误社会思潮的干扰。其二，它是中国的社会主义改革，这就决定了这场改革必须依据中国的国情，那些只与西方资本主义宪政相适应的改革等自然就不成改革共识应有的选项了，最多算一个可资借鉴的参考。客观来说，西方的具体制度中也有相对合理的成分，值得正处于改革中的我国借鉴和学习。但必须指出的是，要考虑到这些制度在我国是否适应，会不会出现"水土不服"的问题。其三，它是中国特色的改革。任何一个民族、任何一个国家都有自身的发展史、演变史，任何人都无法隔断所处民族的历史。这就决定了我们的改革必须依据中国的历史来进行，必须认真对待好历史、读好历史，在历史中反思教训、总结经验。在我国古代，也有很多政治家对社会的改革作出了巨大的贡献，但同时我们也应看到这些改革中的不足和教训。这些都是我们讨论改革共识的基本话语基础。失去了这些改革共识的话语基础，必然陷入自说自话，陷入无谓的争论，最终将不利于改革话语共识和思想共识的建立，进而阻碍社会改革的步伐。

面对社会主义改革的新形式，越是深化改革，越要坚持正确方向，没有正确理论的指引，改革就会迷失方向，改革的目标也不可能实现。我们的改革，从根本上来说是在中国共产党的领导下以中国特色社会主义为基础的社会主义制度的再完善过程。任何偏离了坚持和改善党的领导、偏离了坚持和完善中国特色社会主义制度的做法都是错误的，都是与改革的初衷相悖的。中国是一个世界大国，历史已向我们表明，社会动乱、国家分裂最终遭殃的是全体中国人民，给国家带来的危害和影响是难以估量的。因此，我们绝不能在改革的根本性问题上出现颠覆性的错误。这一点，已得到社会广泛认同。党的十八大报告明确指出，不能走老路，更不能走邪路，必须根据中国的实际，恪守"四个自信"，说好中国话，办好中国事，牢牢把握社会主义改革方向，唱响社会主义改革主旋律，在坚持道路、理论双重统一的基础上对具体制度进行革新，进而实现道路、理论、制度的"三足鼎立"，为社会主义社会稳定发展发挥效力。在社会主义改革的过程中，必须处理好改革破局与发展稳定、政治改革与经济改革之间的关系，必须处理好顶层设计与具体落实、思想共识与行动协调、重点突破与全局发展之间的关系，从而确保社会主义改革积极稳妥、健康有序地推进。

### （三）改革共识历史的认识需求

当前之所以出现对社会主义改革共识讨论的非理性表达还有一个重要的原因，就是对社会主义改革的历史、中国的历史和现实缺乏充分的认知与理解。今天是历史的延续，我们任何人都不能肆意割断与历史的牵连。从西方解决社会共识的理论与实践来看，他们十分注重理论与实践的结合。西方在使用"共识"一语时，他们不仅经过了反复理论研究，而且联系西方社会发展历史展开了多项经验研究。尤其是他们将社会共识与社会凝聚力、社会共识与社会团结、社会共识与社会稳定等方面密切关联在一起，并分别从规范层面对社会共识问题进行了系统研究，从经验层面对社会共识问题展开实践之维考察。这确实具有一定的优势。格雷汉姆曾认为，共识已成为西方学界的时尚宠儿，得到了学者们的广泛关注和重视，就像"民主"一样，是各类社会精英人物和普通公民共享的常识性概念。但是大多数政治理论家们没有从共识的经验性角度来对具体的政治实践进行分析。在这种情况下，就会因语义含糊不清和歧义的名义而遭到抛弃。因此，共识问题不仅离不开理论性的研究，而且需要经验性维度的研究，将共识的理论研究与经验研究结合起来是共识研究的必然之路。

当前，在我国全面深化改革的新时期，需要我们厘清现在与过去的关系，既要看到过去的成就和存在的问题，又要分清当下的形势和面向未来的无限可能性。虽然，党的十八大以来，新一届中央领导集体针对人民群众普遍关心的一些重大问题出重拳、抓典型，打开了社会改革的局面。党的十八届三中全会也针对全面深化改革做出了具体部署。但是，我们的社会主义改革从何而来、到何处去、如何改，究竟如何落实全面深化改革的设想、落实这些既定方针政策，都还需要做出更为细致明确的阐明。我们必须清醒地认识到，我国社会主义改革的道路还很漫长，面临的问题和挑战层出不穷，不同的社会群体的认识也有所差异，改革过程中的异见还很常见。因此，从认识到落实还有很长的路要走。实现什么样的社会改革目标，能否实现既定的目标，都依赖于人们对改革历史的认知与理解，对社会主义改革现实的认知与理解，依赖于在历史与现实基础上形成的共识。从现阶段情况来看，社会主义改革共识不能说没有，或者说有必要也有可能形成。从总体上来看，我国社会主义改革有广泛的群众基础，得到了大多数人的支持和拥护。目前对谈改革感到疲惫和麻木，主要原因在于改革被既得利益者绑架，有违改革的初衷。所以光说过程，改革本身的目标不明确，摸着石头过河，过到哪里、对岸是什么，这需要我们看看我们已经做了什么、还需要做什么，找准落实全面深化改革的着力点，群策群力才能解决现实中存在的问题。

首先，许多人对改革共识的历史认识不足，纠缠于一些历史上应该、也已经形成共识的问题，从而迷失了社会主义改革应有的历史定位，因此形成了改革的阻力。改革是个系统工程。从根本上来说，改革是实现社会发展、改善人们的生活状况、实现人的更好的发展的好事，于国家于人民来说都是有百利而无一害的事业，也是推进社会主义事业消除社会基本矛盾实现社会和谐稳定应有的必然举措。但是不可否认，在改革的过程中势必对既有的利益格局形成冲击，甚至在某种程度上会改变现有的社会生态,危害到既得利益群体的利益。因此,在这种情况下必然遭到他们的反对,也有可能会发生一定程度上的冲突。对此,我们必须有清醒的认知和明智的决断。不同利益群体共存是多元社会中的基本特征,不同的人基于不同的利益立场和利益诉求就会形成看待问题和事物的不同视角,一方面既得利益群体不会轻易放弃手中的利益,他们总是从自身的利益出发来干扰或阻碍社会改革的进程;另一方面即便是在理想的状况下,既得利益群体能够部分让渡出手中的既有利益,也会因为思维模式、思想观念和价值取向的差异影响他们的行为和判断。有些人就因此借助共识讨论,试图走回头路、往回看,很显然这是开历史的倒车,是与社会的发展趋势和人们的根本利益背道而驰的。正如不存在任何完美的事物一样,任何改革也不可能是完美的。无论是政治改革、经济改革,还是社会思想观念方面的改革,都不可能既在物质上,又在精神上照顾到所有人的利益,这是改革的必然结果和必然现象。尤其是在信息技术高度发达的今天,人们开始面对海量的大数据信息,他们会很自然地站在自己的立场来解读改革的信息。对社会主义改革历史认识的不足直接导致有些人很容易丧失全局观,而只关注到局部的、部分的、个人的利益问题,将自己关心的问题错误的理解为改革的重点,甚至认为就是改革的着力点,从而迷失了社会主义改革的历史定位,迷失了自己在形成改革共识和合力中应有的历史角色,形成改革的阻力。

其次,许多人对改革共识的历史认识不足,造成了对部分改革共识的误读和误解,形成社会主义改革中无形的阻力。全面深化改革,对话语体系也存在一定程度的更新需求。然而现实的情况并非完全如此,改革的话语体系因各自的立场而有所差异,没有真正意义上形成一致的改革话语体系。从改革的话语的形成过程来讲,最早开始的改革,是官方进行的制度的自我完善尝试,最早的改革话语体系和改革词汇也由官方和知识界占领,与广大人民群众有较大间隔。然而现在看来,过去那套改革话语系统的魅力在消退,知识界在这个问题上也未能达成根本上的一致,甚至还出现了一些分歧。有人错误地认为,破除既得利益壁垒意味着从权贵富豪身上割肉。有人直接将"既得利益"或"既得利益集团"等同于那些权贵和富豪,认为他们会为了保全自身的既得利益,从而千方百计地对改革进行阻挠和破坏。改革话语回归社会，一方面使我们对于统一改革文本的解读出现了不同声音，这是政治文明的进步。但另一方面来看，也带来了一定的社会风险，改革话语的任意解读，改革话语的权威性丧失，也是造成全面深化改革着力点模糊的重要原因。对于社会改革来说，统一的话语系统意味着改革共识的初步形成，意味着为改革的具体落实准备了理论基础和现实可能。从这种意义上来看，无论是什么类型的改革，建立改革话语体系都是改革的前提条件。

因此，坚持理论研究与历史经验研究相结合，梳理我国社会主义改革中已经形成的共识，在此基础上探寻新共识，形成改革新氛围和新气象，为全面深化改革形成合力提供思想基础已经十分紧迫。从根本上看，对社会主义改革彻底、全面的总结不仅是一项十分艰巨任务，而且是一项不能停止的工作。只有我们清醒地认识历史，找准参照物，才能明确我们有哪些问题已经基本处理好了，哪些改好了，还有哪些问题需要我们去花大力气改，才能真正找到全面深化改革的突破口，才能真正找到全面深化改革的着力点，形成改革突破的共识。中国目前的发展成就有目共睹，但客观来看，问题也层出不穷，面临着不少的挑战，体制机制阻碍经济社会健康发展的因素依然存在。如经济发展与环境保护不协调，东中西部之间的发展不平衡，城乡之间差距仍在继续扩大，产业结构不合理，高尖端产业数量少，社会创新能力有待提高，社会矛盾和反腐败斗争形势依然较为突出等。我国当下面临的这些问题，是由发展过程中的阶段性特征和我国的具体现实共同决定的，是历时态问题和矛盾的共时态汇聚和显现。党和政府对这些问题是有清楚的认知的，相关文件中也多次提及到这些问题。这也充分说明了解决这些问题的必要性和紧迫性。因此，在当前全面深化改革的背景下，我们必须认真反思当下中国社会中存在的各种问题，开出合理良方，进一步凝聚改革共识，形成改革合力，实现经济社会的良性运行和健康发展。

社会分化是人类社会发展的必然结果，但过度的分化势必带来各种各样的社会问题。基于此，在社会分化的同时，也需要通过社会共识的方式来弥补社会分化带来的创伤。20世纪60年代以来，西方社会中利用共识来解决多元民主社会带来的思想观念文化的极度分化、社会合作中因集团利益和个人偏好而导致的规范缺失、社会冲突和对抗引起的社会复杂化等问题。这在某种程度上也表明了西方社会民主的式微以及应对现实复杂问题的社会治理能力的衰退。西方共识理论的发展表明，如果我们要凝聚改革共识，就必须立足于我们的历史与国情，才能寻求真正理性的改革共识。为此，回顾我国社会主义改革中的交锋与共识形成历史，总结其成果、基本经验，甚至提升为理论，才是我们在全面深化改革新时期真正凝聚改革共识的根本之策。充分肯定历史，抵制历史虚无主义，从历史中总结经验和教训，为改革共识的形成提供思想参照，以形成改革的合力，从而推动我国社会主义改革的发展，也是推动全面深化改革的必然之路。只有我们共同的历史才是我们共同的基础，是我们形成改革共识的活水之源。

# 第 二 章

# 社会主义改革的历史出场

中华民族在经历了近一个世纪的革命与战争后,历史让她走上了社会主义道路。然而,如何建设社会主义?这无论是对于中国人民而言,还是对于世界社会主义运动而言,都是一个具有开创性的历史难题。尤其是要在中国,这样一个历经近一个世纪的革命与战争洗礼的落后国家开展社会主义建设,无疑更具探索性。即便是从空想社会主义算起,也未曾有人详尽描述过中国该如何进行社会主义建设。历史不可避免地让我们在取得真经的路途上,经历了宝贵的曲折,也让我们对如何在中国建设社会主义的认识实现了螺旋式的上升。我们在历史的摸索中,探索着前进的方向。

## 一 社会主义建设的中国自省

1976年10月,历时十年的"文革"宣告结束,中国社会发展进入了一个重要的历史关头。广大人民群众强烈要求中国尽快走上一条正确的发展道路。但是,"文革"导致的政治、思想极其混乱,经济形势十分严峻,社会秩序和外交关系也比较紧张。刚刚经历伤痛的中国社会主义航船,究竟走向何处去,人们并不是很清晰。走在十字路口的中国亟待凝聚社会共识,开创新的道路。

(一)经济政治领域的争论

在党中央的正确抉择和果断行动下,彻底粉碎了"四人帮"对中国社会长达十余年的影响和伤害，为社会经济发展扫清了障碍，全国人民迫切希望早日实现四个现代化建设的宏伟目标。"党中央和国务院对恢复经济和发展生产，采取了一系列措施。在工业方面，国务院召开了工业部门的生产建设会议；在农业方面，中共中央作出了一些减轻农民负担的重要指示，在一些地区制定了一些切实可行的措施；在思想方面，理论界在一些问题上突破禁区，大胆解放思想，解除了人们在精神上的负担。"① 这样，在对"四人帮"的罪行进行深度批判和揭露的同时，全国也掀起了建设社会主义的高潮。在这一时期，《论十大关系》一文于1976年12月重新发表。该文对经济关系的调整和经济秩序的整顿进行了深刻论述，为推进社会经济的发展起到了广泛动员作用。这一时期，国民经济开始逐步恢复，但是，受"文革"流毒的影响，当时人们的思想并未完全解放，尤其是在社会经济建设方面，仍然以"无产阶级专政下继续革命的理论"为准绳。

恢复"文革"十年动乱对经济带来的创伤需要进行全面整顿。党和政府根据当时的具体情况，提出了首先从铁路和煤炭运输业这些带有全局性和关键性的领域开始。为了恢复混乱的交通运输状况，营造良好的经济发展环境，国务院于1977年2月专门召开了全国铁路运输工作会议，重点强调铁路运输在国民经济发展中的重要作用，并对铁路运输的任务进行了具体规定。会议认为，1975年邓小平代周恩来主持国务院工作期间制定的《关于加强铁路工作的决定》是正确的，应该继续坚定不移地贯彻之。在这次会议之后，铁路交通运输领域的混乱状况得到了缓解，基本上恢复了正常的运输秩序。然而，虽然社会各项工作逐渐趋好，但是整体上来看当时人们的思想仍然比较混乱。1977年3月，召开了全国计划工作会议，就在经济建设过程中存在的"十个要不要"② 问题进行了

---

① 朱新义等主编：《1921—2011 中国共产党九十年历程　初级阶段》，吉林人民出版社2011年版，第56页。
② "十个要不要"：即要不要坚持党的领导、要不要坚持党的基本路线、要不要全心全意依靠工人阶级、要不要搞好生产、要不要社会主义积累、要不要规章制度、要不要实行"各尽所能，按劳分配"的原则、要不要无产阶级自己的专家、要不要引进新技术、要不要坚持计划经济。

广泛而深入的讨论。1978年4月,中央作出了《关于加快工业发展若干问题的决定》(简称工业三十条),对企业整顿提出了明确要求。1978年6月,全国财贸会议召开,重新提出了"发展经济,保障供给"的政策方针。经过一系列的整顿和全国各族人民的共同努力,整个社会的经济发展形势逐渐好转,社会生产得到了极大地改观,企业从濒临瘫痪向扭亏为盈过渡,无论是社会面貌还是经济秩序都得到了改变。从1977年3月起,全国工业总产值逐月增加。在随后的两年间,工业生产总值年均增长率均在10%以上,社会商品零售总额和财政收入也得到了快速提高。整个国民经济摆脱了急剧滑坡的危险局面,为进一步推进社会主义改革准备了物质条件。

这一时期,在经济领域的另一个显著特征就是新的冒进的产生。主要表现在随着经济发展态势的向好和社会政治局面的稳定,使人们对美好生活充满迫切向往,急于实现四个现代化,建设美好社会主义,挽回"文革"十年间失去的美好时光。在这种时代背景下,急于求成的不良情绪再次在社会中滋长起来,蔓延到经济建设领域,影响了社会的健康发展。1977年四五月间,在首都北京召开了工业学大庆的会议。这次会议脱离了现实实际,没有坚持一切从实际出发的基本原则,在没有掌握可靠资料和翔实数据的情况下,贸然向参会代表提出光有一个大庆不行,还要有十来个大庆才能加快推进社会主义建设事业。在这次会议召开第二天,《人民日报》发表了题为《抓纲治国推动国民经济新跃进》的社论,再次提出了"跃进"的口号。随后,各地区、各部门开始为新的"跃进"进行筹划,新的"跃进"的蓝图很快被描绘出来。11月24日,国家计划委员会提出:在1977年至1982年,全国要新建和续建120个大型项目,基本建设投资规模接近过去28年的总和。到2000年以前,全面实现农业、工业、国防和科学技术的现代化,要使各个生产领域中的多数接近、少数赶上或超过同期世界先进水平。可见,国家计划委员会当时提出的建设目标有悖实际情况,缺乏科学论证,也没有经过充分的讨论和探讨,其中蕴含的指导思想还是过去的老一套。但当时大家都认为整个设想"经过努力是可以实现的"①。第五届全国人大讨论通过了一系列未经科学论证的高指标，结果在经济工作中又刮起一股冒进风。1978年基础建设投资总规模的积累率由1977年的32.3%提高到36.5%，成为1958年"大跃进"之后20年中投资规模最大、增长额最多的年份。在国民经济经历十年动乱的大破坏、亟待休养生息总结教训之时，这只能进一步加剧国民经济各种比例关系的失调，影响了不同行业之间的合理比重，给经济的正常发展造成新的困难。

"文革"的十年动乱，使我们经济发展遭受到了前所未有的巨大损失，同时也使我国积累了许多严重的政治问题和社会问题。1977年7月，在中共第十届委员会第三次全体会议上，恢复了邓小平的职务。会议通过追认华国锋为中共中央主席、中央军委主席的决定。1978年8月，党的第十一次全国代表大会在北京召开。这次大会取得了积极的成果，对"四人帮"进行了深度批判，具有积极的意义，为拨乱反正准备了历史条件，但也存在明显不足。华国锋在所作政治报告中宣布"文革"结束，"四人帮"彻底退出历史舞台，并指出了党在新的历史时期的主要任务。总的来看，报告回应了广大人民群众的殷切期盼，顺应了民心，得到了人民群众的积极响应。在这次大会报告的讨论环节，不少与会代表批评了报告中存在的"左"的错误观点。聂荣臻在书面发言中针对"两个凡是"的提法指出，不能离开特定的历史背景来理解马克思主义经典作家的每一个论断，要从变化的了条件出发来把握马克思主义基本原理的内涵和实质。然而，遗憾的是在政治报告定稿中并没有体现出这一科学的认识，讨论中的很多意见或建议也没有反映到报告里。

中共十一大结束后，根据新通过的党章的规定，各个地方相继选举产生了新的领导班子。1978年2—3月，在北京举行了第五届全国人民代表大会第一次会议。经过这届人大，一批德高望重的老革命重新回到国家领导岗位。第五届全国政协会议在此期间也胜利召开，出席会议的委员有1862人，标志着我国政治生活回归正常状态。当时，

---

① 中共中央党史研究室第三研究部：《中国改革开放30年》，辽宁人民出版社2008年版，第13页。

已经有 13 年没有召开过全国政协会议了。在这次会议上，邓小平被选举为全国政协主席，另选举政协副主席 22 人。政协会议的恢复，加强了中国共产党和各民主党派间的合作，对于促进社会主义建设有着重要的意义。中共十一大和五届全国人大相继召开，以及两次会议上的一系列工作的开展，对揭批"四人帮"和动员全国人民进行现代化建设起了不可忽视的作用，并取得了一定的积极成果，党和国家的政治生活开始恢复正常秩序。但这两次会议都没有在"文革"结束后的新时期制定新的正确的路线、方针和政策，这个时期在总的指导思想上还没有根本摆脱"左"的理论和政策，没有摆脱"文化大革命"时期形成的"左"的思想。

### （二）出访西方之后的震惊

1977 年 3 月，以总结粉碎"四人帮"以来的工作，部署当年的工作任务为主题的中央工作会议在北京召开。会上，李先念提出，为了彻底扭转"文化大革命"之后的社会局面，进一步加强和改善我国社会主义建设，首先就必须扭转思想上的错误认知，破除"四人帮"对所谓"洋奴哲学"的批判，摒弃这种盲目排外的想法和做法，根据我国社会主义建设需要，大胆进口一些我们短缺的原材料，引进国外一些先进新技术和新设备。在这次会议上，还讨论并通过了国家计委提出的引进新技术和设备服务社会建设议题。如果我们拒绝学习国外的先进技术、先进管理经验、先进的理念等，什么都靠自己摸索，必然会放缓我国社会主义建设的步伐，影响我国社会主义发展的进程，不利于解决社会中存在的各种矛盾和社会本身的进步。因此，我们必须鼓励全国各族人民群众，充分发挥聪明才智，努力学习国内外的一切先进成果为我所用，在社会主义建设中把学习与独创结合起来，加快社会主义建设的步伐。[①]

同时，在 1978 年 3 月召开的全国科学大会上，有同志指出，目前世

---

[①] 黄一兵：《试析一九七七年至一九九九年中国领导人出访活动的作用和影响》，《党的文献》2007 年第 2 期。

界经济的发展与科学技术的关系更加密切,许多部门经济的发展主要依赖于科技的发展。我国经济落后的其中一个重要原因是科技落后。我国同世界先进水平相比还有不小差距,必须认真虚心学习,多方了解国外的最新动态。这些意见引起了中共中央和国务院领导的重视。为此,经中央的统一部署,各类对外出访活动迅速增加。其中最为活跃、最为普遍的是以学习外国先进科学技术的各类科技代表团的出访,这些代表团在出国考察的过程中承担着学习考察和引进外国先进技术以及和外国科研单位进行合作的任务。仅引进合作还不足以改变我国科技落后的局面,因此还需要大力学习外国的先进科技。这样随之而来的是各类教育代表团的出国访问和考察,为改变我国科技教育取经。当时,出国考察的代表团的数量和规模都创历史新高,学习了国外大量的先进经验和做法。1978年5月,国务院专门成立了引进国外技术的小组。紧接着,相关负责同志先后出国进行访问考察,了解国外的经济发展水平和发展经济的经验。

从1978年起,分别以林乎加、李一氓、段云、谷牧等为团长的代表团先后访问了日本、东欧、西欧五国及港澳地区,向境外取经,学习外国优长。其中,西欧五国考察团最为引人注目。出发前,邓小平专门找团长谷牧谈话,指出要详细了解并广泛接触,掌握西方现代化发展的程度和水平。西欧五国考察团5月初出发,6月初回国,前后共计36天。谷牧副总理率领代表团参观访问欧洲期间,给代表团成员留下深刻印象的是欧洲经济的自动化、现代化、高效率,深深地感受到了我国与西方发达国家之间的差距。他们看到:西德的褐煤生产效率是我国的80倍,瑞士的水力发电效率是我国江西省江口水电站的20多倍,法国的钢铁生产效率是我国武钢的14.5倍,法国戴高乐机场的飞机起飞效率是我国首都国际机场的30倍。由此可见,当时我国和西方发达国家之间相比,无论是科技发展水平还是管理水平都较为落后。当时出国考察的代表团成员之一、时任广东省副省长的王全国20年后提及这次出访,仍激动不已。他指出,西欧五国考察期间的所见所闻,使得代表团成员大开眼界,我国与西方发达国家之间的差距震撼着每一位考察团成员的心灵。大家都感受到,闭关自守是不行的,当时的中国仍还很落后,必须进行改革开放，学习外国的先进技术和管理经验。① 访问日本的人回来也介绍了我国和日本之间的巨大差距。

根据访日代表团、访港澳代表团和访西欧五国代表团的具体访问情况，中央政治局在1978年6月1日、3日、30日召开三次专门会议听取相关访问情况的汇报。通过这次大规模的出国访问，改变了人们尤其是领导层对西方社会现代化的认知，也使得中央下定决心搞改革开放。从这种意义上来说，这次出国访问的成果是巨大的。同年9月12日，邓小平在访问朝鲜同朝鲜领导人金日成举行双边会谈时指出："我们一定要以国际上先进的技术作为我们搞现代化的出发点。"② 现代化的内涵是很丰富的，是全方位的发展和进步，现代化还意味着不断地发展变化，没有固定的模式。1978年10月，在中国共产党第十一届三中全会召开前夕，为了交换《中日和平友好条约》批准书，时任副总理的邓小平应邀访问日本。访日期间，邓小平参观了日本的钢铁、汽车和电器工厂，对什么是现代化有了更为直观的了解。

1978年以来，我国高层出访活动迅速增加，一方面有助于中国更好地认识世界、融入世界，另一方面也有利于世界更好地认识中国、了解中国。仅1978年，李先念、华国锋、邓小平、汪东兴等领导人就先后出国访问，其中邓小平先后四次共出访了八个国家。1978年也是邓小平出国从事访问等外事活动最多的一年，先后共访问了7个国家。邓小平出访在国际上产生了重大的影响，被称为"邓小平旋风"。通过出访，既了解了世界、了解不同的国度和不同的风情文化，也向世界介绍了中国，提升了中国的国际形象，学习了外国的先进经验和做法，这使得人们对什么是现代化有了更新、更深的理解。不同层级考察团出访考察归国后，大家都深深认识到，世界已经发生了巨大变化。无论是经济发展水平，还是人民生活水平，中西方之间都存在着巨大的差距，客观来说当时西方发达国家的现代化程度远高于我国。过去，我们的社会主义建设虽然

---

① 宋晓明：《追寻1978——中国改革开放纪元访谈录》，福建人民出版社1998年版，第558页。

② 《邓小平思想年谱1975—1997》，中央文献出版社1998年版，第76页。

存在着一些问题,但也取得了一些成就。走出国门一看,才发现我们的社会主义建设与西方发达国家之间的差距是如此之大。这些出访不但改善了我国的对外关系,而且还使党对近年国际形势的发展变化有了比较直接和全面的了解,改变了"文革"十年来几乎与世界隔绝的状况。

### (三) 在比较中初获改革共识

通过大量的出访活动,中国共产党和国家领导人不仅对我国与世界上发达国家的差距有了更为直观的认识,而且大大拓宽社会主义的建设思路。在1978年7月至9月召开的国务院务虚工作会议上,对如何建设现代化、怎样建设现代化以及我国社会主义建设过程中的经验和教训进行了检视和反思。会议期间,来自出访不同国家的代表团成员提供的国外发展信息,引起了大家的热烈讨论,会议最终议题直接指向如何引进国外的先进技术、设备。与会的国家主要领导人及60多位部委负责人在认真总结国外经济建设成功的经验及新中国成立以来社会主义建设的经验教训的基础上,对如何进行改革和引进学习先进技术交换了意见,重点讨论了如何利用国外技术的外资等问题。这次会议的最大特点是,在比较国内国外的基础上,总结经验教训,谋划未来发展。

国家计委负责人在7月11日的会议上就充分利用国外资源问题时指出,现阶段的对外开放主要还是以学习为主,借鉴并吸收国外先进科学技术和管理经验,把知识和本领真正学到手。7月12日国家建委负责人在谈到外贸体制改革和加强企业管理问题时表示,我们可以采取更加务实的办法与国外开展经贸合作,以维护国家主权为根本前提,以独立自主、自力更生为基本原则,灵活运用合作建厂、技术合作、互换专利等各种国际通行的经贸合作方式开展国内外经贸合作。外经贸部的负责人则表示,当时的社会主义建设必须解放思想,吸收国内外一切先进成果,大胆尝试,大胆使用适合我国社会主义建设实际情况的先进技术和经验。一机部的负责人在7月18日的会议上论及关于适应和学习现代企业运行管理问题时表示,他们已经开始分期分批举办各级企业干部现代化管理培训班,同时派出企业骨干前往日本等国家学习先进的技术和管理经验,邀请国际著名企业派专家来华咨询,尝试利用国外先进新技术和管理经验,改革现行管理技术手段,加快技术改造,挖掘企业潜力。胡乔木在7月28日的务虚会议中作了长篇发言,他不仅分析了我国社会主义建设的经验与教训,并对其进行了理论上的检视和反思,还具体阐述了我国社会主义建设打开国门的必要性和紧迫性,以新的经济建设思想来指导中国经济体制改革,倡议探索中国经济发展的新路径和新办法。他指出,要减少行政干预企业的做法,将经济问题交由企业自主利用经济手段来解决,而不是动辄诉诸行政手段。

9月9日,副总理李先念在总结发言中,明确提出了实行改革开放政策的主张。他认为,虽然我们在过去的20多年中也曾对经济体制改革进行了诸多尝试,既取得了成效,又收获了经验和教训,但是,这些改革中没有根本上摆脱行政权力的束缚,尤其是在企业的管理方面,往往介入得过宽过广,结果导致企业缺乏活力,不符合经济发展的一般要求。李先念强调,我们这次进行的改革一定要通盘考虑,既要兼顾经济活动参与方的积极性,又要重视大公司和大企业的经营状况和发展前途,祛除不适应经济发展的行政干预措施,借助现代化的管理方式和理念来管理企业。① 李先念指出,目前的形势对我国利用外资、国外先进的技术、设备等是个非常难得机会。这个发言实际上成了历时两个月的务虚会议的主题报告。从报告的内容来看,重点强调摒弃老观念、老方法,明确提出了对经济体制进行改革的目标和任务,充满了改革开放的精神。李先念在报告中还指出,要更好地发展经济,建设四个现代化,除了依靠自身的不懈努力和顽强奋斗之外,还需加强同国际社会的合作,与先进国家进行经济文化交流。在建设和发展社会主义现代化的过程中,自力更生不等于闭关自守,必须学习外国的先进做法,为我所用,不断提升自身的发展水平和质量。

这一期间,邓小平在总结我国社会主义经验教训时,也多次指出:过去我国的社会主义建设受"四人帮"干扰严重,并没有看清楚世界已经发展成什么样了。如今,我们已经亲身感受到了我国跟世界的差距。在思想上,我们还是老一套,没有新的突破,还受到过去那些条条框框

---

① 《李先念文选》,人民出版社1989年版,第331页。

的束缚。在实践上，我们还是苏联那一套，结果是人浮于事，机构重叠，官僚主义严重。有好多体制问题要重新来考虑。这些看法逐渐成为党内领导层的共识，对内展开社会主义改革逐渐成为全党的共识。在党和国家历史的伟大转折关头，出访活动以及出访之后务虚会议直接影响了我国改革开放的酝酿和启动，承担起特殊的历史使命。

邓小平在9月16日听取中共吉林省委常委汇报工作时指出，我国进行四个现代化建设现在已经具备了很多条件，有些以前不具备的条件现在也具备了。因此，在这个时候中央如果不根据现在的实际情况作出部署，社会发展中存在的很多问题就不可能得到解决。在毛泽东同志在世的时候，由于国际环境不同，人家封锁我们，不和我们开展经济、技术等方面的交流。后来"四人帮"将我们同外国进行的交往统统称为"崇洋媚外""卖国主义"，这样隔绝了我国同其他国家之间的交往，将自身限制在一个封闭的世界里。[①] 邓小平强调，我们要在坚持和平共处五项基本原则的前提下积极发展同世界各国的经济技术文化等方面的交流，改善我国的落后状况。我们要解放思想，以积极开放的姿态向人家学习先进的管理经验和管理方法，真正用符合经济发展规律的管理理念指导经济建设，无论是新兴企业，还是对老企业进行的改造都要以此为准则。[②] 邓小平指出，世界变化月异日新，新事物、新问题不断呈现，像过去那样闭关自守的做法在当今社会发展中是行不通的，关起门来搞建设最终只会落后于世界。

邓小平在10月11日中国工会第九次全国代表大会致词中提出，在全国范围内，对"四人帮"的揭露和批判已经取得了决定性胜利，他们的反动本质得到进一步澄清，"我们已经能够在这一胜利的基础上开始新的战斗任务"[③]。邓小平指出，现阶段的主要任务是加快四个现代化建设的步伐，彻底改变我国贫穷落后的面貌。建设四个现代化不仅可以提高我国的社会生产力，而且有助于巩固无产阶级的革命果实。为此，就需要

---

[①] 《邓小平文选》第2卷，人民出版社1994年版，第127页。
[②] 同上书，第150页。
[③] 同上书，第135页。

改变生产关系和上层建筑中不适应生产力发展的因素，更新管理理念和转变管理方式，以适应社会经济发展之需。他指出，提高经济发展速度的关键在于加强企业的专业化、提高企业职工技术水平。因此，对于企业来说，不仅需要在管理方式和管理理念上进行改革，而且要在企业制度和组织形式上进行改革，这是促进企业长远发展的根本之策，也是更好地实现四个现代化建设的必然举措。邓小平希望与会代表们就这些问题展开深入讨论，以便在更大范围内团结一切力量推进社会主义建设迈上新台阶。

在上述思想酝酿的推动下，我国加大了同西方发达国家之间的合作力度，仅1978年，就先后签订了22个成套引进项目的合同。虽然在引进工作中受到了当时尚未完全纠正的"左"倾指导思想的影响，出现了急于求成倾向，造成了一定的负面影响，但引进的先进技术装备，大大地提高了社会生产率，为我国的社会主义现代化建设提供了较高的起点。如上海宝山钢铁厂成套设备的引进，使我国钢铁工业同世界先进水平的差距至少缩短二十年。[1] 通过一系列思想与实践上的动员，这时，已经有相当多的人认识到，为了实现四个现代化的奋斗目标，必须实施社会主义改革开放这一认识已经在党内基本上没有什么分歧。为了从思想深处根除过去社会主义建设的错误思想毒瘤，在全国范围内进一步凝聚起社会主义改革共识，把认识转化为社会主义建设实践中的动力，中国共产党在全国范围内发起了新一轮的思想解放运动。

## 二 从政治到经济的重新聚焦

在改革开放和加速国家的现代化建设越来越成为多数人共识的时候，为了彻底扭转社会主义建设的根本思路，凝聚改革共识，邓小平同志决定从思想深处进行变革，彻底解放思想，甩开历史包袱，专心致志地探索社会主义建设的新道路。为此，邓小平同志领导人民首先是在全国范

---

[1] 中共中央党史研究室第三研究部：《中国改革开放30年》，辽宁人民出版社2008年版，第26页。

围内展开了关于真理标准问题的大讨论,然后是对新中国成立以来的若干重大历史问题作了明确的总结,解决了许多历史遗留问题。最后,全国人民在以邓小平为核心的第二代中国共产党人的领导下开始了社会主义改革的探索。

### (一) 真理标准的大讨论

凝聚改革共识仅仅从经济、政治的秩序整顿是不够的,仅仅在生产方式上引进西方先进的生产方式也是不够的,邓小平清楚地认识到,唯有从思想上获得彻底解放,才能形成持续的动力,才能从根本上扭转"文化大革命"带来的伤害。为此党带领全国人民开展了拨乱反正活动,清除"四人帮"带来的危害。在结束"文革"走向新时代的历史关头,党和人民遭遇到了瓶颈,与"两个凡是"进行了一场激烈的思想交锋。1977年2月7日,"两报一刊"[①]发表联合社论《学好文件抓住纲》提出"凡是毛主席做出的决策,我们都坚决拥护,凡是毛主席的指示,我们都始终不渝地遵循",即"两个凡是"的思想。其实质就是对毛泽东的言论采取教条主义的态度,将毛泽东个人的思想与毛泽东思想混淆起来。这一方针试图继续坚持"文革"十年的错误做法,继续维护毛泽东同志晚年的"左"倾错误,在社会上造成了极大的认识错觉,使人们思想陷入混乱状态,不利于人们思想的进一步解放。由此导致的直接结果便是,当时党确立的许多拨乱反正的措施和决策迟迟得不到落实,使得社会各项事业的发展丧失了目标和方向、陷入停滞状态。为了扭转"两个凡是"带来的严重影响和危害,为社会发展扫清障碍,邓小平等老一辈革命家和广大干部群众为之进行了不懈努力和斗争。

为了引导人们用正确的态度对待毛泽东思想,揭露和批判"两个凡是"的错误思想,维护社会来之不易的向好局面,坚持拨乱反正的良好势头,防止再次陷入混乱的境地,在这之后不久,邓小平就对"两个凡是"提出了批评意见。他认为,我们要准确而全面地理解毛泽东思想,不能断章取义,要结合具体的时代环境对毛泽东思想作出客观的评价,

---

[①] "两报一刊":《人民日报》《解放军报》《红旗》杂志。

把握毛泽东思想的精髓以此指导我们的社会主义建设事业。邓小平指出，毛泽东思想的诞生有特定的历史背景，是一个思想体系，凝结了全党全国人民的智慧。毛泽东同志自己也曾说过，要坚持实事求是的基本原则，任何人都有可能犯错误。① 邓小平的观点迅速得到党内一批革命老同志的普遍认同，并纷纷发表文章或讲话。老一辈无产阶级革命家的谈话迅速引起全国人民的广泛关注，到底毛泽东的话是真理，还是其他什么是真理？什么才是检验真理的标准？换句话说，到底是坚持"两个凡是"，还是坚持实事求是，"准确的完整的毛泽东思想"？这些讨论的焦点最终集中到了什么是检验真理的标准问题上。很显然，关于真理标准问题的讨论不仅需要从理论上加以澄清，同时也要将其纳入社会历史政治的视域来考察。为了探寻该问题的科学答案，在邓小平等老同志倡导下，全国范围内兴起了一场真理标准的大讨论。

检验真理的标准是什么？我们应当以什么样的标准来对历史的是非作出评判？这是当时困扰人们的思想难题。这一问题的解决不仅意味着如何对待历史和现实中存在的问题，而且决定着社会主义到底走向何处以及我们应以什么姿态来建设社会主义这个很本性的问题。1977年年底，参加中央党校学习的几百名干部在讨论"文革"十年来党的历史问题时就遇到了这样一个困惑。时任中央党校常务副校长胡耀邦提出了两条基本原则：一是应当完整地准确地运用马列主义、毛泽东思想的基本原理及其精神实质；二是应当以实践为检验真理、辨别路线是非的标准，实事求是地进行研究。② 这些原则的提出使中共中央党校的理论工作者站到了真理标准大讨论的最前沿。1978年3月26日，《人民日报》刊发了《标准只有一个》的评论文章。该文明确指出，社会实践是检验真理的标准，并且这个标准是唯一的。该书的观点在当时遭到了许多人的反对，他们认为这种观点是错误的，检验真理的标准不应是社会实践，而是马列主义和毛泽东思想。这种思想观念的冲突在当时引起了强烈的社会反响，引发了诸多争论。基于这种情况，《人民日报》编辑部决定以组稿的

---

① 《邓小平文选》第2卷，人民出版社1994年版，第39页。
② 沈宝祥：《真理标准问题的讨论始末》，中国青年出版社1977年版，第26—31页。

形式针对这一议题继续展开讨论,以真正统一人们的思想,为社会主义建设营造良好的环境。同月,参加中共中央党校学习和党史讨论的杨西光在结束了党校的学习后,被任命为《光明日报》的总编辑。他到任后,立即酝酿真理标准大讨论的组稿。1978年4月,杨西光在编辑部看到了南京大学哲学系胡福明撰写的《实践是检验一切真理的标准》一文,立即请正在撰写《实践是检验真理的唯一标准》一文的中央党校理论研究室的孙长江同志帮助修改。随后,文章几经修改,最后交由胡耀邦审阅,并在5月6日最终定稿。5月10日,当时的中央党校内部刊物《理论动态》刊载了这篇凝聚集体智慧的文章《实践是检验真理的唯一标准》。5月11日,《光明日报》以"本报特约评论员"名义,刊载了《实践是检验真理的唯一标推》这篇文章,接着各大媒体报纸相继转载。这样,关于检验真理的标准问题的讨论在更大的范围内得以展开,通过这一讨论明确了实践在检验真理过程中的核心地位。

《实践是检验真理的唯一标准》一文针对当时存在的"两个凡是"主张提出了尖锐的批评,文章明确指出,无产阶级革命导师早就对检验真理的标准问题进行了论述,之所以要对这个问题进行澄清,主要原因在于近年来思想舆论被"四人帮"掌控,他们在这个问题上搬弄是非,歪曲事实,混淆视听,把这个问题搞得面目全非,造成了人们思想的混乱。为了肃清"四人帮"给社会带来的严重伤害和影响,就必须在这个问题上重新扛起正确的旗帜。[①] 文章从马克思主义基本原理出发,真理只有在实践中才能不断被证成。一个理论是否真理是靠实践来检验的,而不是其他。这不仅是马克思主义经典作家所确立的基本立场、观点和方法,也是毛泽东思想的基本立场、观点和方法。文章强调,革命导师不仅提出了科学的理论,还用实践来检验这一理论和将其用于指导具体活动,为我们树立了榜样,是引领社会实践活动展开的典范。[②] 文章认为,作为共产党人,我们应敢于直面现实问题,勇担责任,在实践活动中发现问

---

① 《实践是检验真理的唯一标准》,《光明日报》1978年5月11日。
② 同上。

题、解决问题，这才是共产党人应有的态度，也是马克思主义的活的灵魂。① 这篇文章发表后，立即引起了人们对真理标准问题的热烈讨论，褒贬不一。有人对这篇文章的观点提出了反对意见，他们对此进行了指责，认为该文主张"怀疑一切"，实质上是修正主义，是要排斥马列主义和毛泽东思想的指导地位。持这种观点的人不在少数，甚至当时主管意识形态宣传的中央领导人也对此表示赞同，认为该文并不是中央的真实想法，而是"针对毛主席来的"。显然当时在这个问题上并没有形成完全一致的共识，试图转移讨论的焦点，将理论问题政治化。

1978年6月2日，邓小平在全军政治工作会议上着重阐述了实事求是的指导思想，公开明确支持《实践是检验真理的唯一标准》一文的观点。他认为，我们要重新回归实事求是这个党的优良传统轨道上来，破除林彪及"四人帮"对人们思想造成的混乱，在思想上也要来一次拨乱反正，以免陷入无休无止的争论之中。参会的同志深受邓小平这篇讲话的影响，纷纷投身到这场讨论中来，使得人们对这一问题的认识更加深刻，进一步凝聚了社会共识。在时任中央军委秘书长罗瑞卿的指导下，6月下旬军委机关报《解放军报》发表了题为《马克思主义的一个最基本的原则》的评论员文章，再次强调了实践的重要性。该文随即被《人民日报》等重要报刊转载，将这个问题的讨论推向高潮。8月，谭震林在《红旗》杂志撰文多次提及实践在检验真理标准问题中的作用。在老一辈无产阶级革命家的支持和鼓励下，在全社会掀起了一股讨论真理标准问题的热潮，社会各方面相继表态支持实践是检验真理的唯一标准并展开热烈讨论。

在中国共产党的历史上，1978年是一个特殊的年份，是承前启后具有重大影响的年份。这一年在中国大地上展开的关于真理标准问题的大讨论，就其实质而言是一场思想解放运动，是我国社会主义新时期伟大变革对思想理论提出的新要求，这场讨论凝聚了社会思想，激发了广大社会成员参与社会主义现代化建设的热情，也为我国社会主义改革和将社会重心转移到经济建设上来提供了社会共识，是20世纪中国的第三次

---

① 《实践是检验真理的唯一标准》，《光明日报》1978年5月11日。

历史性巨变和改革开放的先导。关于真理标准问题的大讨论，极大地促进了人们的思想解放，对于破除迷信和教条主义，对于拨乱反正、正本清源，对于恢复我们党实事求是的工作作风和工作原则、一切从实际出发、加快拨乱反正步伐、推进经济社会的发展和变革都有着重大的历史意义和现实意义。同时，通过这场真理标准问题的大讨论，为我们党实现伟大的历史转折，作了思想上的准备，从思想上凝聚了改革共识。

### （二）拨乱反正，卸下思想包袱

关于真理标准问题的大讨论带来的最直接的影响是社会思想的解放。这场讨论所产生的社会影响是巨大的和深远的，改变了十年"文革"对人们思想造成的混乱，也促进了我们党重新探索适合建设社会主义现代化的发展之路。而这一时期我国对外交往活动迅速增加，又使这一探索有了更多的经验借鉴和更广阔的发展视野。但是，这场关于真理标准大讨论的思想解放运动，并不能产生立竿见影的效果。如果许多历史遗留问题得不到解决，没有彻底摆脱它们的危害，那么因为真理标准大讨论建立起的思想解放的共识，以及对比中西方建设之后所形成的社会主义改革共识，也不可能顺利推进。为了彻底解放思想，巩固国内刚刚建立起的社会主义改革共识，邓小平同志决定领带全党对新中国成立以来的若干历史问题进行必要的总结。这不仅是历史的发展的必然，也是现实的需要。

1978年11月10日至12月15日，中共中央工作会议在北京召开。这次会议主要有三项议题：一是贯彻农业为基础的方针，尽快把农业搞上去的问题；二是商定接下来两年（1979年和1980年）的国民经济计划并对国民经济的发展作出安排；三是对李先念副总理在之前召开的国务院务虚工作会议上的讲话进行讨论。在这次会议上，华国锋并没有提到当年开展的关于真理标准的讨论问题和党在新的历史境遇中指导思想的转变问题，也没有提当时党内外普遍关心对冤假错案进行平反的问题。在提交会议讨论的农业文件中，仍然沿用"抓革命、促生产"的表述，仍然沿用"文化大革命"中流行的、掩盖了事实真相的"连续十几年大丰收"的总体估价。其实质依然是坚持老一套的做法，没有根本上从"文革"的思维中走出来。显然,这样来实现工作重点转移,必然带来其他同志的不满,尤其是对那些希望解决指导思想的同志和那些迫切期待能够对重大历史问题作出客观公正的评价的同志对此颇有微词。因此,在这种背景下,从11日的分组讨论开始,就已经有人提出了为"天安门事件"等重大冤假错案平反的问题。这个议题的提出扭转了会议的方向,使大会发生了戏剧性的转变。

陈云在12日分组(东北组)讨论中对历史上遗留的若干问题提出了建设性意见,为解决若干历史遗留问题指明了方向。他说:实现社会安定团结,建设四个现代化,是当前广大人民群众的殷切期盼,是我们党迫切需要处理和解决的现实问题,也是大家普遍关注的焦点。为了人们能够甩开思想包袱参与到现代化建设中来,保证安定团结的政治局面,中央有必要为薄一波等61人平反、为"天安门事件"平反,对陶铸、彭德怀等那些影响大或者涉及面广的历史遗留问题做出新的历史结论。他明确指出:"对有些遗留的问题,影响大或者涉及面很广的问题,是需要中央考虑和作出决定的。"[1] 对于这些党内外关注的重大问题,陈云同志的发言提出了解决的办法,回应了当时社会各方面的热切期待。他的意见得到了大家的一致赞同,形成了解决历史遗留问题的广泛共识,与会同志就这个问题进行了深入的交流和讨论,使得整个会议达到了最高潮。在后来的小组发言和讨论中,几乎各组的讨论重心都集中到了关于对历史上冤假错案的平反这个问题上来,尤其是在"天安门事件"中造成的冤假错案,与会同志普遍认为要尽快为那些在冤假错案中的同志平反昭雪,恢复身份和名誉。在这种背景下,全社会对解决历史遗留问题的呼声一浪高过一浪。14日,《北京日报》头版头条刊登了北京市委常委扩大会议为"天安门事件"中蒙冤的同志平反的决定。该决定认为这次活动是完全革命的活动,广大群众在这次"事件"中完全是出于对周总理的怀念和爱戴,同时也表达了对"四人帮"给中国社会主义建设事业带来的伤害的痛恨,对这次事件中蒙冤受害的同志恢复名誉并一律平反。新华社于15日以"天安门事件完全是革命行动"为题编发了相关报道,16

---

[1] 《陈云文选》第3卷,人民出版社1986年版,第208页。

日,这些报道在各大主流报刊上刊登,在全社会形成了广泛的影响。随后,一些地方省份也纷纷表态支持为在"天安门事件"中受到迫害的同志平反并恢复名誉。

在这次会议中讨论的结果深深地鼓舞了参会同志的信心,看到了解决历史遗留问题的曙光。他们认为,除了为"天安门事件"中受冤的同志平反外,还应对历史上遗留的其他冤假错案进行平反,彻底地解决历史遗留问题对我国社会主义建设事业的影响。有同志指出:"这些都是过去中央定的,中央不出来明确讲几句话不行。不然,干部群众会有抵触情绪,最好能在工作重点转移之前,中央就把这些问题讲清楚。"[①] 这一观点得到了中央的高度重视,中央政治局常委会专门就这些问题进行了讨论并形成为冤假错案平反的共同认识。华国锋在11月25日的中央政治局会议上代表中央政治局宣布,中央决定:为"天安门事件"公开彻底平反;为所谓"二月逆流"和薄一波等61人的重大错案平反;纠正过去对彭德怀、陶铸、杨尚昆等同志所作的错误处理;各地方党委实事求是地处理地方性重大事件,中央专案组将全部案件移交中央组织部处理;康生、谢富治民愤很大,要对他们进行揭发、批判等。这些决定,使与会同志顿时感受到中央下决心解决冤假错案的平反问题,给他们以信心和希望,在这种氛围下,参会代表们更加畅所欲言,思路更加开阔,也解决了一直压在人们心头的重大现实问题,整个社会朝着更加健康的方向发展。一些与会同志甚至提出对"文化大革命"应当重新研究、重新评价的意见。他们认为"刘少奇的资产阶级司令部"根本就不存在,对"文化大革命""七分成绩、三分错误"的评价并不能说服人,并不能真正使人信服。当然,展开讨论和明确解决这个问题的条件和时机这时还不成熟。于是,会议的主题再次聚焦于改革问题。

根据会议的进展情况和历史发展的需要,中央政治局常委会决定,从中央工作会议开始,应该放手让大家甩开思想包袱讲话,总结工作,明辨是非。当时在讨论两个农业文件时,许多同志提出了批评性意见,他们认为在两个农业文件中存在的最大问题是对许多既存的严峻现实避

---

[①] 张静如主编:《中华人民共和国发展史》第4卷,青岛出版社2009年版,第20页。

而不谈，忽视了实事求是的基本原则。他们指出，现在全国总人口将近十亿人，而粮食的总产量却不高，人均口粮不足 300 斤，低于 1957 年全国的平均水平，还有许多人吃不饱肚子，这是最大的现实问题。造成这种局面，主要是过去在政策上对农民卡得太死，搞计划经济，按计划生产，加上整个社会生产力水平低下、技术水平不高、抗风险能力弱、农业上不去，另外还有"左"倾错误思想在作怪。有的同志说：不要怕农民富，如果认为农民富了就会产生资本主义，那我们只有世世代代穷下去，那我们还干什么革命呢？[①] 大家在会上还提出了不少尽快恢复和发展农业生产的建议。陈云在发言中提出，我们首先要解决农民的吃饭问题，把这个问题解决了就等于争取到了大多数，这样社会就会趋于稳定，天下也会走向太平。他认为，这个问题在当时"是经济措施中最大的一条"[②]。通过这些讨论形成的意见和建议切中时弊、直指要害，得到了中央的高度重视。基于这种情况，根据与会同志的意见和建议，中央决定对关于农业问题的两个文件进行重新改写，将问题落到实处。在讨论李先念在国务院务虚会的总结讲话时，很多人都赞成改革管理体制，实行对外开放政策。

关于农业现代化的问题是社会主义现代化建设的核心议题之一，有与会代表在 11 月 18 日的中央工作会议上明确指出，我们应该组织相关人员仔细研究西方发达国家在农业现代化方面的有益经验，为我所用，进而推动我国农业现代化的实现。从我们了解的情况来看，西方发达国家在实现农业现代化的过程中并不是单纯孤立的或单方面的发展农业，而是积极地将农业发展与现代科学技术研究结合起来，充分利用现代科学技术的成果带动农业的发展。从这种角度来看，西方发达国家的农业现代化的实质就是农业技术化和农业科技化。我们过去的人民公社一直受自给自足的小农经济思想影响，走的是小而全的路子，既谈不上科技含量，也谈不上效率。对比国内外的经验看来农业现代化关键是要解放思

---

[①] 中共中央党史研究室第三研究部：《中国改革开放 30 年》，辽宁人民出版社 2008 年版，第 33 页。

[②] 《陈云文选》第 2 卷，人民出版社 1986 年版，第 212 页。

想，打破过去的一套老做法，转而利用科学技术，推动农业生产的规模化、社会化和集约化，真正按照现代化的要求和方法发展农业。这次中央工作会议上关于农业现代化问题的相关论述，拉开了我国农村经济体制改革的大幕。

谭震林在 12 月 1 日的发言中则直指社会主义建设中的体制问题。他以我国的外债为例提出，我国过去既无内债也无外债，看似收支平衡。事实上是因为我国实行的是低薪制，再加上国外封锁，我们想借也借不到。现在国际环境情况有所改变，我们也可以通过借款、合资等方式搞活经济。为此，我们必须从宏观上解决经济体制的问题，明确政府和企业的不同权利、义务，各司其责，难的也是体制问题。他还说，多年来我们一直受到一些条条框框的束缚，现在需要的正是解放思想。对此，其他代表还就如何有效地引进和吸收外资，借鉴发达国家的经验等方面提出了自己的见解。在思想解放的气氛下，大家逐渐开始畅所欲言，对许多共同关心的社会主义建设问题展开了热烈讨论，并提出了许多很好的意见或建议。会议提出的这些意见和建议，使我国改革开放方针的酝酿进一步具体化了，人们迫切期望转移工作重心的意愿也日益明显，改革社会制度加快发展社会经济改变落后面貌成为全社会的普遍共识，正式作出社会主义改革开放决策的条件、历史时机和思想基础已经逐渐趋向成熟。

（三）经济基础决定上层建筑的认识回归

在中共中央工作会议上，针对是否坚持以阶级斗争为纲还有不同的意见。有部分同志认为继续坚持以阶级斗争为纲仍然是我们搞建设的基本指导方针，因而要继续坚持下去。而当时大多数与会同志则认为，我们应当重新认识以阶级斗争为纲的做法，应当重新检视和反思社会主义建设时期的阶级斗争问题，应当澄清相关概念，理顺思路，解放思想，以免造成不良影响。这是党指导现代化建设必须解决的现实问题。有的同志指出：工作重心的转移不是党的具体工作的通常性质的转变，而是具有历史意义的根本性转变。"中心"只能有一个，不能有两个，除非发生大规模战争，否则只能将发展生产作为唯一的"中心"。有的同志还对沿用了多年的"阶级斗争、生产斗争和科学实验三大革命运动一齐抓"的提法提出质疑，认为这种提法没有主次之分，今后应该明确以生产斗争为中心。经过热烈讨论，多数人都认为，对于社会主义时期的阶级斗争问题应该重新认识重新审视，从而为否定"以阶级斗争为纲"的方针准备了条件。

1978年12月18日至22日，党的十一届三中全会在北京召开。这是一次具有划时代意义的会议。这次全会主题鲜明、任务明确，归结起来就是要实现工作重心的转移。经过36天工作会议的充分讨论，与会同志在一些重大问题上取得了共识。党的工作要迅速地从批林和批"四人帮"这个重心转移到经济建设这个重心上来。会议强调我们要实事求是地理解、运用毛泽东思想，按照现行宪法和法律规定的程序，严格区分和正确处理社会主义社会两类不同性质的矛盾，坚决防止将两类不同性质的矛盾不加区分混为一体，坚决反对损害我国现代化建设来之不易的稳定局面，坚决维护社会安定团结和长治久安。这是党第一次明确对如何处理社会主义社会的矛盾做出明确的限制和具体的规定，这就从政治上保证了社会主义建设工作重点的转移。在这次大会上，还专门讨论了邓小平提出的"解放思想、实事求是、团结一致向前看"的基本方针，在事实上恢复了实事求是的思想路线，恢复了党的优良传统。与会代表一致认为，只有发展道路不动摇，指导思想不含糊，继续沿着社会主义道路前进，继续坚持以马列主义和毛泽东思想为指导，不断解放思想，理论与实践相结合，一切从实际出发，我们党才能顺利地实现工作重心的转移，才能顺利地推进社会主义建设。

党的十一届三中全会还对真理标准的大讨论给予了高度评价。大会指出，这一讨论不仅重新统一了人们的认识，恢复了实事求是的思想路线，而且使全国人民解放了思想，这对今后的社会主义建设具有十分深远的影响。面对今后的工作，大家在认真总结国内外社会主义建设经验教训的基础上一致认为，在新的历史条件下，传统的体制和方法已不适应社会发展的需要，因此必须对其进行大胆的彻底的改革，才能满足社会发展的新要求，进而探索出适合我国国情的社会主义发展模式和发展路子，实现社会真正的长治久安。会议认为，社会政治安定团结是发展经济的基本前提，我们必须按照经济自身的发展规律办事，积极稳妥地推进经济社会的高速发展，继续维持社会的稳步前进。会议强调，安定团结的政治局面来之不易，我们必须倍加珍惜，要改革经济政策和发展策略，根据实际经验和历史条件制定经济发展目标和措施，转变思想观念，积极学习先进的管理理念和经营方法，在坚持自力更生的基础上积极开展与其他国家之间的经济交流与合作，不断提高我国的社会生产力水平。这些都表明，我国的社会主义建设将走出一条继往开来的新道路。这条道路既不同于以往的高度集中的计划经济模式，又不同于其他社会主义国家的改革模式，而是基于特殊历史现实的对我国社会主义建设道路的再探索。

党的十一届三中全会还针对今后一段时间的具体工作作出了重要部署。在讨论农业问题时，全会提出了提高农产品收购价格等促进农业发展的一系列政策和措施，比较实事求是地指出了我国农业的落后现状，提出了一系列加快农业发展的政策措施。其中强调"要尊重生产的自主权"，要在政治上切实保障农民的民主权利，在经济上充分关心农民的物质利益，从而在实际上启动了农村的改革。在审议1979年、1980年两年的国民经济计划安排时，全会肯定了中央工作会议关于对国民经济实行调整的意见，提出了基本建设必须积极而又量力而行的方针，从而开始端正了经济工作的指导思想。大会还肯定了中央工作会议关于为一系列重大错案平反和重新评价一些重要领导人功过是非的决定。最后，全会还做出了加强社会主义民主和法制建设的决议，以及健全党的民主集中制、健全党规党法严肃党纪等一系列决定。大会强调，法律具有最高权威，在法律面前没有特例，任何人都是平等的个体，决不能允许超越法律之外的特权存在。党的十一届三中全会坚持恢复法律秩序，提倡法制精神，是对十年"文革"中对法制的忽视和对法律的践踏的错误做法的拨乱反正，有利于恢复社会秩序维护社会稳定。

党的十一届三中全会在思想、政治、经济和组织等各方面作出的一系列事关国家和民族命运的重大决策，是一场党领导全国各族人民建设社会主义的战略大转移。在思想路线上，坚决放弃"以阶级斗争为纲"，重新坚持实事求是的思想路线。在社会主义建设的根本思路上，决定改革过去的管理方式、方法，健全民主法制，实行对外开放，彻底改变过去封闭、落后的社会面貌。在建设目标上，进一步明确了把我国建设成伟大的社会主义强国的奋斗目标，从根本上摆脱我国社会落后的面貌，实现民族复兴大计。这些思想的提出，不仅终结了"文化大革命"及其以前的"左"倾错误路线，为开辟社会主义建设道路，形成新的理论奠定了坚实的基础，而且勾勒了社会主义发展的宏伟蓝图，萌生了建设基于中国国情的特色社会主义念头，开创了社会主义建设的新境界。邓小平的《解放思想，实事求是，团结一致向前看》报告，正是开辟新时期新道路、创建社会主义建设新理论的历史宣言书。这次会议被普遍认为是中国共产党历史上和中华人民共和国成立以来具有深远意义的会议，被称为是"新时代的遵义会议"。

党的十届三中全会之后，党的工作重心转移到经济建设上来的决定首先体现在农村发展中。1978年秋，安徽省凤阳县梨园公社小岗大队20位农民在一份保证书上按下了手印，拉开了中国农村"包产到户"的序幕。1979年，小岗生产队农业生产获得了大丰收，这个自农业合作化以来从未向国家交过一斤粮食的"三靠队"（"吃粮靠返销，生活靠救济，生产靠贷款"），于1979年第一次向国家交了公粮、还了贷款。小岗生产队一年大变产生的示范效应，使周围许多地方纷纷自行仿效。四川省在推行了"包产到组"的农业生产责任制后，农业生产迅速恢复了生机。粮食总产量由1976年的254.2亿公斤增长到1979年的336.1亿公斤。

随后，《人民日报》陆续报道了安徽、四川、云南等省实行生产责任制的情况和经验。随着这些经验的推广，其他省、市、自治区的农村也纷纷实行不同形式的生产责任制，其中最主要的形式有"包产到户"和"包干到户"。农村改革的重点是，废除人民公社制度，实行家庭联产承包责任制。这种联产承包责任制，由于把生产队的统一经营与家庭的分户经营结合起来，把每个农户的切身利益同产量紧密联系起来，因而最受农民的欢迎，也推广得最为迅速。实现家庭联产承包，是中国农民的伟大创造，解决了我国农村经济体制改革的重大问题，从而使我国农业生产摆脱长期停滞的困境，带动了整个改革和建设事业。

## 三 社会主义的"变"与"不变"

从粉粹"四人帮"开始,经过短短几年的全面整顿和解放思想,我国经济社会秩序基本恢复到了正常状态。一系列改革从农村扩散到城市,从经济到政治逐渐展开。在这一时期,以邓小平同志为核心的第二代中央领导集体在社会主义建设实践过程中,积极引导全国人民凝聚社会主义改革共识,不仅恢复了实事求是的思想路线,而且对新中国成立以来党的若干重大历史问题作了科学的总结,提出了社会主义改革开放的基本框架和实践路径。为今后的中国特色社会主义建设奠定了必要的思想基础。

### (一) 恢复实事求是的思想路线

党的思想路线,也叫作"党的认识路线",指的是人们的认识所遵循的基本方向、途径、原则和方法。它是中国共产党的一切指导思想和从事实践活动的方法、原则。党的思想路线既是党制定各项方针政策的指导原则,也是正确理解和执行党的路线方针、政策的根本保证。《中国共产党章程》对党的思想路线进行了明确的说明。归结为一点就是:实事求是。党的这条实事求是的思想路线是在革命实践中逐渐形成的。土地革命战争期间,毛泽东就指出,实事求是是解决问题的科学态度,脱离这种科学态度搞"自以为是"和"好为人师"是不能从根本上解决问题的,最终只会事与愿违。① 在 1929 年写的一封信中,毛泽东首次使用了"思想路线"② 这一概念。1930 年,毛泽东在对本本主义进行批判时,再次使用了"思想路线"一词。抗日战争前期,毛泽东在《矛盾论》和《实践论》中从哲学的视角对"思想路线"进行了充分论证,为解决党的思想路线问题提供了理论武器,并向全党提出解决思想路线、思想方法、学习方法的任务。毛泽东认为共产党人应以实事求是为根本准则。1942

---

① 《毛泽东选集》第 2 卷,人民出版社 1992 年版,第 662 页。
② 《毛泽东文集》第 1 卷,人民出版社 1993 年版,第 74 页。

年开展的延安整风运动，在研究党的历史、总结历史经验和教训的基础上，整顿党风、学风、文风，以解决全党的思想路线问题，使全党掌握了马克思主义同中国革命的实践相结合这个根本思想原则和思想方法。中国共产党第七次全国代表大会的胜利召开和《党的若干历史问题的决议》标志着全党确立了正确的思想路线。

虽然在马克思和恩格斯的理论著作中没有直接提到"实事求是"概念，但这并不等于他们的理论中没有体现这一思想，在他们创立的辩证唯物主义和历史唯物主义中，很多地方都体现出了"实事求是"的思想。从理论实质上来看，"实事求是"是马克思主义哲学的精髓，是马克思唯物史观的中国话语表达，是毛泽东同志对马克思主义基本理论的再创造。坚持实事求是，就是坚持用理论和实践相结合的方式来开展实践活动和指导实践行为。毛泽东在《改造我们的学习》的报告中曾指出："'实事'就是客观存在着的一切事物，'是'就是客观事物的内部联系，即规律性，'求'就是我们去研究。"[①] 毛泽东的这一论断深刻揭示了实事求是的科学内涵和基本要求。我们正是依靠这条实事求是的思想路线赢得中国人民的民族独立和解放。但是，思想路线问题的解决并非一劳永逸。为了解放思想，齐心协力开展社会主义改革，恢复党的实事求是的基本思想路线成为中国共产党人不得不面对和解决的问题。

在改革开放和加速国家的现代化建设越来越成为多数人共识的背景下，邓小平对东北三省及唐山、天津等地进行了一次不同寻常的视察，为促成历史转折的实现作了又一次推动。在视察途中，邓小平多次向沿途负责同志呼吁，要解放思想、实事求是。邓小平一再强调，现在是推进四个现代化建设事业的关键期，以前不具备的发展条件现在有了，我们要紧紧抓住这一难得的历史机遇，推进社会主义事业的发展。如果我们还不根据变化了的实际思考和解决问题，我们的发展就会存在很大的问题。邓小平认为，恢复毛泽东同志提出的实事求是是实现四个现代化的基础，实现四个现代化必须恢复实事求是的传统。我们要根据现在的

---

① 《毛泽东选集》第 3 卷，人民出版社 1991 年版，第 801 页。

国际和国内具体条件，敢于思考问题、敢于提出问题、敢于解决问题，千万不要搞思想上的禁区。思想禁区的最大害处是固化人的思想，使人的思维陷入僵化状态，在历史上思想僵化的例子比比皆是，不根据自己所处的环境和现实来考虑和处理问题，结果束缚了自己的思想，不利于放手搞建设，最终受害的是广大老百姓。在当时，实事求是最重要的任务就是破除僵化思想，实现思想解放。

邓小平认为，无论是过去的革命斗争，还是现在的四个现代化建设，都离不开实事求是。① 他在1978年12月的讲话中②从理论维度和实践维度对实事求是思想的价值作了全面深刻论述，揭示出了以实事求是作为思想路线具有必然性和合理性。他还分析了实事求是在推进我国社会主义现代化建设中的重要地位和价值。邓小平在报告中还明确提出了解放思想破除僵化的迫切任务。"不打破思想僵化，不大大解放干部和群众的思想，四个现代化就没有希望"。③ 邓小平还对"实践是检验真理的唯一标准"这一论断的本质作出了说明。他指出，这个问题实际上就是如何看待思想解放以及如何对待思想解放的问题。如果不解放思想，就不可能客观、公正、科学地看待问题，就是老一套，不可能对真理的检验问题作出科学的理解和说明。邓小平指出，无论是一个国家、一个民族，还是一个党，如果思想上僵化，就失去了发展的潜在动力，就会丧失生机，最终的结果必然是走向亡党亡国之路。毛泽东同志在党的整风运动中也曾反复阐述过解放思想的极端重要性，只有祛除思想中的固有障碍，坚持实事求是的工作作风，才能顺利地推进我国的社会主义现代化建设，这是我党历史反复证明了的真理。

邓小平认为，开展社会主义建设，要特别强调民主，通过加强社会主义民主法治建设来巩固党的民主集中制。他指出："解放思想，开动脑筋，一个十分重要的条件就是要真正实行无产阶级的民主集中制。"④ 民

---

① 《邓小平文选》第2卷，人民出版社1994年版，第141页。
② 即在为党的十一届三中全会召开作准备的中央工作会议上发表的《解放思想，实事求是，团结一致向前看》的讲话。
③ 《邓小平文选》第2卷，人民出版社1994年版，第141页。
④ 同上书，第143页。

主集中制是党的重要组织原则,"一般认为,民主集中制主要是苏联共产党提出的理论成果,因为中国共产党的六大是在苏联召开的,所以这个时期自然就接受了苏联共产党提出的这一原则"①。而在中共七大的政治报告中,毛泽东正式提出了民主集中制这一组织原则。邓小平指出,民主集中制是我们党的重要组织原则。由于个体差异和所处的环境有所差别,人们对同一问题具有不同看法都是十分正常的,对于不同意见和不同声音要积极引导、恰当调适,一味地采取打压的办法不能真正服人,甚至有可能带来激烈反抗。邓小平强调,毛泽东同志也反对将思想领域的风吹草动以"政治谣言"和"政治背景"等名义进行打压的做法,认为这是政治上软弱和衰弱的表现。在邓小平看来,民主是解放思想的重要条件。没有民主,思想就很难真正得到解放,就不可能实现社会主义现代化。历史和现实的大量事实也充分表明,践行民主,实行民主政治,思想解放才可能实现。要解放思想,就必须实行民主,这是被历史证明了的铁的规律。

  邓小平在《解放思想,实事求是,团结一致向前看》的重要讲话中还特别强调了要在经济领域发扬民主的问题,从而为社会主义改革提供了切入点和着力点。他认为,我国经济领域存在的最大问题是,管得过多、过宽、过死,生产缺乏自主性和积极性。为了更好地促进经济社会发展,就需要摒弃计划经济那一套做法,大胆下放经济管理体制的权限,充分调动国家、地方、企业、劳动者的积极性和创造性,让生产经营者有更多的自主权。邓小平指出,扩大企业的自主经营权是当前迫切需要解决的问题,充分调动企业的自主创造力量,能极大地增加社会的财富。② 赋予企业自主权,能够充分激发企业的自主性和创造性。邓小平的这段讲话不仅指出了束缚我国经济发展的症结所在,而且为今后的经济改革指出了方向。《解放思想,实事求是,团结一致向前看》的重要讲话和党的十一届三中全会会议公报不仅强调了恢复实事求是思想路线这一

---

① 桂家友:《国家与社会变革中的城市社会治理研究》,上海人民出版社2015年版,第92页。
② 《邓小平文选》第2卷,人民出版社1994年版,第146页。

基本共识，而且率先垂范落实实事求是的思想路线，吹响了社会主义经济体制改革的历史号角。

**（二）统一新中国成立以来若干重大历史问题的认识**

党的十一届三中全会前后，以邓小平为核心的第二代领导集体带领人民群众开始探索社会主义建设的新道路。为此，对社会秩序开展了一系列的全面整顿工作，在各条战线展开了拨乱反正的工作。这些工作的开展，得到了大部分党内外人士的理解与支持，但也有不同的声音。有一些党内外的同志对社会主义和我们党的各种决定产生了疑惑，甚至有人对毛泽东的一生功绩和毛泽东思想的正确性产生了一些不正确的看法。这些社会思潮极大影响了改革的历史进程，为了争取在党内和人民中间形成思想共识，使人们不致过度沉迷于重大历史问题的议论，进一步甩开人民群众的思想包袱，齐心协力推动社会主义改革，党中央决定对建国以来的若干重大历史问题进行必要的总结与说明。这也是总结党在带领全国人民建设社会主义过程中的历史经验总结，澄清历史是非，形成对历史问题的共识，也是中国共产党走向自觉的一种体现。

1978 年 12 月 13 日，邓小平在为十一届三中全会召开做准备的中共中央工作会议闭幕会上的讲话中指出，要从历史的角度科学地来看"文革"，毛泽东同志主要是基于防修反修考虑发动的这场革命。然而，在实际过程中却违背了这场革命的初衷，带来了严重的社会影响和危害，理应吸取经验和教训，对此进行总结是必需的也是必要的。但是，对于已成为社会主义历史的"文革"的总结应把握好时机，不应匆忙进行。[1] 同时，也是因为三中全会为"六十一人冤案"和彭德怀、陶铸等人平反，提出要处理康生、谢富治的问题，已经揭开了否定"文化大革命"的盖子，不对毛泽东和"文化大革命"作出一个代表中央的结论，就容易给人们思想造成混乱，后面以经济建设为中心的工作就难以顺利进行。并且这个结论作得不好，也会引起人们思想混乱和党内矛盾纠纷。因此，中央决定先搞一个简单的文件进行尝试。随后中央在 1979 年 6 月决定，

---

[1] 《邓小平文选》第 2 卷，人民出版社 1994 年版，第 149 页。

由叶剑英代表中共中央、全国人大常委会、国务院于国庆新中国成立30周年纪念日发表一个讲话,对新中国成立以来30年的历史,尤其是十年"文革"期间的历史,作一个总结性的评价。时间紧迫,起草任务落在了"党内一支笔"胡乔木肩上。在这次讲话后,全党全国希望中央进一步作出正式历史决议的呼声更高。中央水到渠成地作出了决策,决定着手起草建国以来关于党的历史问题的重要决议。

1980年2月,起草小组拿出了第一份提纲。提纲分五个部分,其中第三部分"文化大革命"和第四部分对毛泽东和毛泽东思想的评价是重点。邓小平看了提纲后说:"中心的意思应该是三条:第一,确立毛泽东同志的历史地位,坚持和发展毛泽东思想。这是最核心的一条。不仅今天,而且今后,我们都要高举毛泽东思想的旗帜。"[1] 第二条是对新中国成立30年来历史上的大事,要作出客观公正的评价。第三条是总结过去,统一认识,凝聚共识。十一届五中全会决定,为刘少奇等在过去蒙冤的同志进行平反,恢复他们的名誉和应有的身份。然而,这一决定遭到了部分人的反对,一度在思想上造成了混乱。他们认为,为刘少奇等人平反就意味着否定毛泽东思想,是与毛泽东思想背道而驰的,如果这样做就说明毛泽东思想错了。显然,这种观点持非此即彼的立场,没有坚持实事求是的基本认识原则。邓小平对此强调,这些看法和立场都是不正确的,扰乱了人们的思想和认识,必须澄清是非。邓小平认为,无论是党内外,还是国内外,都十分关心毛泽东思想的评价问题,各方面都在关注我们怎么说。因此,必须客观地正确地评价毛泽东思想的精神实质和历史地位。

邓小平指出,要对毛泽东思想进行准确、全面、客观的评价,首先需要理解毛泽东思想的基本内容,这是基本的前提,尤其是要用简洁精练的语言对那些在今后仍然要继续贯彻和执行的内容进行概括和说明。邓小平还强调,要实事求是地对"文革"进行评价。邓小平于4月1日再次找胡耀邦等人谈话,继续就这个问题进行补充说明。他指出,对毛泽东同志进行客观评价可以分为前后两个时期,前期是1957年以前,在

---

[1] 《邓小平文选》第2卷,人民出版社1994年版,第291页。

毛泽东同志的带领下，取得了革命斗争的胜利，推翻了"三座大山"的压迫，建立了人民政权，这一时期毛泽东同志的领导是正确的。后期是在 1957 年之后，随着反右派斗争的扩大化，出现的错误也越来越多。① 邓小平强调，这些错误不是毛泽东同志一个人的错误，我们不能将错误归结到某一个人身上，片面认为别人都没有错误，这是不正确的，也是不符合现实的。这些错误中央很多同志都负有不可推卸的责任，是集体的责任，而不是一个人的责任。② 在邓小平的指示下，《决议》起草一开始就秉承实事求是的原则对毛泽东思想进行科学评价和合理定位，预见性地防止了两种错误倾向的影响。经过历时 20 个月的起草，前后共经历 9 次较大的修改最终定稿，邓小平倾注了大量的心血。从《决议》的总基调、谋篇布局到对一些历史事实的评价及判断，都凝结着邓小平的智慧和辛劳。在《决议》的起草过程中，他先后就这个问题发表了 13 次重要的谈话和讲话，对《决议》的形成起了决定性的指导作用。1981 年 6 月底，在召开的十一届六中全会上讨论并高票通过了《关于建国以来党的若干历史问题的决议》。《决议》的发表，进一步统一了人们的思想，凝聚了共识，对开创新的历史局面、实现新的奋斗目标具有深远意义。

《关于建国以来党的若干历史问题的决议》对统一思想、凝聚改革共识产生了十分重要的作用。该决议坚持了马克思主义的基本原则和立场，以科学的世界观和方法论对若干重大历史问题进行了准确评价，深刻分析了产生这些错误的主观与客观原因，并对毛泽东、毛泽东的思想和毛泽东思想作出了明确的区分，实事求是地评价了毛泽东、毛泽东思想在中国革命和社会主义建设中的重要历史地位。《决议》重申了党的指导思想的重要地位和价值，指出社会主义制度的建立标志着我国社会发生了根本性改变，为社会主义现代化建设奠定了坚实的基础。《决议》认为，由于我国社会主义建设经验还有所欠缺，党在领导全国人民进行社会主义建设时，对我国的国情和国内外形势的认识和判断曾出现了一定程度上的主观性偏差，以致出现了"文化大革命"这样全局性、较长时间的

---

① 《邓小平文选》第 2 卷，人民出版社 1994 年版，第 294 页。
② 同上书，第 296 页。

严重错误。多年来，社会主义建设虽然筚路蓝缕，但是成就举世瞩目，中国社会的面貌发生了翻天覆地的变化。任何只看到错误、没有看到成就的片面观点和做法都是不可取的，甚至是错误的，对此必须有清醒认识。

该决议在总结历史经验的基础上，提出了加强社会主义现代化建设，建设一个民主健全的党的目标。《决议》肯定了党的十一届三中全会以来逐步确立的适合中国实际的社会主义建设道路，为党在新的历史条件下工作的方向和中国社会主义建设事业的路径作出了分析和说明。《决议》强调，无论在什么时候，都要牢牢把握经济建设这个中心不动摇，除非面临着大规模的外敌侵略，丧失了经济建设的稳定社会环境。在中国共产党建党以来的历程中，产生了两个具有重要历史意义的"决议"。[①] 这两个"决议"是中国共产党在不同的历史时期针对不同的历史任务结合自身的实际状况提出来的两个最为重要和最为权威的内部文献。两个文献都对党内长期存在的有争论的历史问题作了权威性解释，得出了具有较高信度的历史结论，这对于进一步凝聚全党思想和总结党在不同阶段的历史经验都有十分重要的作用，对未来发展提供了理论指导和实践经验。

### （三）提出社会主义改革的基本思路

从1978年到1982年，经过4年多的调整和改革，社会思想逐渐摆脱了"文革"后的混乱状态，各项工作都有了新的变化和起色。在新的历史背景下，如何推进社会改革、促进国家发展和民族振兴成了我们党面临的新的历史任务。这需要有一个纲领性的文件来指导社会改革，开拓新的局面。为此，1982年9月，党的十二大在北京召开，这不仅是一次具有总结意义的大会，更是一次形成改革新共识、开创社会主义改革新局面的大会。为期十一天的党的十二大提出了党在新的历史时期的总任

---

[①] 即1945年《关于若干历史问题的决议》和1981年《关于建国以来若干历史问题的决议》。

务,① 并据此针对性地部署了完成和实现该总任务的行动纲领。大会指出，这个总任务中最首要进行的任务是促进经济发展，这是实现所有任务的基本前提。党的十二大为全面开创社会主义现代化建设的新局面，确定继续前进的正确道路、战略步骤和方针政策，从指导思想、总任务、组织人事三个方面做出了重大决策，形成了开创社会主义改革新局面的基本共识。

党的十二大明确规定了我国社会主义现代化经济建设的战略目标，即从 1981 年到 20 世纪末的 20 年，在实现经济快速发展和经济发展质量水平不断提高的前提下，力争实现全国工农业的年总产值翻两番。为此，报告中提出了我国经济建设的战略重点：农业问题、能源和交通问题、教育和科学问题。这是二十年中我国经济发展需要牢牢抓住的几个根本环节，只要把这几个问题解决好了，就可以有效地促进经济发展，以此为契机，带动整个社会生产各行业的新发展，促进整个国民经济的全面高涨，保障全体人民生活不断得到改善。因此，大会强调，第一，要充分重视农业在整个国民经济中的基础地位。农业是保障国家安全和实现民族独立的必要前提，无论在什么时候，农业的基础地位都不能动摇和改变。第二，重视能源和交通建设在国民经济发展中的重要作用。能源和交通是现代经济发展必不可少的构成因素，缺乏能源，机器大生产就不可能得以实现，交通不便，则不利于不同经济主体之间的往来。我国经济今后的发展状况在很大程度上取决于能源和交通建设情况。第三，认真抓好教育和科学。教育是树人、育人之本，从根本上来看，科学技术的发展也离不开教育。尤其是在知识经济时代，没有发达的教育，就不可能站在经济社会发展的制高点。教育在社会主义现代化建设中的作用日益凸显。

党的十二大不仅提出了我国在 20 世纪最后 20 年的奋斗目标，而且为实现这一宏伟目标提出了具体的战略步骤，即两步走的发展战略。两步走的发展战略分为两个阶段，每个阶段各 10 年。第一阶段，即从 1980 年

---

① 党的十二大提出的总任务是：团结全国各族人民，自力更生，艰苦奋斗，逐步实现工业、农业、国防和科学技术的现代化，把我国建设成为高度文明、高度民主的社会主义国家。

到 1990 年，这 10 年间的主要任务是为后 10 年的发展打基础，通过不断积蓄发展的力量，不断创造发展的条件。第二阶段，即从 1990 年至 2000 年，是 20 世纪的最后十年，也是我国社会主义建设十分关键的十年，这期间是我国经济发展的振兴时期和我国建设小康社会的关键时期。两步走的发展战略是在分析了我国经济建设实际情况和发展趋势后做出的重要战略决策。从现实情况来看，我国国民经济在调整中出现的问题，是和我国经济发展中出现的管理体制不健全不科学、结构不合理及生产技术落后、分配制度有缺陷、劳动者受教育水平低技能不高等方面有直接的关系。这就需要花相当长的时间继续进行调整和改革，特别是经济体制的改革。此外，一些重点经济项目的建设、重大科学技术的攻关以及人才的培养等，都需要有一个过程。为了促进社会主义经济的全面高涨，报告认为，针对我国经济发展的具体情况，应特别注意处理好以下几个方面的问题：一是集中资金进行重点建设和继续改善人民生活。二是坚持国营经济的主导地位和发展多种经济形式。三是正确贯彻以计划经济为主、市场调节为辅的原则。四是坚持自力更生的扩大经济技术交流。[①] 实现经济发展的转型和发展水平的跃迁。

党的十二大的一个显著特点是在明确经济社会建设目标，描绘经济社会发展蓝图的同时，将社会主义政治文明建设纳入社会建设格局之中，基本形成中国特色社会主义建设"两位一体"的总布局和总方略。社会主义民主政治和社会主义精神文明是社会主义社会的重要特征，也是实现人民当家作主和实现人的自由全面发展的现实前提。社会主义社会不仅要重视物质文明建设，而且还要加强精神文明建设，以满足人民对社会发展的要求和期望。大会报告指出："社会主义精神文明的建设大体可以分为文化建设和思想建设两个方面。"[②] 文化建设和思想建设都是精神文明建设的有机组成部分，文化建设主要是指通过外在的形式去影响个体认知、提高个体的知识水平，而思想建设则是教育广大人民坚持马克思主义的世界观，以共产主义信念为最高准则，主要侧重于个体的思想

---

[①] 秦宣：《中国特色社会主义史》，高等教育出版社 2009 年版，第 216—218 页。
[②] 《十二大以来重要文献选编》（上），人民出版社 1986 年版，第 5 页。

导向方面。"思想建设决定着我们的精神文明的社会主义性质。"① 大会还指出，精神文明建设和物质文明建设是社会主义的两个抓手，二者都需要以社会主义民主为支撑。而民主的前提是法制，没有健全的法律制度规定，民主就没有保障。因此，建设社会主义民主政治，实现社会民主，法制建设是关键，必须不断加强法制建设，完善法律体系，使法律制度适应不断变化的现实社会状况和社会发展需求，将二者紧密结合起来，实现民主法制化。这些理论和任务的提出，使人们对社会主义有了新的理解，对怎样建设和发展社会主义有了新的体会，对推进社会主义民主政治建设有了新的认识，顺应了时代发展趋势。

党的十二大还针对党的建设的若干问题提出了新的认识。报告指出，党必须在宪法和法律的范围内活动，并将其写入党章。这一规定标志着党对自身的建设提升到了一个新的高度。大会还根据实际需要制定了新的党章。新的党章与旧的党章的区别在于，它不仅继承和发展了七大党章和八大党章中的优点，而且对党的十一大时写入党章中的"左"的错误进行了清理，为进一步推进社会改革准备了思想基础。新的党章对当时我国社会的主要矛盾以及党的性质、党的总任务和指导思想等作了具体规定和说明。新的党章还对如何正确地合理地发挥党在国家建设、国家发展中的领导作用，从政治上、思想上、组织上对广大党员和党的领导干部都提出了新的具体要求，应该说，新的党章比过去历次的党章规定都更加严格。新的党章还在组织人事上作出了新的规定：不再设立党中央主席，只设立党中央总书记，在中央和省一级设顾问委员会作为过渡。这样一方面可以充分发挥许多老同志的作用，顺利完成各个时期的领导交替工作；另一方面也能够培养年轻干部作为接班人，保证党的事业后继有人。

党的十二大报告还提出，党风问题关系到执政党生死存亡。执政党的党风，关系人心向背。党风向好，全党就能客观反映执政过程中存在的现实问题，并认真处理这些问题带来的影响，真正坚持党的群众路线和以人为本的基本原则，就能得到人民群众的积极拥护和支持；党风向

---

① 《十二大以来重要文献选编》（上），人民出版社1986年版，第6页。

坏，则会使党的基本路线和方针政策不能较好地得到贯彻落实，最终伤害的是党自身。为了以党风促政风、以党风带民风，大会决定，从1983年下半年开始，对党的作风和党的组织进行一次全面整顿，以有效解决党在新的历史境况中面临的现实困难和挑战。党的十二大实现了历史性的转折并深刻地总结了拨乱反正的经验教训，确定了中国共产党领导社会主义建设事业的指导思想和党在新的历史时期的任务与使命，并为实现这些目标制定了系列正确的行动纲领。大会还制定了新的较为完善的党章，是党的历史上的一次重要的代表大会。中国共产党第十二次全国代表大会，是党的八大以来的一次最重要的会议之一，是新中国历史上的一个新的里程碑。党的十二大的议题及确立的指导思想是党在挫折与失败的反复比较中总结出来的科学认识，标志着中国共产党对执政规律和建设规律的认识有了新的提升，开启了改革新征程。

# 第三章

# 社会主义改革的初步认识

从党的十二大到党的十四大,整整 10 年间,在坚持四项基本原则和坚持改革开放的总方针指引下,在拨乱反正的基础上,我国逐渐展开了以经济建设为中心、坚决而有步骤地进行全面社会主义改革和对外开放。我国社会发生了深刻而复杂的变化,经济发展旺盛,国力增长迅速,人民生活得到明显改善。也就是在这一时期,我国的社会主义改革矛盾开始初现,在国内外局势风云变幻的情况下,党逐渐认识到我国正处于社会主义的初级阶段,社会改革的阶段性任务仍旧是进一步完善和发展经济领域的改革,积极推动政治体制改革,在不断的探索中,在种种激烈交锋中,党领导全国人民逐渐形成社会主义改革新共识,开创了一条符合中国国情的中国特色社会主义道路。

## 一 社会主义改革的内外激荡

1982 年 9 月,党的十二大制定和开创了我国社会主义现代化建设新局面的纲领。自此以后,我国步入社会主义改革的新阶段,社会主义改革从农村到城市、从经济领域到社会生活的其他领域逐渐展开,社会主义改革进入全面展开的新阶段。正是在这一时期,我国社会不仅进入了一个从全面恢复到快速发展的新时期,同时也进入了社会主义改革矛盾逐渐显露的新时期。面对这些快速发展中的新矛盾,是否坚持继续改革、是否需要走回头路等思潮也逐渐显露,对社会主义改革的坚持与质疑又一次走到了风口浪尖。如何看待、处理社会主义改革开创期的社会分歧,凝聚社会主义改革共识，成为当时十分紧迫的历史任务。

### (一) 战争与和平的战略选择

人类历史发展至今，经历了不同的时代，每一时代人类面临的任务都有所不同，尤其是在全球化时代，整个世界联系日益紧密，国际关系也更加复杂，与之形成了复杂的国际关系议题。因而，时代的主题也不是一成不变的。当今世界任何一个国家、一个民族的生存和发展都离不开一定的国际环境，都需要有一个安定的局面来发展自身，经历了种种磨难的社会主义尤其如此。能不能争取到一个和平的国际环境对于社会主义的建设来说是至关重要的。这就需要我们对时代主题做出科学的、准确的判断，这是世界各国及其执政党所面临的最高层次战略问题，对该问题的把握直接决定了各国发展的政策取向。中国共产党人也十分重视对时代主题的科学认识，在此基础上制定国家发展的战略，通过对时代脉搏的科学把握实现自身的历史使命。随着世界矛盾和形势的变化，时代主题也会发生相应变化。社会主义改革必须关注国际环境的改变，科学预见国际形势的发展，才能做出符合时代发展趋势的决策和策略。

新中国成立后，当时世界格局由以美国为首的资本主义和以苏联为首的社会主义两大阵营把持，两大阵营之间明争暗斗，国际形势风起云涌，毛泽东根据当时的时代背景得出了两种性质不同的社会形态相互斗争的判断。其相互关系是，战争引起革命，革命将制止战争，这一基本判断在当时的历史环境中无疑是正确的。但在20世纪60年代前，基于毛泽东的"两个阵营"和"中间地带"的思想，他强调的是和平力量只要发展，战争是可以避免的。到了60年代，中苏关系的恶化使毛泽东改变了对战争与革命的看法。当时，在东面和南面有美国的遏制，在北面和西面中苏边境和中蒙边境有苏联陈兵百万，大军压境。在国际上美苏争霸，核武器谈判和外层空间的谈判也看不出有什么新的进展，战争这根弦一下子绷紧了，战争危险似乎迫在眉睫。基于对国际局势的这种判断，我国在决策上制定了打完再建设的方针，开展大规模的"三线"建设，实行战略转移，延长战略纵深；国际上则强调"反对帝国主义、支援世界革命"主张。这种局面在70年代以后得到了缓解，经济建设成为各国的重点。

党的十一届三中全会前后,邓小平对当时的国际形势重新作出了判断,调整了战略决策。他认为,由于美苏两个超级大国在全球范围内的战略部署尚未完成,尽管战争的风险一直存在、小规模的冲突时有发生,但是大规模战争一时还不可能爆发。到了20世纪80年代,邓小平根据国际形势的变化得出了科学的结论,在世界范围内,维持较长时间的和平是有可能的。1980年4月,邓小平在会见世界银行行长麦克拉马拉时指出,虽然国际社会风起云涌,存在着诸多变数和风险,但是只要采取有效措施,80年代还是可以避免战争的爆发。邓小平明确指出争取20年左右的和平时间是可能的。但是受传统根深蒂固的冷战思维的影响,国内还有许多人并未注意到这一点。从根本上来说,持这种观点者是传统社会主义观念的代言人,他们认为资本主义社会制度已经进入发展晚期,很快就会被社会主义制度所取代,整个世界已经进入了资本主义与社会主义两种社会形态殊死搏斗的阶段,进入社会主义的黎明即将到来。然而,资本主义又不会甘心退出历史舞台而垂死挣扎,这样必然发生战争,战争的结果是社会主义取代资本主义成为世界的必然趋势。他们认为,在这种情况下,需要作两手准备,一方面国内要认真备战,做好打仗的准备;另一方面积极支持世界社会主义运动的发展,支援各国人民反压迫反剥削的革命造反运动和斗争,为在全世界战胜资本主义实现共产主义做出国际主义贡献。受到这些思想的影响,许多人仍然坚持认为,社会主义与资本主义正处于激烈的对抗中,第三次世界大战随时有可能打响。这种思潮引起了邓小平的重视。

进入20世纪80年代中期,邓小平在仔细分析了国际局势后认为,随着世界和平力量的逐步增长,大规模战争因素逐渐消解,爆发战争的可能性降低,在这种情况下,战争是可以避免的。1984年5月29日,邓小平在会见巴西总统菲格雷多时,首次提出了和平与发展是时代主题的思想。[①] 1984年10月31日,邓小平在会见缅甸总统吴山友时再次强调了这

---

[①] 《邓小平文选》第3卷,人民出版社1993年版,第56页。

个问题。① 同年11月1日，邓小平在军委座谈会上指出，战争问题我们已经讲了很多年了，但是随着时代的变化，我们应重新对这个问题进行审视。如果不能对此作出冷静判断，整天陷入战争的惶恐与不安中，就不可能安下心来搞建设促发展。② 通过对国际形势的不断分析和对世界局势的把握，邓小平得出了和平和发展问题是当今时代的主题的科学结论。1985年3月4日，邓小平在会见日本工商会议所访华团时又对和平与发展的时代主题进行了说明，将其概括为"东西南北"四个字。其中"东西"是和平问题，"南北"是发展问题。③ 邓小平根据世界经济与政治发生的重大变化，把纷杂万端的当代国际问题形象地归纳为东西南北四个字，并且指出东西是争取和平的问题，南北是争取发展的问题，从而揭示了当今世界的主要矛盾，明确了时代的主题已由战争与革命转向了和平与发展。这一认识转向准确地把握了当时的国际国内形势，审时度势，为我国社会主义建设指明了发展方向。1985年6月4日，邓小平在中央军委扩大会议上再次强调，对世界和平的向往是人们的共同心愿，随着和平力量的增长，从整个世界的范围来看，在一个较长的时间内不发生大规模的世界战争的可能性还是存在的。

邓小平关于和平与发展的战略判断及时纠正了国内存在的冷战思维，把人们的思想引导到社会主义改革中来。他说："战争是可以避免的，和平是可以赢得的。"④ 我们并不是从权宜之计的角度出发来考虑和平与发展的问题，而是从世界局势的战略高度作出的科学判断和决策。无论是社会主义国家，还是资本主义国家，都迫切希望有一个稳定的和平的世界环境来实现自身的发展，都会在这个时代中受益。但从整个人类社会的发展趋势而言，社会主义是更适合人类存在和发展的制度形式，资本主义自身固有的缺陷决定了它必将退出历史舞台，资本主义最终将会被社会主义取代。但当今时代，两种制度的矛盾和斗争还没有到非此即彼、

---

① 《邓小平文选》第3卷，人民出版社1993年版，第96页。
② 同上书，第116页。
③ 同上书，第105页。
④ 《邓小平关于建设有中国特色社会主义的论述专题摘编》，中央文献出版社1992年版，第163页。

水火不容的程度，和平与发展才是时代的主题。我们必须抓住机遇，开展社会主义改革。邓小平的这些观点及时地将部分人从冷战思维的迷雾中解放出来，为社会主义改革营造了良好的思想氛围，进一步凝聚了改革共识，推进了社会改革的进程。

邓小平在提出和平与发展是时代主题论断之后，认为："党的十一届三中全会以后，我们对国际形势的判断有变化，对外政策也有变化，这是两个重要的转变。"① 为了给社会主义改革营造和平的国际环境，党中央及时调整了我国的对外政策，从冷战思维中解放出来，坚持维护世界和平的基本立场和整个世界在短时期内不可能发生大规模战争的基本判断，坚持在和平友好的氛围中独立自主地发展与世界各国的关系，坚决反对霸权主义和强权政治，积极倡导构建国际政治经济新秩序。邓小平指出，我们要做世界和平的维护者和拥护者。在和平与发展两大问题为主题的时代，邓小平认为，"现在的世界是开放的世界"。② 国家与国家之间的联系越来越密切。世界需要中国，"中国的发展也离不开世界"，各国相互离不开。这就为提出实行全方位的对外开放政策凝聚了思想共识，推进了社会主义改革事业的新发展，我国的社会改革方向更加明晰。

### （二）经济特区的风波

党的十一届三中全会以来，农村的社会主义改革随之启动，为了慎重起见，对城市的改革只能亦步亦趋。虽然当时城市的改革面临着诸多难题，但这并不能阻挡改革的步伐。习仲勋同志在1979年4月召开的中央工作会议中提到了广东省经济发展的现状以及广东省委对于开放搞活经济的系列设想。在这次会议中，习仲勋同志重点谈到了广东省委希望中央授权允许广东在深圳、珠海、汕头等地设立特别区域，实现单独管理，将这些地方作为吸引外资的平台，鼓励海外华侨华人、港澳同胞及外商在该区域从事贸易活动，允许他们按照国际市场的要求来组织生产，给予政策优惠，把这些区域建设成为"类似海外的出口加工区"。广东省

---

① 《邓小平文选》第3卷，人民出版社1993年版，第126页。
② 同上书，第64页。

委的这一设想得到了邓小平的积极肯定和大力支持,他指出:"还是叫特区好。陕甘宁开始就叫特区嘛!中央没有钱,可以给些政策,你们自己去搞,杀出一条血路来。"① 在这次中央工作会议进一步解放了思想。会议结束后,以国务院副总理谷牧同志为首的中央代表团根据邓小平的意见对广东、福建两省进行工作考察,这次考察的中心议题是对外开放问题,中央代表团与两省的相关负责人一道对相关具体问题进行了研究,进一步明确了对外开放的策略。

在经过了前期的调研和周密的研究基础上,中央认为,在沿海地区进行对外开放的时机基本成熟。1979年7月5日,中共中央颁布了中发(1979)50号这一具有重大历史意义和深远历史影响的文件。该文件指出,中央同意首先在广东省深圳市和珠海市两地办"出口特区"试点,通过试点的方式积累对外开放的相关经验,待两地取得对外开放的具体实践经验之后,中央再考虑在福建省厦门市和汕头市设置对外开放特区的议题。随后,中共中央于1980年3月在广州召开了广东和福建两省关于对外开放的会议,会议明确指出,将原来提出的"出口特区"改为"经济特区",深圳和珠海两市由单向开放变为全面开放,从借鉴外国的出口加工区、自由贸易区的开放模式转变为集工业、商业、旅游业、住宅等于一体的综合开放模式,这标志着对外开放的升级。1980年8月,第五届全国人大常委会第十五次会议通过《广东省经济特区条例》议案,在国家层面疏通了实行对外开放设立经济特区的制度障碍,确立了对外开放的基本思路。1981年11月在北京召开的第五届人大常委会第二十一次会议再次涉及对外开放议题,会议决定授予广东省和福建省人大及其常委会制定所属经济特区单行法规的权力,意味着两省可以根据本省对外开放实际制定相关法律法规,实际上也批准了厦门经济特区的设立。

随着经济特区的出现,社会上出现了两种观念,一些人充满希望,一些人也充满忧虑,质疑经济特区就是新洋务运动。这在改革开放之初是难以避免的。事实证明,设立经济特区不仅是引进外国资金技术发展我国经济的需要,而且是适应时代发展更好地发展社会主义的必由之路。

---

① 《邓小平年谱》(上),中央文献出版社2004年版,第510页。

设立经济特区是符合中国国情的重大战略决策。中央的这一决定在当时的思想界产生了不同的看法，在中央内部也还存在着一定的分歧，在思想上仍未达成高度的共识。然而，广东、福建两省的对外开放也并不是一帆风顺的。由于开放之前缺乏相关的制度设计，导致了经济发展与社会秩序管理之间的失调。在1982年，广东、福建两省在对外开放中频频出现经济犯罪的现象，一浪高过一浪。在这种情况下，有人又开始对对外开放提出怀疑，他们认为之所以出现这些现象主要是由于开放导致的。这样，就势必引起新一轮的在对待特区问题上的非议，在一定程度上造成了思想上的混乱。当时对于设立经济特区这个问题，也没有形成一致的共识。从根本上说，造成这一现象的原因在于思想认识上的差异。

面对社会上对经济特区建设的种种议论，邓小平认为有必要实地考察一下特区的有关情况，他决定到特区去看一看，究竟是否像传言那样。后来他说："办特区是我倡议的，中央定的，是不是成功，我要来看看。"[①] 邓小平在1984年1月24日这天乘专列悄悄抵达了深圳。当时，社会上的思想认识不统一，看法不一致，出现了许多争议，这让当时的广东省委省政府面临很大的社会舆论压力。因此，他们迫切期待听到中央的意见，看看中央究竟是如何看待这个问题的。然而，邓小平在这次视察深圳期间，并没有对该问题立刻进行表态。在听完广东省委长达40分钟的汇报后，邓小平来到深圳的国贸大厦54楼的楼顶上，俯瞰了深圳的发展情况。随后，邓小平一行又来到了有三四十户人家的渔民村，渔民原来以打鱼为生，较为贫困，但在实行对外开放之后都富起来了，不仅生活水平提高了，每家每户都盖起了新房子，而且经济方面实现了跨越式增收。最后，邓小平一行又去视察了一个电子工厂，了解了工厂的生产经营情况。1984年1月26日，在考察完深圳对外开放的相关情况之后，邓小平一行来到了珠海视察。

珠海经济特区的建设起步稍晚于深圳，尽管当时珠海刚刚开始经济特区的建设，但是有了深圳特区的建设经验，珠海特区的建设规模和大致轮廓已较为清晰和明确，各方面的工作都开展得比较顺利。邓小平在

---

[①] 《邓小平年谱》（下），中央文献出版社2004年版，第954页。

看到珠海特区建设处于一个欣欣向荣的大好局面之后,对经济特区建设所取得的成就非常满意。这时,他不再像在深圳视察时那样保持沉默,而是欣然提笔写下"珠海经济特区好"几个大字。这给珠海人民带来了很大的鼓舞,也极大地增强了广东省委实行对外开放的信心和决心。通过在深圳特区和珠海特区这几天的视察,邓小平基本了解了特区建设的相关情况和广东在特区建设方面所取得的相关经验,他认为给经济特区建设下结论的条件已经成熟。他指出:"深圳的发展和经验证明,我们建立经济特区的政策是正确的。"① 邓小平的这一表态,既是对深圳特区实行对外开放所取得的辉煌成就的肯定,更是对建设经济特区实行改革开放的肯定。改革开放这一历史决策不仅改变了特区的社会面貌,而且为建设有中国特色的社会主义找到了一条正确的道路。1984年2月8日,邓小平一行在考察完深圳特区和珠海特区之后又专门来到福建省厦门市,了解厦门特区的相关情况。当时,在深圳、珠海、汕头、厦门这四个特区中,厦门批准成立时间最晚,比深圳和珠海晚了将近一年。因此,厦门特区无论是在建设水平上,还是在建设速度上都比深圳和珠海要落后。邓小平在厦门期间,提出了特区建设加速的号召。

邓小平一行在视察完广东和福建的经济特区之后,于1984年2月11日至16日辗转来到上海,对上海进行考察。邓小平在谈到对特区的感受时说:"现在看,开放政策不是收的问题,而是开放得还不够。"② 结束了这次南方之行,了解了经济特区建设的情况,看到了经济特区建设成就和取得的巨大进步。邓小平指出,我们搞的经济特区建设,还要继续扩大开放力度和开放范围。"特区是个窗口。"③ 这个窗口一方面有助于我们利用外国的资源发展自身,促进自身的经济社会发展;另一方面也有助于对外宣传,提高我国的国际地位和影响力。邓小平认为,特区建设不仅可以吸引外资,而且可以辐射周边很多地区,带动一方经济的发展。为此,邓小平进一步提出了开放沿海港口城市的意见。这样,就逐渐形

---

① 中共中央党史研究室:《中国共产党历史图志》,上海人民出版社2001年版,第712页。
② 《邓小平思想年谱(1975—1997)》,中央文献出版社1998年版,第277页。
③ 《邓小平年谱》(下),中央文献出版社2004年版,第963页。

成了从经济特区到沿海开放城市的对外开放格局，形成了沿海开放带的基本构想。邓小平指出，在原有的基础上，我们还要开放一些沿海港口城市，这些港口城市在叫法上与特区有所不同，可以不叫特区，但可以借鉴特区的某些政策。在将来，还要将海南岛纳入沿海开放的体系中来。[1] 后来开发海南岛也提上了中央的议事日程。这样，一个纵贯南北的沿海开放城市群的雏形开始被描绘。邓小平这次南方之行勾勒了中国沿海开放的基本格局。

为了进一步提高对外开放的水平，巩固和提高改革开放的成果，1984年三四月间中共中央国务院在北京召开了以沿海城市开放为主题的座谈会，会议期间对沿海开放城市问题进行了广泛而深入的讨论，并形成了座谈会纪要。该纪要于5月4日被中共中央和国务院批转。该纪要指出，进一步开放沿海经济地区，扩大开放范围，是我国对内搞活经济、对外开放战略的重大步骤。基于此，会议决定，在原有经济特区的基础上，进一步开放14个沿海港口城市。[2] 经过几年的实践，对外开放取得了巨大的成就，极大地促进了我国经济社会的发展。1988年4月关于成立海南省和海南经济特区的议案也获得通过。这样，一条纵贯南北的沿海开放城市群形成，沿海开放带和沿海开放城市群交相辉映构成了中国改革开放的一幅美丽画卷。邓小平这次南方之行，不仅结束了人们对于建设经济特区的质疑，统一了思想，而且使中国的对外开放由此进入了一个新的发展阶段，对外开放逐渐成为一种共识，从此成为推进社会主义改革中的重要内容。

### （三）经济改革的价格闯关

随着对内改革，对外开放的深入，我国社会不仅进入了一个从全面恢复到快速发展的新时期，同时也进入了社会主义改革矛盾逐渐显露的新时期。这些问题首先在经济领域爆发出来。1984年5月，国务院颁布

---

[1] 《邓小平年谱》（下），中央文献出版社2004年版，第966页。
[2] 这14个沿海开放城市为：天津、上海、大连、秦皇岛、烟台、青岛、连云港、南通、宁波、温州、福州、广州、湛江、北海。

了《关于进一步扩大国营工业企业自主权的暂行规定》。该规定对产品的价格进行了具体说明，指出工业生产资料属于企业自销的和完成国家计划后的超产部分，一般在不高于或低于20%幅度内。属于生活资料和农业生产资料的，要执行国家规定的价格，但企业可用计划自销产品与外单位进行协作。1985年1月取消了不超过国家定价20%的规定，改为按稍低于市场价格定价。从此，市场上的"同种商品"出现了计划内部分实行国家统一定价和计划外部分实行市场调节定价的"双轨制"。这种"双轨制"的出现，迅速引发了价格信号失真、市场导向不明确、产业结构失调等问题。1984年10月，党的第十二届三中全会指出："价格改革是整个经济体制改革成败的关键。"价格改革要不要改？价格怎么改？这些问题刺激着也困扰着决策者和经济学家们，成为摆在人们面前亟待解决的现实问题。

1984年，《经济学周报》《经济日报》等10家单位联合发起一部分中青年理论工作者在杭州莫干山召开会议，价格改革成为最主要议题。会上争论非常激烈。除了田源、周小川等人的以"调"为主的意见外，被称为"放派"的张维迎等人提出，应该一步或分步放开价格控制，实行市场供求价格。这些争论伴随着经济体制改革的进一步发展，从而在中国出现了价格的"双轨制"。最后，由徐景安执笔将会议成果写成报告《价格改革的两种思路》，并呈送到了中央领导的手中。1984年9月20日，主管计委和体改委的国务委员张劲夫批示："中青年经济工作者讨论会上提出的'价格改革的两种思路'，极有参考价值。"[①] 一种物资两种价格，原有的计划分配逐渐被市场机制所替代，这种具体的价格改革做法是我国经历了长时间的计划经济之后转向市场经济的必然结果，也是价格改革过程中不可避免的特有现象。"双轨制"的价格改革机制成为我国价格改革的主导思想和主要做法。之所以在价格改革的过程中实行"双轨制"的做法，最初主要是为了将价格改革这个事关经济社会发展的复杂巨系统转化为一个个较小的可以操作的子系统，从而降低改革风险，

---

[①] 参见刘国新《从莫干山会议对价格改革决策的影响看改革开放中的智力支持》，《北京党史》2015年第2期。

逐步推进价格改革。通过实行价格的"双轨制"改革，改变了计划时代相对僵硬的价格制度和管理体系，逐步建立起了符合市场经济发展要求的价格定价机制，推动了旧有的计划体制和物资体制的改革。这一改革不仅在体制上突破了计划经济制度的牢笼，而且是价格改革领域的一场思想革命，为建立现代市场经济奠定了制度基础。

但是，"双轨制"价格改革一出台，就遭到了国内的一些知名经济学家的批评，如吴敬琏等。他们认为，双轨制其实质就在于实行双重标准，等于在同一条道路上实行双重通行规则，既可以靠右行驶，同时又可以靠左行驶，这种做法最终必然导致撞车，发生通行混乱的状况，同种商品双重价格的并存必然出现从计划内低价购进物资，在市场高价卖出的倒买倒卖行为，进而出现权力寻租和经济腐败的蔓延。在1984年之后的几年，社会主义经济改革中的其他深层矛盾也逐渐暴露出来。一是社会总供给和社会总需求不平衡的矛盾更加突出，社会总供给远远不能满足社会总需求，形成了投资需求和消费需求双膨胀的局面，由此导致更加严重的通货膨胀。1984年以后，我国经济发展一直处在过热状态，投资规模逐年扩大，消费基金过度增长，连续四年社会总需求超过社会总供给。为了满足不断膨胀的投资需求和消费需求，货币连年超量发行，造成严重的通货膨胀。1987年在没有大的改革措施出台的前提下，全国商品零售物价总水平仍比上年平均上升7.3%，该年成为改革开放以来第二个物价上涨高峰年。二是国民经济结构性矛盾凸现，农业成为薄弱环节。1984年我国农业的增长速度还高于工业，到了1986年、1987年，农业增长速度大幅度下跌，加之同一时期人口自然增长率回升，人均粮食占有量下降，我国再次由粮食净出口国转为粮食净进口国。三是经济秩序呈现较为突出的紊乱现象，国家管理调控能力下降。20世纪80年代中期以后，我国国民经济运行出现某种程度的失控，特别是在流通领域，突出表现为各种公司尤其是官商不分的"官倒"公司，利用当时的价格双轨制倒卖重要生产资料，牟取暴利，严重扰乱了经济秩序，更引起了人民群众的强烈不满，这些新的问题也成为诱发社会不稳定的重要因素。

由于对经济体制改革风险估计的不足，以及社会主义经济制度的不完善等多种因素的叠加效应，价格开放过程中引发了市场的抢购热潮，成为改革开放以来近10年间最大的一次市场波动，也在一定程度上引起了社会恐慌。1988年1月1日，在政协新年迎新茶话会上，代总理李鹏提出了要深化对经济体制领域的改革，稳定物价，避免市场混乱。在随后的几个月中，针对价格改革的措施和方案如雨后春笋般不断涌现，由于当时人们对价格改革的认识不足，价格改革随即演变为抢购潮，迅速在全国蔓延开来。随着这种抢购潮的膨胀，市场中的通货膨胀愈演愈烈。据国家统计局数据显示，截至1988年7月，市场物价上涨趋近20%，涨幅十分惊人，创下了历史新高，打破了1978年以来物价变动的最高纪录，远远超出了预期水平。在这种情况下，为了实现稳定物价，避免市场动乱，施行的物价改革被紧急叫停。随之进行了经济领域，尤其是价格领域的治理和整顿。政府通过经济手段对物价进行调控，在1988年后三个月开始酌情削减基本建设投资，大幅提高银行存款利率，加快回笼市场流动资金。这些措施恰到好处，使物价快速上涨的势头得到了有效遏制，逐渐趋向合理水平。以城镇职工生活费用价格为例，1990年比1989年下降了近5.3倍。但是与此同时，GDP也从11.3%降到了4%左右。对此，邓小平指出："理顺物价，改革才能加快步伐……物价改革非搞不可，要迎着风险、迎着困难上。"[①] 物价改革既是经济体制改革的必然要求，也是维护广大人民的根本利益、实现社会稳定的必然举措，在整个改革过程中占据着十分重要的地位。

面对当时社会总供给和社会总需求的严重不平衡、社会经济中的混乱局面和较高的通货膨胀率，为了维持社会经济的平稳发展，降低经济发展过程中的风险系数。8月30日，国务院专门为此召开了常务会议，研究了当前经济发展面临的现实困难和挑战，发出了稳定物价的紧急通知，采取一切可能的补救措施，安定市场，维持了物价的基本稳定，避免了市场恐慌情绪蔓延。9月，在召开的党的十三届三中全会上，再次提出了深化价格领域的改革问题，会议发出了整顿和治理经济环境和经济秩序的号召，并将其作为今后两年（1989年、1990年）改革的重点方向

---

① 《邓小平文选》第3卷，人民出版社1993年版，第262页。

和重点领域。虽然在这次经济整顿中受到了国内政治风波的干扰，在一定程度上削弱了这次整顿的效果，延缓了经济发展速度。但是，整顿工作的总体形势仍在向前推进。到1990年，我国的经济形势发生了较大的变化，对经济进行治理整顿的成效显著，通货膨胀得到有效控制。

## 二　社会主义改革的历史考验

20世纪80年代末90年代初，世界社会主义运动正在经历着一场巨变。几乎就在一夜之间，苏联解体、东欧巨变，强大的社会主义阵营逐步瓦解。面对这种突如其来的巨变，人们惊诧之余开始不得不思考社会主义的命运，思考今后的世界到底走向何处去，思考中国应该怎么办。面对这些人类社会的历史难题，各种各样的人物，五花八门的学说开始粉墨登场。西方敌对势力的"共产主义大溃败"言论甚嚣尘上，颜色革命变本加厉。部分资产阶级自由化人士甚至宣称放弃四项基本原则，步入"西化"阵营。社会思想再次陷入混乱状态，部分党员干部和群众对此认识不清、理解不透，一度还产生了对改革开放的模糊认识，出现了姓"资"姓"社"的论战。面对内外交困的复杂局势，邓小平经过反复思考，决定再次南巡，力排众议，再次凝聚改革共识，拨正船头，把社会主义改革推向新的阶段。

### （一）改革与稳定的时代交锋

社会主义改革在经济领域中暴露出的问题直接影响到了社会生活的其他领域。当价格"双轨制"下国家规定的农产品价格赶不上通货膨胀时，已经处于萧条阶段的农业就面临更多的问题。农民越来越不愿上交规定的农产品，政府也越来越无法为收购的产品支付现金。1988年农业收获时节，政府实际上已开始"打白条"，这种支付手段遭到强烈拒绝，双方发生了暴力冲突。在城市，人民不得不购买生活必需品，而通货膨胀使城市百姓遭受严重经济损失。与此同时，随着改革开放的深入，西方新自由主义思潮逐渐渗透人们的生活领域。西方资本主义反共势力并没有放弃使红色政权西化的图谋，通过没有硝烟的意识形态战场进行思想渗透，以无所不用其极的手段和方式阻碍社会主义建设，竭力扶植各种反共、反社会主义和破坏国家统一、安定团结的势力，试图把社会主义扼杀在他们为其设定的陷阱中。在20世纪80年代末，国际社会主义运动逐渐走向衰败，尤其是东欧社会主义出现动荡，国家建设陷入困境，逐步丧失了政权。在这种背景之下，西方敌对势力抓住这一千载难逢的历史机遇对社会主义国家大肆进行和平演变，使得东欧社会主义在80年代末90年代初退出了历史舞台。他们也以同样的甚至更为凶猛的方式对中国施加影响，鼓吹资产阶级自由化思想，导致国内部分人蠢蠢欲动。加之当时我国正处于社会改革初期，党内少数同志和部分人民群众在推进改革的过程中，主要专注于经济建设，在一定程度上放松了警惕，对四项基本原则的坚持缺乏一贯性，少数领导干部腐败问题突出，严重损害了党在人民群众中的良好形象，也一定程度上吞噬了人们对于社会主义的信心，曾经在我国一度收敛的资产阶级自由化思想再度泛滥。

"六四风波"后，中央开始重新开始经济领域的治理和整顿工作。整体来看，党中央大致采取了"两步走"的治理整顿策略。第一步是调整结构，找准侧重点；第二步是治理整顿，提高效益。根据党中央的决策部署，从1990年底开始，国务院出台了系列措施，旨在搞活国有大中型企业和提高企业的经济效益。在此期间，上海浦东新区的开发也提上日程。1990年4月，上海浦东新区正式成立，在各方面的共同努力下，迅速成长为重要的国际金融中心。据统计数据显示，上海的GDP实现了五年内翻一番的目标，创造了"再造一个上海"的奇迹，这成为20世纪90年代我国对外开放的标杆，再次证明了实行改革开放是正确的决策，也激发了我国经济社会的蓬勃发展。

在这一时期内，通过系列改革，理顺了经济发展中的基本关系，促使我国经济社会建设取得了巨大的成就。经过三年多的调整和改革，截至1991年底，我国的经济实现了平稳较快增长，过去几年存在的"双通胀"的局面有所缓解，通货膨胀得到了有效抑制，流通秩序趋于合理，社会经济发展基本面向好。农业实现了连续两年大丰收，奠定了国民经济发展的牢固基础，彻底扭转了前几年徘徊不前的被动局面。从1990年下半年开始，工业生产也逐渐恢复到了正常的增长速度，工业企业的效益得到提高，对外贸易规模逐步扩大水平逐渐提高，1991年基本实现了外贸顺差。在经济领域实行的治理和整顿工作取得了显著成效，同时也宣告了治理和整顿的任务基本结束。国内局势逐渐恢复稳定，我国又重新走上了社会主义改革的正确道路，人们对社会改革的需求更加迫切。

### （二）姓"资"姓"社"的论战

就在国内发生"政治风波"的前后，传统的社会主义国家纷纷改旗易帜，走向资本主义。象征着冷战对立的柏林墙倒塌，东德和西德合二为一，实现了统一。自此，东德社会主义宣告失败，走向了发展资本主义的道路。波兰、罗马尼亚等东欧国家瓦解。随后，社会主义阵营"牛首"，当时最强大的社会主义国家苏联宣告解体，苏联共产党宣布解散。人们在反思这种巨变的原因时，一部分人开始认为，苏东剧变的原因在于"改革"。进而，他们认为，社会主义如果不改革就会出现问题，如果改革只会滑向资本主义。因此，不仅社会主义行不通，我国的社会主义改革也必然会滑向资本主义。反思的焦点最终落脚于各个社会主义国家的"改革"。他们认为，当前社会主义社会发生蜕变的关键在于经济领域的和平演变，在经济领域实行的市场改革是资本主义社会的表现，对社会主义的危害是致命性的。为此，我们每一项改革都需要问一问姓"资"姓"社"的问题。这一时期，经济特区被认为是最容易变为资本主义的地方，是资本主义和平演变的温床，为适应经济发展规律实行的股份制试点被认为是私有化的标志，为解决我国改革发展初期资金短缺的现状而引进的外资被无端指责为甘愿作外国资产阶级的附庸。关于改革姓"资"姓"社"的争论甚嚣尘上。

与此同时，这一时期的中国，经济发展也受到了影响。"政治风波"的阴影和"共产主义的大溃败"等错误言论严重影响了人们对于社会主义命运和改革的基本认识。因此，有人说："听说改革开放要收一收，该抓抓阶级斗争了。"有人说："知识分子的尾巴又翘起来了，还是毛主席说得对，得让他们夹起尾巴做人。"有人建议恢复"五七"干校，有人说知识分子还应当继续到农村去接受贫下中农的再教育。有人说："乡镇企业是不正之风的风源，经营机制是资本主义的。有人对于特区还要不要办下去产生了疑问。有人说:"中央要取消个体户了。"这些是老百姓的议论。或是不了解全面情况听信传言,或是认识模糊,这都不难办。各种媒介发表一些有针对性的言论和报道,做做思想工作,再加上形势发展证明不是这么回事,就可以大体解决。但是,某些"左"的政治家和理论家的"左"的声音就不这么简单。他们的言论出于自觉,有备而来,远比那些街头巷尾的议论内容要"深刻"得多,影响也更加深远。他们当中一些人的认识,有的是根深蒂固的带有某种偏向,决不是做做思想工作就能解决的。

面对这种混乱的社会思想状况,为了扭转这些错误的认识,统一思想,形成改革的共识。1990年2月22日,《人民日报》发表了长文《关于反对资产阶级自由化》。该文旗帜鲜明地提出要反对资产阶级自由化,应该说这有其积极的意义。但是,文章在追溯资产阶级自由化的根源时,简单地认为中产阶级、私营企业和个体户就是资产阶级自由化的经济根源。尽管该文主题鲜明,然而从根本上来看,认识上还有缺陷。在这篇文章中,还对改革者提出了到底是什么样的改革这个带有根本性的质问:是"推行资本主义化的改革,还是推行社会主义改革?"这篇文章提出的问题成为20世纪90年代较早体现姓"社"还是姓"资"两种不同思想倾向的文章。在当时,这一问题是困扰人们思想的症结所在。我们到底应当怎么看改革开放的问题,是姓"社"还是姓"资"?该文反映出了当时人们思想的混乱状况。这篇文章还反映了对待社会主义改革的两种不同态度和部分人对社会主义改革的疑惑:是继续走中国特色社会主义道路,还是重提阶级斗争,以反和平演变为中心,走回头路?对这一问题的不同看法和不同回答关系到如何认识和看待改革开放这一根本性的问题。

当时,"问一问姓资姓社"的问题不仅是困扰人们思想的难题,而且是必须给予回答的问题。除了街头巷尾的议论之外,该问题还在各类媒介上掀起了大规模的讨论。在1989年下半年到1991年这段时间内,国内的媒体铺天盖地发表"问一问姓社姓资"的文章,讨论十分激烈。有部分人甚至重新拾回阶级斗争的那套做法,用阶级斗争的观念来对待私营经济。通过这一讨论,不仅没有在思想上形成一致的认识，而还在一定程度上造成了思想的混乱。在国内外媒体的大肆宣扬下，一股令人惶恐不安的社会气氛笼罩在人们心头。引进市场经济因素发展之后的社会到底还是不是社会主义？社会主义改革究竟要不要借鉴资本主义市场经济的做法？这些问题成为人们议论的焦点。在这种背景下，改革开放不大有人提了。当时阶级斗争思想还没有根本上从人们的思想中祛除，谁要是坚持提改革开放，就有"资产阶级自由化"之嫌。因此，很少有人敢冒这个险，导致了整个社会气氛略显沉闷、没有生气。在此期间，《解放日报》所刊发的"皇甫平"《做改革开放的"带头羊"》《改革开放要有新思路》《扩大开放的意识要更强些》《改革开放需要大批德才兼备的干部》四篇内容相互呼应的文章，得到了广泛的关注和讨论。这四篇文章都围绕着改革这个议题展开，集中讨论了扩大开放的问题，反复阐明了邓小平关于改革开放的最新思想及其论述，这一系列的讨论引导了改革的舆论和如何看待开放的问题。

与此同时，国内另外一些媒体则对皇甫平的文章发起了责难和批判。1991年4月，《当代思潮》发表文章对此进行质问："改革开放可以不问姓'社'姓'资'吗？"文章指出，过去一段时间，一部分人推行改革不问姓"社"姓"资"，在经济上搞"市场经济"，在政治上搞"多党制"，在意识形态问题上搞"多元化"，结果是把社会主义引向了资本主义的邪路。文章认为，如果我们在社会主义改革中不问姓"社"姓"资"，就会犯根本性的错误。一时间，围绕姓资姓社的争论不绝于耳。面对来自各方面的种种质疑和诘难，面对极其复杂又混乱不堪的社会思想状况，能不能坚持既定的改革开放路线，能不能在推进社会经济的发展，同时又使社会主义不变质继续坚持走社会主义道路等这样一些问题成为当时摆在党面前亟待解决的现实难题，这也成为党在进入20世纪90年代后必须解决的重大问题。

"姓资姓社"的问题本身是一个发展的问题，但部分党员干部和很多专家学者将其上升为政治问题。导致这些问题的根本原因在于没有抓住问题的关键和本质，是本本主义的体现。1990年12月24日，邓小平在同中央几位负责同志的谈话中指出，计划和市场不是区分资本主义和社会主义的根本标志。① 发展是第一要务，没有发展，就没有社会主义，更不可能有社会主义现代化。我们要善于把握时机促成发展，解决发展的问题。然而在发展过程中还存在着很多风险，不冒一点风险是不可能的，也是不现实的。改革越是向前推进，我们面临的风险越是增大，同时我们抵御风险的能力也就越强。所以，不要畏首畏尾，不要被风险吓倒。江泽民在12月5日召开的十三届七中全会开幕式的讲话中，传达了邓小平的谈话精神，指出为了助力国有大中型企业的发展，要大胆地利用外资，即便是存在着一定的风险，也是值得干的。改革是促进社会主义制度的自我完善和发展，促进社会生产力水平的提高和社会的全面进步。

在这紧要的历史关头，邓小平1991年初到上海过春节并发表了系列讲话，对社会中存在的争论问题进行表态说明。他这次到上海过春节与以往不同，到处参观企业和工厂，视察改革后经济社会发展情况。在新锦江饭店听取有关浦东开发的汇报时指出，社会上对改革开放存在不同的声音，是很正常的，从根本上来说他们还是出于好意，但同时我们也要摒除一种错误的观念，"不要以为，一说计划经济就是社会主义，一说市场经济就是资本主义，不是那么回事，两者都是手段，市场也可以为社会主义服务"②。他还强调，中国已经到了改革开放的关键阶段，现在不是讨论开放不开放的时候，而是必须开放，不得不开放。虽然在改革开放过程中，还有很多不利因素阻碍和影响着我们，但是不能因此就失去了改革的信心和决心。③ 邓小平希望上海能够走在改革开放的前头，胆子要大，步子要快，为全国其他地方作出表率。改革要有勇气，不要怕担风险，无论什么事情都要有人敢于踏出第一步，敢于尝试。④ 江泽民在党成立70周年的讲话中着重论述了邓小平提出的不要把计划和市场作为区分社会主义与资本主义的根本标志的思想。虽然中央对关于姓"资"还是姓"社"的问题进行了阐述，在一定程度上缓解了社会上存在的争论，也代表着中国在未来社会主义改革发展中的大致方向和对待该问题

---

① 《邓小平文选》第3卷，人民出版社1993年版，第364页。
② 同上。
③ 同上书，第365页。
④ 同上书，第367页。

的态度。但是，这不仅没有彻底平息关于姓资姓社的争论，而且关于姓资姓社的争论仍在悄悄蔓延。

**（三）南方谈话促成新共识**

在"姓资""姓社"问题争论不休的背景下，促成了邓小平的再次南巡。1992年1月18日至2月21日，邓小平先后视察武昌、深圳、珠海、上海等地，他敏感地意识到，如果不从根本上理清姓资姓社的问题，不对该问题作出清楚的说明，就会对改革开放造成毁灭性打击，最终可能葬送我们的事业。邓小平的担忧并不是毫无道理的，是基于我国当时面临的种种问题作出的正确判断，体现了一个优秀政治家的敏锐深思、远见卓识和高度的责任意识。针对社会主义改革中的这些认识问题，邓小平在南巡途中发表了一系列讲话，史称"南方谈话"。这些讲话在总结国内外社会主义建设经验的基础上，廓清了人们对社会主义改革的模糊认识，为社会主义改革和社会主义的建设发展指明了方向。从历史发展来看，邓小平的"南巡谈话"不仅对中国20世纪90年代的经济改革与社会进步起到了指导作用和关键的推动作用，而且对世界人民对于社会主义与资本主义的认识产生了深远的影响。这一年也被称为中国市场经济元年。我们从如下视角来对邓小平"南方谈话"的历史意义进行总结和论述。

第一，南方谈话回应并结束了姓资姓社的争论。针对1991年思想交锋中暴露出来的问题，邓小平指出，中国深受"左"的和右的思想的双重影响，但从总体上来看，影响程度最根深蒂固的是"左"，对这两种思潮都要有所警惕。[①] 邓小平同志尖锐地指出，不解决思想上的障碍，就会影响改革开放的进程，害怕最终走上资本主义道路，这个问题的本质还是姓资姓社的问题。在这里，邓小平点出了问题的关键症结所在，抓住了争论的本质，体现出了一个马克思主义政治家的优秀品质。邓小平强调，由于观念不同、立场不同，对改革开放持有不同看法是很正常的现象。经济特区只是其中一个方面的问题，更大的问题是要废除人民公社

---

① 《邓小平文选》第3卷，人民出版社1993年版，第375页。

制度，在人口占绝大多数的农村实行改革。① 从全国范围内看，搞改革开放最初只有 1/3 的省份积极行动起来，其他 2/3 的省份都处于观望状态，直到接下来两年里其他省份才差不多跟上来。邓小平指出，中央的政策就是允许观望，自愿积极主动地参与到改革开放的进程中要比强制参与更好且更有效。他强调，党在十一届三中全会以来制定的路线、方针和政策，就是以一种非强迫的方式进行的，不搞运动式的那一套，只干不争论，最终大家都自觉跟上来了。不争论是为了赢得更多干的时间，无论是农村的改革，还是城市的改革都是这样，一旦去争论，事情就变得复杂起来，很多时间都浪费在争论过程中，结果便是什么都干不成、什么也干不了。邓小平强调，改革过程中看准了的事情，就大胆地去试去闯。邓小平通过对改革开放的论述，对姓资姓社问题的分析，结束了思想领域的纷争和混乱状态。

第二，南方谈话阐述了社会主义改革中的一系列基本理论问题。一是提出了"三个有利于"②的判断标准，实现了从抽象的无休止的争论到现实的具体操作的转换。二是论述了社会主义的本质。邓小平指出，判断一个社会的性质应该从所有制上入手，而不应停留在经济手段方面。从根本上来说，计划和市场仅仅是两种不同模式的经济手段，它们并不能成为衡量社会性质的标准。无论是在社会主义社会中，还是在资本主义社会中，都会经常使用这两种不同的经济手段。计划经济和市场经济都不是万能的，它们都有自身的缺陷，二者之间相互补充、相互作用。如果将计划和市场两种经济手段分别看作不同性质的社会的专利是不恰当的，也是不科学的。社会主义和资本主义的最大区别在于，社会主义始终将人民的利益放在第一位，而资本主义社会则强调生产资料私有制。邓小平认为，资本主义社会中现存的生产要素和生产方式，到底适不适合社会主义，究竟好不好，要仔细看，要大胆试，适合的和正确的就大胆地干，不适合的或试错了的就立即改正。社会主义也可以有市场，不

---

① 《邓小平文选》第 3 卷，人民出版社 1993 年版，第 374 页。
② "三个有利于"：即是否有利于发展社会主义社会的生产力、是否有利于增强社会主义国家的综合国力、是否有利于提高人民的生活水平。

要认为市场只属于资本主义。三是阐明了社会主义改革的性质。改革从实质上而言就是要破除不适应社会发展不满足社会进步需求的落后的体制机制和观念，为解放和发展生产力扫清制度障碍和思想障碍。社会主义的改革同样如此。我国在新时期的改革，没有现成的历史经验可供借鉴，只有在具体社会实践中摸索。社会主义根本制度确立以后，还需要对社会主义具体制度进行改革。从而更好地适应经济社会的发展，这本身就是社会主义制度自我完善的一个过程。

第三，南方谈话坚定了社会主义改革的信心。马克思通过对以往哲学家的批判及积极投身于现实的社会实践，得出了唯物史观这一具有划时代意义的揭示人类社会发展规律的科学结论。人类社会是从低级到高级不断演变的，每一个历史阶段的社会形态都与当时的生产力和生产关系密不可分。资本主义社会中存在的不可根除的固有矛盾决定了它最终将被社会主义所取代。但是，这个过程是十分曲折的，充满着各种形式的斗争。邓小平指出，资本主义在取代封建主义的过程中，发生了多次王朝复辟，这是难以避免的历史现象。不能因为一时的挫折，就否定整个历史的进程和社会的进步，社会主义也是如此。虽然国际共产主义运动遭遇到了挫折，这并不意味着社会主义就此没落了，在这个过程中，我们可以学习到很多的经验和教训，可以更好地推进我国的改革进程。马克思主义的真理性和科学性并没有消失，仍然有用并且还将继续发挥作用。[①] 马克思主义科学性是经过历史实践检验和证明过的真理。无产阶级终将推翻资产阶级的剥削和压迫成为自身命运的主宰者。我们对此要有清醒的认识。现在一些社会主义国家出现了问题，社会主义就会因此而被资本主义代替吗？就会改变历史规律吗？邓小平认为，我们要辩证地来看待这个问题。现在社会主义经历的曲折使人们经受住了锻炼，磨炼了意志，我们可以从国际共产主义运动的挫折中吸取教训，剖析失败的原因。邓小平指出，当前我国还处于社会主义初级阶段，我们搞社会主义的时间还不长，才几十年，而别人搞资本主义已经几百年了，我们要清醒地看到这种差距。社会主义建设和发展是一个长期的过程，不断

---

[①]《邓小平文选》第3卷，人民出版社1993年版，第382—383页。

推进社会主义的进步和完善，需要多代人的共同努力，必须抓紧抓牢社会主义建设的关键期。

第四，南方谈话为中国特色社会主义建设指明了方向。邓小平认为，改革开放是社会主义的根本出路。社会要发展进步，人民要幸福安康，都离不开改革开放。尤其是对于我国这样一个基础薄弱、人口众多的国家来说，更应坚持走改革开放之路。改革开放要敢于试验，步子要大一些，胆子要壮一些，不要纠结于姓"资"还是姓"社"的问题，只要是符合"三个有利于"的都要大胆地用，社会主义建设要充分借鉴和吸收人类文明的优秀成果。邓小平指出："社会主义要赢得与资本主义相比较的优势，就必须大胆吸收和借鉴人类社会创造的一切文明成果。"[1] 而不仅仅是学习某一方面。同时，在社会主义建设的过程中，我们始终要坚持两手抓，一手抓物质文明，一手抓精神文明；一手抓改革开放，一手抓四项基本原则。我们要警惕"右"，但更要防止"左"。长期以来，我们并不缺乏"左"的思潮。当前，我们的主要工作还是要抓住时机，搞好经济建设，发展自己。能不能办好中国的事情，关键要在全党全社会形成共识，说到底，关键在人。要坚决跟腐败作斗争，把廉政建设当作大事来抓。

南方谈话对当时的国际国内形势进行了系统总结和归纳，厘清了人们思想上的误区和错误的认知，科学地分析了党的十一届三中全会以来，我们党带领全国人民进行改革开放，推进社会主义现代化建设所取得的基本经验和教训，阐明了改革开放的重大意义，阐述了我国建立社会主义市场经济理论的基本原则。从历史发展来看，邓小平的这次南方谈话是我们党秉持解放思想、实事求是的一贯作风，是党向世人发出的坚定不移地推进改革开放和实现国家富强的宣言书。对于结束国内的姓资姓社的争论，打消部分人对社会主义改革的顾虑，对凝聚改革共识，坚定不移推动社会主义改革起到了极其重要的作用。在邓小平南方谈话后不久，党中央迅速行动，在全党学习南方谈话的主要内容，将南方谈话的基本精神传达到全党全社会，国务院也相继推出系列措施深化改革。以

---

[1] 《邓小平文选》第 3 卷，人民出版社 1993 年版，第 373 页。

邓小平南方谈话精神为指导，全党进一步确立了继续深入推进改革开放的共识。

## 三　在改革中形成中国特色社会主义

　　从党的十二大到党的十四大召开，虽然针对社会主义改革的各种声音不绝于耳、各种争论层出不穷，但是，在进行社会主义改革的探索中，我们仍然取得了举世瞩目的伟大成就，有效地回应了各种反对的声音。1992年10月在党的十四大报告中，江泽民对1978年以来的改革历程进行了回顾，总结了成功的经验，剖析了失败的教训，再次从思想上统一了全党对社会主义改革的根本性共识。大会明确了社会主义市场经济体制改革的基本目标，指出市场经济是我国经济体制改革的必然之选，明确了中国特色社会主义理论的指导地位。大会还指出邓小平理论是马克思主义基本理论在中国的新发展和新体现。

### （一）统一了对社会主义改革的根本认识

　　自党的十一届三中全会以来，针对社会主义改革的若干争论就不绝于耳，在这些争论中，有正确的认识，也有错误的认识。正是因为这些争论使我们对社会主义改革的认识更加清楚、更加明确。也只有认识明确了，才可能放开手脚开展社会主义改革开放事业。中国共产党第十四次全国代表大会的召开，从思想上彻底肃清了对社会主义改革的一些错误认识和歪曲理解，统一了全党对社会主义改革的根本认识。这次大会的主要任务是：一、总结过去，全面总结1978年至1992年这14年，我国社会主义改革的伟大实践和基本经验。二、既往开来，会议从战略上对我国今后一个时期的发展作出了部署，为我国社会改革发展指明了方向。三、思想共识，达成了深入推进社会主义改革的共识，并进行广泛动员，凝聚了社会各方面的积极因素参与改革建设事业，统一了全党全社会的思想，有利于形成改革共识凝聚改革力量，具有极其重大的现实意义和历史意义。

　　党的十四大报告指出："十四年来，我们从事的事业，就是坚持党的基本路线，通过改革开放，解放和发展生产力，建设有中国特色的社会主义。"① 社会主义改革是一场新的革命，改革的目标是要破除落后的体制建立新的充满活力的制度，促进我国的社会主义建设。毛泽东同志领导党和人民推翻了压在广大人民头上的"三座大山"取得了民族独立和人民解放，实现了近代以来无数仁人志士为之奋斗的梦想，建立了人民当家作主的社会主义新中国，形成了以毛泽东同志为核心的我们党的第一代领导集体。以邓小平同志为核心的第二代中央领导集体经过不断的探索与总结，实现了我国社会发展的转型，开启了社会主义建设时代的又一次具有重要历史意义的革命，带领全国人民艰苦创业改革开放，奋力改变中国面貌，为促进国家富强和民族振兴呕心沥血。这是一场建立在过去的革命和建设基础之上的新的革命，是社会主义的自我调适和自我完善的举措。这次革命也是在我们党的领导下有秩序有步骤地进行的。它是在坚持社会主义根本制度不动摇的基础之上对社会主义具体制度的再完善过程，既保持社会主义根本制度不变色，同时又使社会主义具体制度能够适应社会变化发展的需求。这次改革的重点主要体现在经济领域，对经济领域中的一些根本性的问题进行了彻底的改变，扫清了经济发展中的限制性因素，而不是对原有经济体制细枝末节的修补。这次会议的胜利召开，从历史的高度充分肯定了社会主义改革正确性，在思想认识上统一了全党对社会主义改革的根本共识。

  搞好第二次革命，必须坚持党的基本路线不动摇。十四大报告指出，坚持党的基本路线和理论不动摇是改革开放以来取得实践成功的基本经验。党的基本路线是党在一定历史时期指导全局的总路线、总方针、总政策的集中概括，是党的指导思想和基本理论的集中体现。新中国成立不久，我们党把马克思列宁主义关于过渡时期的理论同中国实际相结合，提出了我国过渡时期的总路线，这个总路线被称为"一化三改"②。"一化三改"促进了中国由新民主主义向社会主义的过渡。1956年，党的八

---

① 《十四大以来重要文献选编》（上），人民出版社1996年版，第14页。
② "一化三改"：要在一个相当长的时期内，逐步实现国家的社会主义工业化，并逐步实现国家对农业、手工业和资本主义工商业的社会主义改造。

大科学分析了"三大改造"完成之后我国所面临的国内形势，指出当时的根本任务是全面建设社会主义。但是由于我们对社会主义建设的理论思想和实践经验准备不足，党的八大提出的认识、路线和许多正确意见没有得到坚持和发展，许多计划中的政策没有得到具体落实，从而使我国的社会主义建设事业遭受到了严重挫折。尽管在社会主义的建设过程中我们也取得了许多成就，但是由于忽视了客观规律，夸大了主观意志的作用，在全国范围内搞了"大跃进""人民公社化"运动，社会遭到严重挫折。后来，在"左"的思想指导下，错误地坚持"以阶级斗争为纲"，直至发生了"文化大革命"那样全局性、长时间的严重错误。我们必须牢记这些历史教训。

党的十一届三中全会毅然抛弃"以阶级斗争为纲"这个不适应我国社会实际的工作方针，针对拨乱反正过程中出现的错误思潮，旗帜鲜明地强调必须以"四项基本原则"① 为指导。十一届三中全会明确指出，历史和现实证明以阶级斗争为纲的做法是不适应社会主义建设的，必须实现党和国家工作重心的转移。党的十三大深刻剖析了国内外形势，揭示了我国社会主义初级阶段的主要任务和基本路线，得出了我国将在一个相当长的时期内处于社会主义初级阶段的科学结论。在党的十三大上制定的基本路线可以简要地概括为"一个中心，两个基本点"。十三大确立的基本路线充分反映了党根据自身所处的历史阶段和社会主义建设所面临的主要任务这一现实制定社会主义发展策略，是基于我国国情的具有深远影响的决策，是中国共产党运用马克思主义基本原理处理发展问题的生动写照。以经济建设为中心，成为全党和全国人民的共识。"一个中心，两个基本点"的思想路线为我国社会主义改革指明了方向，也为社会主义建设奠定了基础。

基本路线是我们党事业的生命线，我们必须沿着这条道路前进，才能永远保持党的生机与活力。党的基本路线经历了历史和现实的检验，是科学的路线，也是合理的路线。坚持基本路线才能保障大多数人的根

---

① "四项基本原则"：必须坚持社会主义道路；必须坚持即人民民主专政；必须坚持中国共产党的领导；必须坚持马列主义、毛泽东思想。

本利益，是亿万人民在实践中得出的最为宝贵的经验，是我们党坚持以人民群众为中心的具体体现。党的基本路线是一个内容全面、结构完整的体系。经济建设的中心地位，四项基本原则的指导地位，改革开放的决定性地位是我国社会改革的三个基本问题。"这三个基本问题相互依存、缺一不可。"[①] 经济建设是主体、是中心，发展生产力是最重要的任务。以经济建设为中心，意味着国家工作的重心是经济建设，其他任何因素都不能代替它，否则它就不是中心。同时，中心只能有一个，如果有两个和多个就不能称为中心。另外"一个中心"也离不开"两个基本点"，经济建设必须要依赖于"两个基本点"。"两个基本点"，不能变成"一个基本点"，一个是立国之本，一个是强国之路，"两个基本点"不能取代"一个中心"。"两个基本点"之间也是相互依存和相互促进的，如果只讲"一个基本点"，社会主义现代化建设的目标就不能实现。"两个基本点"共同服务于"一个中心"。

在党的第十三次全国代表大会上阐述的社会主义初级阶段基本理论对我国社会主义现代化建设事业进行了科学预测。大会认为，从社会主义改造完成到基本建成社会主义现代化这段时间为我国社会主义初级阶段，这个过程至少需要上百年的时间才能完成。邓小平认为，在社会主义初级阶段，我们必须坚持以经济建设为中心这个根本任务不能动摇。也就是说，在这上百年甚至更久的时间里，我们党的工作重心都是经济建设。这期间，"一个中心，两个基本点"是我们党领导全国人民进行社会主义现代化建设的指导方针。从十一届三中全会到十四大这14年间，我们党始终坚持改革开放的基本国策，始终坚持党的基本路线不动摇，基本实现了我国现代化"三步走"战略中的第一步，亦即基本实现了第一步发展目标。要实现第二步发展目标和第三步发展目标还得至少继续坚持基本路线一百年不动摇。在今后的社会主义建设中，无论国际局势如何风云突变，我们都要尽一切可能坚持基本路线不动摇。

为了更好地坚持党的基本路线，给社会主义现代化建设营造良好的

---

① 《中华人民共和国国史全鉴（1989—1995）》第 6 卷，团结出版社 1996 年版，第 6815 页。

环境，党的十四大报告还重申了邓小平同志"要警惕'右'，但主要是防止'左'"的重要论断。报告中针对部分党员干部和人民群众中仍然存在的"左"和"右"的思想作了深刻的分析和阐明。报告中指出：一是"左"和"右"都会危害社会主义建设，并最终葬送社会主义事业。二是就我国当前社会主义建设实际而言，主要是防止"左"的思想阻碍社会主义改革，阻碍社会主义建设的步伐。三是要警惕乱扣帽子引发的严重后果。在社会主义建设中，"左"的主要表现是认为经济改革会损害社会主义性质，甚至需要重新用"阶级斗争来"矫正社会主义改革开放，进而否定社会主义改革开放及其成就。而"右"的主要表现是主张搞资本主义自由化，制造思想混乱，进而否定四项基本原则。不能将针对某一问题的不同看法以及工作中解决现实问题的不同意见政治化，这种观念和态度不可取。在我们党的历史上，"左"和"右"都曾出现，都曾对我们的事业带来过严重的损害。改革阻力主要源于"左"，但是也要防止"右"，这两种思想的影响和危害都是极大的，都可能对改革造成致命的伤害。

**（二）明确了社会主义经济体制改革的目标**

在党的十四大报告中，江泽民对我国经济体制改革的重要性进行了阐述，他指出，经济体制改革带有根本性和全局性的作用，根本在于要确立什么样的发展模式、实现什么样的发展目标，其核心在于我们如何看待和认识计划与市场、如何处理计划与市场之间的种种关系。基于此，在十四大报告中明确阐述了经济体制改革的目标和科学内涵，统一了人们的思想认识，形成了建设市场经济的基本共识。市场经济体制与计划经济体制的最大不同在于，计划经济体制下，实行"统购统销"，市场缺乏生机，没有活力，社会生产积极性不高，经济发展疲软，后劲不足，而市场经济则克服了计划经济的种种弊端，极大地调动了社会生产的积极性，激发了市场的活力，极大地解放了社会生产力。党的十四大报告指出，要发挥市场因素在社会资源配置中的基础性作用，顺应经济发展的客观规律，建立竞争机制，提高资源的利用效率，实现资源的更好配置，从而更好地促进经济的发展，实现人民生活水平的提高。但这并不等于市场就是万能的，就没有任何缺陷。市场运行中出现的种种问题，政府不能放任自流，而是在不违背市场基本规律的前提下积极介入，充分利用国家的宏观调控手段维护市场经济的健康发展和有序运转。报告认为，在社会主义社会中，市场经济这种经济手段是与社会主义制度内在关联的。这就为我国的经济体制改革进一步指明了方向，明确了目标，做出了下一步经济体制改革的部署。

党的十一届三中全会以来，党在深化经济体制改革过程中，对计划与市场之间的关系的认识逐渐深入，从理论上解决了姓"资"姓"社"的问题。1992年初，邓小平发表南方谈话，对计划和市场这两种经济手段进行了充分论述和阐释，认为不能从社会属性的角度去评判两种经济手段，从而在思想上厘清了市场经济与计划经济之间的关系，理顺了人们的思想认识。1992年6月9日，江泽民在中央党校的讲话中明确提出了"社会主义市场经济体制"这一命题，这是对社会主义与市场经济的关系具有开创性的一次重要讲话。正是这次讲话为中国经济体制改革迈出了决定性的一步，也为十四大报告奠定了基础。"六·九讲话"之后，"社会主义市场经济体制"这个提法也逐渐得到了党内许多同志，尤其是老同志们的认同。邓小平认为，如果大家都赞成，十四大报告就以这个主题来凝聚共识。

在经过了长时间的酝酿之后，"社会主义市场经济"这一概念开始登上了中国共产党执政历史的舞台，成为党的十四大的核心议题。不能简单地认为，在市场经济前加上"社会主义"，市场经济就姓"社"；在前面加上"资本主义"，它就姓"资"，这是形而上的僵化思维的表现。我们要辩证地来看待这个问题，社会主义市场经济是以社会主义制度为依托，生产资料属于全民所有的市场经济，在社会主义市场经济中也有"市场"与"计划"的问题，并不是说实行了市场经济就没有计划。计划和市场是一个事物的两面，这个事物就是"经济"。无论是在资本主义社会，还是在社会主义社会，尽管所有制的形式有所差别，但是从经济发展的一般规律来看，它们又有很多共性的东西，共性与差异相交织构成了两种经济模式之间的基本关系形态。换言之，不同社会属性的市场经济之间既有所区别，又有共同成分。从共同因素的方面来看，它们都具有以下四个方面的特征：其一，市场是决定经济行为的根本因素，人们的一切经济行为都处于市场环境之中。市场中生产要素流动和资源优化配置都受市场机制的影响。其二，企业是市场的主要主体。企业应该拥有自觉面向市场从事产品研发、生产与销售等开展经营管理的各项权利。其三，政府与企业的关系是管理与被管理的关系，政府部门不能直接介入、干预企业生产经营自主权利，只能通过财政、税收、金融等政策调整、规范企业的市场行为。其四，市场运行不能离开法律法规的约束，所有的市场经济行为主体都必须按照一套法律规范来开展经济活动。

社会主义市场经济体制，顾名思义，是在社会主义制度中实行的经济制度和经济行为，但它与资本主义市场经济不同，不能将其理解为完全放任自流的自由生产、自由竞争，它是同社会主义基本制度相联系的。本质来看，社会主义市场经济与资本主义社会中的市场经济的根本差别在所有制上。一个是全民所有，一个是私人所有。社会主义市场经济的所有制形式还包括集体所有制，集体所有制与全民所有制是社会主义社会中两种最主要的所有制，有力地保证了社会主义社会中人民的主人翁地位。此外，社会主义社会中除了这两种占主导地位的所有制形式之外，还有其他的所有制形式，成为占主导地位的所有制的补充。资本主义市场经济和社会主义市场经济的另一区别还体现在分配制度上，社会主义市场经济坚持效率与公平相统一原则，以按劳分配为主体，其他分配形式为补充，合理拉开收入差距，同时防止贫富两极分化，逐步实现共同富裕。资本主义市场经济并不是以共同富裕为根本目标，而是为了资本家自身的利益。两种社会制度中的市场经济区别还体现在宏观调控上，资本主义市场经济保护生产资料的私人占有，国家对市场的调控力较弱，主要靠市场来完成。社会主义市场经济坚持维护公有制的主体地位，保护私人的合法财产，国家对市场的调控具有较雄厚的物质基础和宏观调控能力，有利于市场经济更加健康平稳地运行。

党的十四大报告指出，社会主义市场经济的建立和完善并不是一蹴而就的，而是一项长期的复杂的系统工程，既有发展社会主义市场经济本身的经验总结，还涉及到相关制度的改革和调整，必须从总体入手，有计划、分步骤地推进社会主义市场经济各项工作的开展。这就需要我们进行长期的艰苦细致的工作和多方面的配套改革。我们在思想认识、管理制度、领导方法等方面都必须相应地来一个很大的转变。计划经济时代的做法和管理经济的经验远远不能满足市场经济时代的要求,已经不适用了。在市场经济时代,市场对经济管理的要求更高,这就需要解放思想,努力探索,不断积累新的实践经验和新的管理方法,与时俱进,开拓创新。建立社会主义市场经济体制,充分发挥市场在经济发展中的作用,要统筹好各种关系。报告还明确指出要处理好社会主义市场经济建设中的几种关系:一是运用市场机制改革国有企业,增强国有企业的市场竞争力和自负盈亏的能力,根除长期以来存在的政企不分的顽疾。二是加强制度法规建设,市场经济的健康运行以完善的制度和健全的法规为基础。三是完善社会分配制度改革社会保障体系,实行利税分流和分税制,理顺各种利益关系,建立职工正常的工资逐步增长机制,推进住房制度改革,切实解决城乡居民住房困难问题。四是转变政府职能,坚持政企分开的基本原则,政府由管理者变为服务者,建立健全国家宏观调控制度,统筹规划,积极协调,合理引导。①

在社会主义社会建立市场经济,是中国共产党人的创举,是坚持实事求是的基本原则遵循经济发展规律的必然结果,也是进一步推动社会主义改革开放的必然要求,同时更是中国共产党带领中国人民进行社会主义建设的一个大胆突破。我们党不拘泥于既有的形式,坚持马克思主义基本原理为认识武器,敢于接纳新事物,正确面对新事物。在以往的观念中,"市场经济"是资本主义制度的专有名词,与社会主义制度格格不入。但是,中国共产党不墨守成规,敢于创新,将市场经济与社会主义社会结合起来,建立了社会主义市场经济体制,并创造性地回答了在社会主义社会中也可以搞市场经济这一理论难题,更是在十四大上,把"市场经济"这一概念写进党的全国代表大会报告中,这不仅是一次理论上的革新,更是一次思想上的彻底解放和认识上的跃迁。至此,中国进入了市场经济时代,经济发展迈上了一个新台阶,走上了快速发展的道

---

① 江泽民:《加快改革开放和现代化建设步伐,夺取有中国特色社会主义事业的更大胜利》,《人民日报》1992年10月13日。

路。经历了十多年的艰难探索之后,我国实现了从高度集中的计划经济向市场经济的转型,这一转型不仅是经济制度和经济形态的转型,更是社会发展的一次变革。十四大明确了建设社会主义市场经济的目标,这一目标的提出凝聚了社会发展共识,为下一阶段的工作指明了方向,找到了社会主义改革的重要着力点。

### (三) 形成中国特色社会主义理论的基本框架

中国共产党第十四次全国代表大会对凝聚社会主义改革共识,还有一个巨大贡献就是提出了中国特色社会主义理论的基本框架。报告指出,中国特色社会主义理论是中国共产党人在科学把握时代主题的前提下借鉴国际共产主义运动的历史经验基础上提出并逐渐发展起来的。这一理论有效地回应了在社会发展程度不高、人口众多、经济基础薄弱的国家如何发展社会主义、怎么建设社会主义等现实难题。这一理论凝结了全党和全国人民的集体智慧,这些可贵的精神财富内含的巨大现实价值和实践意蕴必将永久载入中国社会发展的史册。大会报告从历史背景和现实必然性等视域考察了中国特色社会主义理论产生的过程,为我国建设中国特色的社会主义作出了具有深远历史意义的决策和部署。

党的十四大报告指出,自1978年以来的14年间,我们党之所以能够带领全国人民取得改革开放的巨大成就,实现社会面貌的根本改善和人民生活水平质的飞跃,最根本的原因在于从中国社会的实际出发,踏踏实实搞建设,一心一意谋发展,形成了科学的社会主义建设理论,将实践与理论有机结合起来,由此产生推动社会主义改革的强大力量。国际社会主义运动的成功经验证明了无产阶级推翻资产阶级的统治夺取政权不仅是可能的,而且是现实的。在无产阶级取得政权之后,如何建设社会主义和更好地发展社会主义还需要共产党人的不断探索。随着东欧剧变和苏联的解体,也给国际社会主义运动造成了巨大的打击和难以估量的损失,引发了无数人的深思,也给中国的社会主义建设敲响了警钟。面对这种历史巨变,中国共产党始终坚持走自己的路,独立自主地探索社会主义建设和发展的途径。实践再次证明,中国共产党制定的中国特色社会主义道路和在社会主义建设中总结和凝练出来的中国特色社会主义理论符合中国的实际，使我国社会主义现代化建设处在一个新的更高的历史起点上，向着国家繁荣富强、人民安居乐业、社会和谐稳定、民族日益复兴的方向迈进。

党的十四大报告从九个方面阐述了中国特色社会主义理论的主要内容。从内容上来看，大会报告涵盖的内容基本上囊括了社会发展的诸方面，规定了社会发展的基本方向和前提。大会对这九个方面的内容进行了详细的阐述，形成了一个完整的理论体系。

第一，发展道路。报告指出要在马克思主义基本理论的指导下独立自主地发展社会主义，吸取别国先进经验和做法，但又不照抄照搬外国模式，必须将其与中国实际结合起来，纳入中国特色社会主义实践中进行检验，不墨守成规，不迷信教条，从实际出发，破除思想上的束缚和限制，建设有中国特色的社会主义道路。否则就可能给社会主义建设事业带来毁灭性灾难。

第二，发展阶段。报告对我国社会的发展阶段进行了科学论述，指出由于我国社会发展水平还不高，生产力还较为落后，社会还将在一个相当长的时间内处于初级阶段，并且可能持续上百年甚至更长时间，这是我国的基本国情。任何决策都必须依托于这一事实，不能超越这个阶段。

第三，根本任务。从根本上来说，任何社会的根本任务都是由社会的性质决定的。社会主义社会的性质要求社会主义社会的根本任务必须反映广大劳动人民的诉求，必须充分体现广大人民群众的意愿。报告指出，社会主义的根本任务就是要最终实现共同富裕，具体来说就是要不断地解放和发展社会生产力，消除社会中存在的不公平和分化现象，实现社会良性发展。

第四，发展动力。发展动力是社会进步的源泉和保障。没有发展动力，社会就不可能实现进步。社会主义现代化建设更需要强大的动力。报告指出，改革也是一场革命，是解放和发展社会生产力的必由之路，也是实现社会主义现代化的必然选择。如果社会主义缺乏动力，就会陷入僵化停滞的状态，最终就可能走进"死胡同"，甚至有可能葬送社会主义。

第五，外部条件。早在 20 世纪 80 年代，邓小平就对当今世界的主题作出过精辟的论述和科学的判断。报告继续坚持了这一正确的认识，指出我们必须在精确把握世界主题的基础上，积极地、独立自主地发展我国同其他国家之间的友好关系，为社会主义现代化建设营造有利的和和平的外部环境。

第六，政治保证。政治保证是社会主义的生存底线。报告强调要以"四项基本原则"为根本准则，必须保持社会主义制度不变质、不变色，坚持马克思主义的指导思想不松懈，巩固党的执政地位不动摇。要时刻对错误思想或思潮保持高度警惕心，防止其扰乱我国社会主义的正常秩序。

第七，战略步骤。报告提出了实施"三步走"的基本战略来推进社会主义现代化建设，强调要善于抓住时机，促成发展，争取每隔几年使社会发展上一个新台阶。报告再次强调，贫穷不是社会主义，但现实状况决定了实现同步富裕面临着诸多现实困难，因而允许部分人部分地区先富起来，实行先富帮后富的发展战略，最终实现全体人民共同富裕。

第八，领导和依靠力量。报告强调，中国特色社会主义事业要有自己的领导核心，这个核心就是中国共产党。中国共产党一方面要加强自身的建设，提高自身的执政能力和执政水平，不断改进党风作风，加强对社会主义现代化建设事业的领导；另一方面还要坚持"以群众为本"的基本立场，密切党同人民群众之间的联系，紧紧依靠社会主义建设的可信赖的力量。

第九，祖国统一。报告指出，在坚持一个中国这个根本的前提下，实行"一国两制"的基本方针促进国家的统一。这一创造性的构想允许中国香港、中国澳门、中国台湾在维持原有制度不变的情况下按照"一个国家、两种制度"的方式来完成祖国的统一大业，实现中华民族的伟大历史复兴。

党的十四大报告从这九个方面对中国特色社会主义理论体系作了系统和完整的论述，报告同时指出这个理论体系是一个开放的体系，具有极大的包容性，摒除了封闭僵化的做法，在实践中不断丰富、发展和完善。这标志着中国特色社会主义理论框架的基本形成，为新时期社会主义建设提供了理论指导。

　　大会报告高度评价了邓小平的理论贡献和历史地位，为构建中国特色社会主义理论做出了卓越的贡献。报告指出，邓小平同志十分重视人民群众的历史地位和作用，善于从人民群众中总结经验，以无产阶级政治家特有的敏锐眼光把握时代脉搏，具有巨大的理论勇气和政治勇气，不墨守成规，在实践中探索中国特色社会主义理论，并在实践中检验了这一理论的科学性和合理性。在党的第十四次代表大会上，明确将这一理论作为党的指导思想，确立了社会主义建设的基本框架，为社会主义建设指明了前进方向。报告高瞻远瞩，从历史和现实的高度审视了党在新的历史境遇中面临的新的历史任务，对加强党的自身的建设和改善党的领导这些问题进行了深度阐释和说明，为党更好地领导社会主义现代化建设准备了条件。在这方面，报告强调得最突出的一条就是坚持正确的理论指导。报告明确要求，全党要认真学习邓小平同志运用马克思主义解决现实问题的科学态度和创新精神，坚定理想信念不动摇，不断提升自己的政治修养和理论品格，变精神力量为物质力量。党的十四大是我们党在重要的历史关头召开的一次具有重要影响的盛会，会议确立的基本思想和理论框架对我国社会主义建设进行了谋篇布局。大会提出的建设有中国特色社会主义理论和社会主义市场经济体制，是对马列主义运用于中国社会建设事业的典范，是对毛泽东思想的丰富和发展，发展了科学社会主义理论。自此，我国的改革事业迈入了新阶段。

# 第四章

# 社会主义改革的理论再辩

以邓小平南方谈话和中国共产党第十四次全国代表大会为标志，中国特色社会主义理论基本成形。尤其是在党的十四大以后，党领导全国各族人民以中国特色社会主义理论为指引，不断解放思想，奋力开拓，不畏艰难，勇攀高峰，阔步走向中国特色社会主义，成就斐然，举世瞩目。但是，随着社会主义改革的纵深推进，社会主义改革过程中出现的许多新现象、新问题，引发了广泛争论。党中央高举邓小平理论伟大旗帜，发扬与时俱进的理论品格，艰辛创业，大胆探索，广泛凝聚共识，进一步深化了对中国特色社会主义的认识，把社会主义改革和现代化建设推向纵深发展，在各个领域取得了巨大成就。

## 一 社会主义改革发展中的新困惑

党的十四大决定以邓小平同志建设有中国特色社会主义的理论为指导，进一步解放思想，摆脱包袱，与时俱进，动员社会力量，以时不我待的精神状态推进社会主义改革事业。根据这次大会的部署，社会主义改革的重点工作仍是经济领域内的改革，经济改革的目标主要是以市场为导向，建立起社会主义市场经济体制，充分发挥市场机制在社会资源中的配置作用。随着改革的深入，社会主义改革中新现象、新问题也逐渐显露，围绕国有企业的股份制改造、私营企业主的身份、能否实现共同富裕等展开了激烈的争论。

## （一）股份制改革中的公私之辩

股份制在中国的出现并非在党的十四大之后。20世纪70年代末，为解决知青返城就业的问题，厉以宁等学者提出可以号召大家集资，兴办一些企业，这些企业也可以通过发行股票扩大经营，以此来解决上万知青的就业难题。后来曾被戏称为"厉股份"。股份制最早产生于资本主义国家，是以股份分红等享受股东权益的方式筹集社会闲散资金实现资本重组的目的。股份制是市场经济的产物，是市场机制发生作用的结果。作为现代企业筹集资金的重要渠道，它最初与私有制紧密相连。因而，一般也将股份制作为资本主义市场经济的产物。传统的观点都将股份制直接或间接地等同于资本主义私有制，体现了资本主义的性质。在当时的政治语境下，以"股份制"来改造国有企业，牵涉到是走社会主义道路，还是走资本主义道路的问题。所以，厉以宁等人的构想并没被采纳。但是，关于股份制的改革实验却一直在进行，而关于股份制的争论也如影随形。

党的十四大报告指出："股份制有利于促进政企分开，转换企业经营机制和积累社会资金。"[①] 为了指导股份制试点的工作，国家对于股份制试点的法规和配套规章不断完备，并陆续公布了《股份制企业试点办法》《股份制有限公司规范意见》等14个配套文件。但是这还解不开某些人的思想认识疙瘩。1993年11月，在党的十四届三中全会的决定中，首次提出了企业股份制改革。第八届全国人大常委会第五次会议于1993年12月29日正式通过了《中华人民共和国公司法》。但是在这之后的几年中，关于股份制的不同认识的争论不但没有停止，甚至还更加强化和升级了。甚至有的人把股份制与非公有制经济合并在一起，看作影响"国家安全"的重大政治问题。面对这些"四不像"的经济组织形式，还有很多人没有从思想认识上根本转变过来，根本来说还是老一套阶级斗争思维的影响，没有从姓资姓社这个核心的认识上摆脱出来。在这种情况下，思想界在观念上出现了极大分歧，在1995年至1997年两年间，先后出现了从

---

[①] 《十四大以来重要文献选编》（上），人民出版社1996年版，第20页。

国家安全、反和平演变、反对资产阶级自由化、坚持公有制的主体地位等四份"万言书"。围绕股份制的"公""私"之争，展开了思想理论上的激烈争论。

争论的核心大致有三种不同意见：第一种观点认为股份制是私有制，或至少是走向自由化的桥梁，其理由是股份制将把国有资产量化给个人，国有企业股权多元化改造后的法人股和个人股实质上都是化公为私，并为国有资产流失提供更多机会，最终财富必将集中于少数人手中，导致社会贫富差距拉大。第二种观点则认为股份制是公有制，其理由是：能把资本转化为社会资本，把生产资料的私人直接占有转化为股民联合制占有；资金的来源、分配的方式、合作的模式都体现了公有制的特点。故而是公有制经济模式。第三种观点则持中间立场，认为股份制既不属于"私"也不属于"公"，它是一种新的企业财产的组织形式，它能融"公""私"为一体。股份合作模式将集体股权和私人股权统一起来，实现分配方式的多样化，因而既不能说它是集体所有，也不能说它是私人所有，而是中性经济成分。[1] 这三种不同的观点代表着三种不同的认识立场和利益群体。

1997年5月29日，江泽民在省部级干部进修班的毕业典礼上指出，要努力寻找能够极大促进生产力发展的公有制形式，一切反映社会化生产规律的经营方式和组织形式、一切符合"三个有利于"标准的经济模式都可以大胆利用。这实际上间接回答了思想领域中存在的姓"公"姓"私"的争论，不应仅停留在这一层面，而是要看其现实效应并在实践中对其进行检验。江泽民在讲话中提到要"排除各种干扰"，其中当然包含了"要警惕右"的意思，但从他的全部论述可以得知，主要是在防止"左"。"五·二九"讲话传达了强烈的思想解放的气息，新的思想解放的潮流由此涌动起来了。[2] 自这次讲话后，干扰的因素逐渐减少，但有些人仍然没有从根本上转变观念，在所有制问题上进行争论。

---

[1] 王炳林：《抉择——共和国重大思想决策论争纪实》，人民出版社2010年版，第285—286页。

[2] 钟生：《解放——改革开放以来思想大论战》，人民出版社2008年版，第102页。

就在这份讲话发表一个月后，1997年6月20日，《当代思潮》第45期发表文章认为，必须明确，非公有制经济只是公有制经济的"必要补充"。非公有制经济发展不能超过这个"度"；否则，就会威胁公有制经济的主体地位。《真理的追求》1997年6月号发表《关于"坚持公有制主体地位"理论讨论会综述》一文。文中说道"用'国家控股制'代替生产资料公有制是以改造社会主义生产资料公有制为名，行否定公有制之实"。7月29日，《中国经济时报》发表了《求是》杂志总编辑、中央党校副校长邢贲思与该报记者的对话。邢贲思有一段话说得很激烈：从过去一年里到今年上半年，我们都可以看到"左"的人士就是冲着现行的方针政策，就是冲着邓小平理论。他们利用改革开放以来社会中出现的一些问题，任意夸大，煽动舆论，制造是非。所以，不回答这样或那样的责难，就会在对待马克思主义态度问题上发生动摇。邢贲思再次强调，邓小平同志说，中国要警惕右，但主要是防止"左"。邢贲思发表如此激烈的言论，说明人们不再回避一些重要的思想交锋了。8月12日《中国经济时报》发表时任中宣部理论局副局长李君如接受该报记者何江涛的采访谈话。文章标题赫然是：《第三次思想解放：冲破姓"公"姓"私"的思想疑惑》。李君如说，目前社会上的种种困惑，来自"左"和右两个方面，但主要是"左"的观念引起的。江泽民"五·二九"讲话，克服了姓"公"姓"私"问题给我们造成的困惑，这是党的十一届三中全会以来我国的第三次思想解放。[①]

1997年9月江泽民在党的十五大报告中指出，股份制是现代市场经济中的一种资本组织形式，不能简单地说它是公有，还是私有。只要控股权掌握在广大人民手中，它就带有社会主义性质。作为一种经济手段，资本主义市场经济可以利用，同样社会主义市场经济也可以利用。[②] 这一论述是对股份制属性问题的科学回答，也是对此前关于股份制姓"公"姓"私"争论的理论澄清与总结。这也在思想上提高了对所有制姓"公"姓"私"的认识，冲破了所有制"越纯越好"和"越统越多"的理论禁

---

[①] 王炳林：《抉择——共和国重大思想决策论争纪实》，人民出版社2010年版，第287页。
[②] 《十五大以来重要文献选编》（上），人民出版社2000年版，第7页。

区，从而使得人们在调整所有制结构和探索公有制的多种有效实现形式两方面能够不断探索。这是党坚持解放思想、实事求是的思想路线的必然结果。从此，党引导人民群众对姓"公"或姓"私"学理式的争论，转到了社会主义改革的宏伟事业上来，继续推动社会主义改革走向新的阶段。

**（二）私营企业主的身份之争**

党和政府对个体经济的认识经历了一个不断深化不断发展的过程。在党的十一届三中全会后，党和政府逐渐认识到了个体经济对于补充和完善社会主义经济制度和增强社会经济活力的重要作用。从1978年至1992年这14年间，个体经济从初步试验到成为我国市场经济不可或缺的组成部分，这一转变历程表明我国社会对个体经济的认识由浅入深，彰显了逐渐从高度集中的计划经济模式中摆脱出来走上市场经济的旅程。随着我国经济体制改革的逐步推进，个体经济也演变为私营经济。党的十四大指出，私营经济是公有制经济的有益补充，从理论上清除了阻碍私营经济发展的思想误区。从此，私营经济和公有制经济成为我国社会主义市场经济中并驾齐驱的两道亮丽的风景线。党的十五大把私营经济纳入非公有制经济的体系之中，将其视为社会主义市场经济的重要组成部分。从"有益补充"到"重要组成部分"这一变化表明，私营经济的身份发生了根本性的变化，成为社会主义市场经济的"自家人"。在党的十五大召开之后，私营经济在我国经济体制改革中的地位和作用更加凸显，正式宣告成为社会主义市场经济家族中的重要成员并在其中发挥重要作用。

党的十五大明确了私营经济在社会经济制度中的重要地位和作用。在这之后，我国的私营经济如雨后春笋般成长起来，迎来了史上的发展黄金期，为国家的经济发展激发市场活力贡献了重要力量。根据统计数据显示，从1998年起连续多年，私营经济一直保持高速增长态势，充满了活力，成为我国经济体制中一支不可忽视的力量，对社会经济发展贡献巨大。私营经济这种非公有制形式的蓬勃发展，加上国家和法律的认可，使私营企业主成为社会经济格局中的重要力量。随着经济上的成功，他们也希望得到社会的承认，在其他领域贡献智慧和力量。在这样一种时代背景下，有的私营企业主在各种社会组织中担任了社会职务，还有少部分私营企业主加入了中国共产党，并且在当地政协、人大等党和政府机关担任了一定的领导职务，发挥了他们的优长。其中比较明显的如，在1998年，河北省有114人在乡镇一级政府部门任职，3人担任县直属部门的局长，1人担任副县长职务。在广西，有一位非公有制经济人士直接担任了县长，在全国其他省市也有这种非公有制经济人士任职政府部门的情况。[①] 这一现象充分反映了国家对于非公有制经济的重视程度。同时，这种新的变化迅速引起了人们的关注和重视。在思想界也随之出现了私营企业主是否能够加入中国共产党甚至在政府部门担任要职的争论，其关键在于私营企业主的身份之争。

2000年至2002年，就私营企业主加入中国共产党的问题爆发了第一轮争论。从内容上来看，这次争论波及的范围非常广，涉及人员众多，争论的焦点是私营企业主到底该不该入党。总结起来，代表性的观点主要有两种。一种代表性的观点是反对私营企业主加入中国共产党。这种观点将私营企业主看作剥削者，认为他们并不是真正意义上的劳动者，和社会主义的劳动者有本质的区别。因而私营企业主不具备入党的资格，不满足入党的条件。有人甚至直接指出私营企业主就是资本家，与无产阶级格格不入，如果允许他们加入中国共产党，实质上就等于承认了他们剥削行为的合法性和合理性，这与党的性质是背道而驰的，党内决不能容纳这样一个群体的成员。[②] 另一种观点认为私营企业主可以加入中国共产党。他们指出，社会主义经济体制中的私营企业主与资本家有着本质的区别，他们也是社会主义的劳动者，为社会主义做贡献，而不是从事剥削的资本家，从这种意义上来看，他们符合入党的条件。有人认为私营企业主作为社会主义制度下的企业组织形式，不管他是姓"公"还是姓"私"，其结果都是为"公"所用。最终都是服务于社会主义社会

---

[①] 李青：《中国共产党对资本主义和非公有制经济的认识与政策》，中共党史出版社2004年版，第309—310页。

[②] 项启源：《工人阶级的政党岂能吸收资本家？》，《真理的追求》2001年第1期。

的，符合"三个有利于"标准。从整体上看，这个群体是响应党的号召，通过合法经营而先富起来的人，也为社会主义做出贡献。① 他们中的先进分子入党，并不影响党的性质。② 因此，私营企业主入党并不是允许剥削行为在党内存在，而是借助私人企业的力量发展社会经济，繁荣民生，不断提高人民的生活水平。

为了澄清这些认识，统一思想，2001年7月1日，江泽民在纪念中国共产党成立八十周年大会上指出，改革开放以来，随着我国社会主义市场经济体制的建立，社会阶层结构也发生了新的变化。这种变化主要体现在以下两个方面：其一是社会阶层结构向着多元化方向发展，出现了国有和私营经济组织共存、外资从业人员与内资从业人员交织、企业管理人员与被管理人员共生等十分复杂的社会阶层关系，社会阶层的分类越来越细化，向着纵深发展。其二是各个阶层之间既相互区别，又紧密联系。不同行业的从业人员、不同所有制的从业人员、不同地域之间的从业人员彼此交往更加频繁，彼此之间身份变动频率越来越高，这也是市场经济的基本特征。随着社会主义市场经济的不断发展，这种变化不但不会停止，而且还会继续深化。江泽民强调，这些新的社会阶层也是社会主义的劳动者，为发展社会生产力奉献了力量，我们不能用财产的多少作为进行政治评价的标准，更不能简单地将他们等同于资本家。江泽民在讲话中指出，应同意符合条件的优秀分子入党。③ 江泽民的"七·一讲话"纠正了人们对私营企业的错误认识，解决了私营企业姓"公"姓"私"的性质问题，摒弃了过去对私营企业的偏见，认为作为社会主义事业的建设者理应和其他人一样获得入党的权利。在2002年召开的党的第十六次全国代表大会中明确提出了私营企业主入党的问题。报告强调，符合条件的先进分子入党能够增强党的凝聚力和影响力。同时，在党的十六大通过的新党章中，也明确写道，凡达到年龄要求的社会各阶层人员，能够以党纲党章为遵循，能够积极参加党组织活动，能够执

---

① 田卫东：《在私营企业主入党问题上不宜一刀切》，《中央社会主义学院学报》2002年第2期。
② 陈金松：《私营企业主入党问题刍议》，《哈尔滨市委党校学报》2002年第2期。
③ 江泽民：《在中国共产党成立八十周年大会上的讲话》，《人民日报》2001年7月2日。

行党的决议并且能够按时交纳党费，都可以积极向党组织靠拢，申请入党。① 对私营企业主加入党的条件进行了具体的说明，进一步规范了私营企业主入党的问题。

江泽民"七·一"讲话和党的十六大报告中明确提出了判断一个政党是否先进以及是不是工人阶级先锋队的主要标准，同时也明确了我们党吸收新党员的基本条件，从而在理论上和党务实践工作中解决了私营企业主入党的理论难题。虽然关于私营企业主的阶级属性，他们到底是社会主义建设中的劳动者，还是属于剥削者的争论逐渐平息下来了，但是与此相关的其他争论并没有停止，思想界仍然暗流涌动。有人继续从政策的合理性和正确性的角度对私营企业主入党的问题进行质疑，他们认为允许私营企业主入党的政策是不合理不正确的。针锋相对的另外一些人认为私营企业主入党的政策是合理和正确的。这样，关于私营企业主入党是有利还是有弊的争论进行开来了，另一场理论上的交锋在这个争论中出场。总体来看，主要有两种代表性的观点。一种代表性的观点认为，党允许私营企业主入党的决策是正确和合理的，总体上来看，是利大于弊。另一种代表性的观点认为，私营企业主入党弊大于利，党的这一决策具有危险性。有人认为，私营企业主入党形成了"用金钱交换权力，让权力给予资源"的想法。② 私营企业主入党等于宣布党不再是工人阶级政党，而是各阶级的联合党。这样，就会重新造成思想上的混乱，从而不利于社会的团结。

为了进一步澄清人们对于私营企业主身份的认识，进一步统一思想，2007年10月，胡锦涛在党的十七大报告中再次对社会主义改革中形成的新社会阶层作出了两个基本判断：一是各种经济成分都有积极的一面，总体来看，正面的积极作用是主要的，负面的消极作用是次要的。我们要多看民营经济和外资企业对社会的积极作用和有益因素，少看它们可能对社会带来的负面影响。现阶段的主要任务是继续坚持以经济建设为

---

① 十六大报告：《全面建设小康社会 开创中国特色社会主义事业新局面》，《人民日报》2002年11月8日。
② 吴波：《私营企业主阶层的政治参与与发展趋势分析》，《社会主义研究》2004年第4期。

中心，而不是纠结于那些次要的问题。二是新的社会阶层基本上都属于中国特色社会主义的建设者，都是服务于社会主义建设的构成力量，明确提出要增加新的阶层和新的经济组织的代表，从而更好地推进社会主义建设事业。这表明，全党已经对私营企业主的身份形成共识，只要是合法劳动、诚实经营的私营企业主都是社会主义的建设者、劳动者，[1] 都应该具备入党的条件，都应该得到社会的尊重和社会的承认。

### （三）国进民退还是民进国退

就在人们对私营企业主的身份进行争论的同时，另一场围绕国有企业和私营企业的论战也悄然展开。只不过，这次论战的焦点不是主人的身份，而是企业利益、产权之争。2004年7月31日，香港中文大学教授郎咸平在题为《海尔变形记：一次曲折而巧妙的MBO》一文中认为，海尔职工持股会通过MBO（管理层收购）的方式成为海尔集团的真正主人，从而造成国有资产的大量流失。8月6日，郎咸平在《财经郎闲评》中，对格林柯尔收购美菱、亚星、襄轴等国有企业的资金来源及并购手法提出质疑，认为其中存在猫腻。8月9日，郎咸平在复旦大学发表题为《格林柯尔：在"国退民进"的盛筵中狂欢》的演讲，在该演讲中他对顾雏军在"国退民进"过程中席卷国家财富进行"炮轰"。郎咸平指责顾雏军等人通过"七板斧"[2] 变相将国有资产据为己有。由此，他强烈建议，为了防止国有资产流失，国家应该"停止以民营化为导向的产权改革"。8月14日，郎咸平抛出《缺乏信托责任：中国股市最大的问题》一文，对TCL公司2003年的财务指标提出质疑。郎咸平认为，回首TCL的历程就会发现，TCL的产权改革实际上就是一个国有企业股权稀释的过程。TCL国有企业改制的成功，不是企业改革的成功，而是李东生及其公司高管层的成功，是MBO的成功。对于国家来说，则是国有资产的进一步流失的问题。

---

[1] 王炳林：《抉择——共和国重大思想决策论争纪实》，人民出版社2010年版，第322—325页。

[2] "七板斧"即安营扎寨、乘虚而入、反客为主、投桃报李、洗个大澡、相貌迎人、借鸡生蛋。

郎咸平的一系列观点核心在于，他认为，现在的产权改革，无法使国企走上正路，成了国企瓜分国资的一场盛宴。他坚决反对"国退民进"，宣称搞好国有企业，改善国有企业的经营状况并非一定要通过产权改革，他建议立即停止 MBO（管理层收购），"停止以民营化为导向的产权改革"。针对郎咸平的分析，顾雏军率先站出来对郎咸平进行驳斥。他认为，郎咸平的言论无中生有，实质上是在"诽谤"，还宣称要对郎咸平的这种行为提起诉讼。经过媒体发酵，此事迅速引起了全社会的广泛关注和讨论，随之而来的是对国企产权改革的强烈争论。郎咸平凭借众企业公开披露的财务数据，在对企业指名道姓进行"攻击"的同时，还直指国有企业产权改革的理论基础，从而为众学界大腕参与本次论战纷争埋下伏笔。这些问题也引起了社会的广泛关注，随着这场争论的不断深化，学术领域迅速分化成两大阵营，媒体将其戏称为"挺郎派"的新左派和"反郎派"的新自由主义流派。两派就国有企业的产权改革问题展开了一场激烈的争论。

在"挺郎派"阵营中，主要以中国社会科学院经济研究所的左大培研究员和南开大学的韩强教授为代表。他们的核心观点在于反对国有企业改制过程中出现的国有资产流失现象，认为这对大多数人是不公平的。左大培研究员明确声称站在"挺郎派"一边，坚决支持郎咸平反对顾雏军等人的观点，反对以各种手段侵吞国有资产导致的国有资产流失现象。左大培研究员指出，近年在我国国有企业的改制过程中，少数人违背了国有企业改制的初衷，借用"改制"名义大肆侵占国有财产，疯狂敛财，将其据为己有，这种行为侵占了大多数人的利益，是不折不扣的变相掠夺。韩强教授也指出，我国《宪法》明确规定，国有资产的所有权属于全体人民。因此，在我国的国有企业改制过程中，要顾及广大人民的根本利益，防止国有资产落入少数人之手。我国的社会主义性质决定国有经济要在国民经济中占支配地位，国有资产的积累是解放以来各行各业的社会主义劳动者共同努力得来的结果，为此付出了沉重的代价，不能任由少数人侵占。他们认为，从历史上来看，国有企业在我国社会主义现代化建设中的作用是十分巨大的。虽然国有企业自身的发展还存在着问题，但是不能因此就贱卖国有资产。这种做法也会伤及广大人民群众的根本利益，对这样一个事关大局的问题，无论是经济学家还是其他学者都应该本着对人民负责的道德良知实事求是地进行评论。

在"反郎派"阵营中，代表人物有吴敬琏和张维迎等，他们认为国有企业的改制并不等于国有资产的流失，恰恰相反，而是增加国有财富的过程。吴敬琏指出，郎咸平对国有企业经营状况还不错的判断是有问题的。他认为，国有企业发展出现的问题需要通过改制的方式去解决，由此激发国有企业的活力，提高国有企业的竞争力，创造更多的国有资产。因此，他反对郎咸平提出的要立即停止国有企业改制的观点。北京大学的张维迎教授也持同样的观点，他指出国有企业的改制是国有企业创造财富的过程，而不是国有资产被瓜分的过程。表面上看来是民进国退，实际上并非如此，是一个双赢的局面。张维迎认为，很多人还抱着非此即彼的对立性思维，如果国有企业在改制过程中转让给私人，私人通过自身的良好经营改变了企业面貌，他们就认为国家吃亏了。实际上，这种交易使得国家和私人都实现了双赢，这往往被人们忽略。张维迎强调，将民营企业妖魔化的做法是不正确的，不利于中国民营企业的发展。实际上，民营企业在我国社会中的作用是十分重要的，民营企业创造了大量的就业机会，缓解了社会就业压力，创造了巨额的税收，增强了国家的经济实力，维护了社会的稳定。他们认为在国有企业改制的过程中确实也存在着国有资产流失的风险，但不能就此否定国有企业改制的成就。从总体上来看，国有企业改制是增加了社会财富，而不是减少了社会财富，更不是瓜分社会财富的过程。可见，"反郎派"认为国有企业的改制并不一定就会导致国有资产的流失，而是实现国有企业本身的重生，革新国有企业的体制机制，转变陈旧的观念和管理方式，淘汰落后的生产能力，从而更好地适应社会主义市场经济发展的要求。

2004年9月，以经济学家程恩富为首的十位学者在新浪网和《社会科学报》上发表了题为《关于郎咸平教授质疑流行产权理论和侵吞国有资产问题的学术声明》，对郎咸平的观点予以支持。这份声明强调了几点内容：其一，坚持何种改革观。这是国有企业产权改革的根本性问题。要分清是中国特色社会主义的改革开放观，还是新自由主义倡导的改革开放观，新自由主义的改革开放观主要表现为"华盛顿共识"。要建立完善的适合中国实际的市场经济体制，就必须克服新自由主义的改革开放观的局限。其二，在国有企业产权改革中，确实存在着政策落实的偏向问题。声明指出，就目前的情况而言，很多地方没有认真将党的十六大时确立的"两个毫不动摇"落到实处。① 声明认为，笼统地主张"国退民进"的做法是与中央的相关精神背道而驰的，这种思潮本身也不符合现实。程恩富等人强调我们提"国退民进"的方针要慎之又慎，他们对当时推行的MBO（管理层收购）做法表示了强烈不满，认为这是管理层在变相借机掠夺国有资产。为此，他们主张要密切注意国企改革过程中滋生的腐败问题，狠抓管理队伍建设，根除滋生腐败的土壤，重整国企雄风，发挥国有经济的主导作用。

"郎顾之争"不仅引发了关于国企产权改革路径与方向的争论，也引起了国家有关部门的关注。为了澄清事实，国资委研究室对顾雏军收购科龙案例进行了再次研究，并在《人民日报》上刊登了国资委研究室署名的《坚持国企改革方向 规范推进国企改制》一文。在这篇文章中，明确指出反对国有企业中的"管理层收购"，认为这种做法违背了国有企业改制的基本精神。同时，也容易导致贪污腐败现象的发生。该文认为，基于我国当下的具体情况，目前还不具备管理层收购国有及国有控股的大中型企业的环境和条件。2005年4月，国资委和财政部两部委共同发布《企业国有产权向管理层转让暂行规定》（以下简称《规定》）。该《规定》明确指出，在国有企业改革中，禁止向管理层转让产权。2005年7月29日，顾雏军在首都机场被公安人员带回接受审查，宣告了管理层收购的终结。2006年4月，海信以6.8亿元购科龙26.43%的股份；长虹以不高于1.45亿元的价格购得美菱电器20.03%的股份；亚星和襄轴也重归当地政府。《规定》的出台不仅使沸沸扬扬的"郎顾之争"算是告一段落，而且也及时纠正了国有企业改革中出现的部分偏差，有力地保护了国有资产，对巩固公有制的主体地位发挥了重要作用。

---

① 程恩富等：《关于郎咸平教授质疑流行产权理论和侵吞国有资产问题的学术声明》，《社会科学报》2004年9月15日。

## 二 改革形成中国特色社会主义事业新布局

党的十四大以来,中国共产党带领全国人民,面对世情、国情、党情的新变化、新现象、新问题,坚持党的基本路线,立足基本国情,不断凝聚社会主义改革共识,通过社会主义改革不断将中国特色社会主义事业推向新的阶段。中国共产党第十八次全国代表大会及时对过去几十年社会主义改革的经验进行总结,也是社会主义改革的历史新起点,是我们党在全面建设小康社会的关键时期和深化改革开放、加快转变经济发展方式的攻坚时期召开的一次十分重要的会议。这次会议对我们党团结带领全国各族人民继续全面建设小康社会、加快推进社会主义现代化、开创中国特色社会主义事业新局面具有重大而深远的意义。党的十八大报告全面总结了社会主义改革的伟大成就,为我国社会改革做出了新的部署。

### (一) 社会主义市场经济的建立与完善

1992年,在党的十四大上,江泽民提出了建立社会主义市场经济体制是我国经济体制改革的目标。自此,我国逐步确立了市场经济的基本框架,走上了发展社会主义市场经济的道路。江泽民在讲话中指出,社会主义市场经济中市场与计划在什么范围内结合、达到什么样的结合程度、采取什么样的结合形式,可以根据各地各时的具体情况而定。社会主义市场经济体制目标的确立,是对党的十二届三中全会以来提出的公有制基础上有计划的商品经济改革目标的进一步发展,是党在社会主义理论上的认识飞跃。在党的十四大报告中,还就社会主义市场经济的基本内涵、社会主义市场经济体制改革的主要任务等问题进行了论述,标志着我国经济体制改革进入了新的历史阶段。

社会主义市场经济体制确立后,如何推进、怎样推进成为摆在党和政府面前的又一现实难题。基于这种情况,在党的十四届三中全会上,中央作出了《中共中央关于建立社会主义市场经济体制若干问题的决定》

(以下简称《决定》)。该《决定》对社会中存在的如何更好地推进市场经济体制改革的疑问进行了回应和说明,清晰地描绘了建立市场经济体制的基本框架和实践路径。《决定》系统总结了十几年改革的经验教训,指出:社会主义市场经济以社会主义制度为依托,社会主义制度是社会主义市场经济得以建立的基础,二者是紧密相连的。《决定》强调,建立社会主义市场经济,要将市场机制和政府作用结合起来。《决定》描绘的改革蓝图是我们在20世纪90年代进行经济体制改革的行动纲领,具有指向性作用。1995年,在党的十四届五中全会上,中央制定了"九五"计划以及2010年远景目标。这一计划和目标的提出带来了两个关键性转变:一是经济体制的转变,社会主义市场经济体制取代传统的计划经济体制,成为社会主义经济发展的主要模式和基本实现机制;二是经济增长方式的转变,从粗放增长型转向集约发展型,促进国民经济持续、快速、健康地发展和社会全面进步。

1997年9月12日至18日,党的十五大确立了我国的基本经济制度。大会指出,我国在今后相当长的时期内将实行以公有制为主体、多种所有制经济共同发展的基本经济制度。基本经济制度的提出,实现了思想理论上的一系列新突破,推动以建立社会主义市场经济体制为目标的改革进一步向纵深发展。1998年10月,党的十五届三中全会着重讨论了农业和农村问题,从经济、政治、文化三个方面提出了从20世纪末到2010年十年间建设有中国特色社会主义新农村的奋斗目标。2002年11月召开的党的十六大和2003年10月召开的党的十六届三中全会就完善社会主义市场经济体制中的若干问题进行了说明,标志着我国社会主义市场经济体制改革已经超越了初始阶段,迈上了新的台阶。2002年召开的党的十六大提出,21世纪头二十年我国改革的主要任务是:在2020年建成完善的社会主义市场经济体制和更具活力、更加开放的经济体系,进一步完善社会主义市场经济体制。2003年党的十六届三中全会提出了要树立以人为本、坚持全面协调可持续发展的科学发展观。党的十六届三中全会以来,中共中央先后提出树立科学发展观和构建社会主义和谐社会的重大战略思想,为完善社会主义市场经济体制提供了理论指导,对我国新时期经济社会的发展具有重要影响。

党的十六大提出完善社会主义市场经济体制的任务,党的十六届三中全会对这一任务进行具体说明,再到党的十八大召开,这十年间,我国社会主义市场经济体制不断健全和完善,在许多领域取得了突破性进展,进一步丰富了社会主义市场经济体制的内容。总结起来,取得了如下几个方面的成就:其一,制度建设更加完备。在坚持市场经济体制的前提下,积极推进国有企业尤其是大中型企业股份制改革,着力优化经济结构,不断改善体制环境,疏通机制障碍,促进非公有制经济发展壮大。其二,现代市场体系基本确立。建立健全适应市场经济发展的资本市场,以市场为导向的价格体系基本形成,知识产权的保护力度空前提高。其三,政府公共服务职能。国家的宏观调控职能更加科学合理,政府角色从"主导者"转变为"服务者"。其四,社会服务与文化建设。社会保障体系的覆盖面更广,受益人群增多,体系更加完善,公共医疗改革成效显著,社会领域的改革达到了前所未有的高度。通过这一系列改革,理顺了社会主义市场经济发展的若干关系,为将社会主义市场经济体制改革推向纵深提供了基础。

随着社会主义市场经济体制的建立和完善,社会生产力得到了极大的解放和发展,社会各个领域都取得了巨大进步和长足发展,综合国力大幅跃升,不断地在世界上发出"中国声音",人民生活大为改善,主要经济指标都实现了历史性跨越,我国的国际地位和影响力显著提高。社会主义改革前35年间,我国年均经济增速9.8%,高于世界同期平均增长近7个百分点,经济总量从世界第十跃升至第二,对世界经济增长的贡献率超过20%,成功实现从低收入国家向中等偏上收入国家的跨越,创造出独一无二的"中国速度"和"中国奇迹",充分证明了改革开放历史抉择的正确性,是发展我国社会主义的根本途径。

社会主义市场经济体制改革是一场深刻的社会变革,包括体制转轨、社会转型、观念转变等,涉及复杂的利益关系调整等。这场变革是一个长期、艰巨的过程,不是一朝一夕能够完成的。同时,改革的过程也不可能是一帆风顺的,总是不断地涌现出新的问题和新的情况,需要我们逐步去地解决。正如邓小平同志在南方谈话中所说:"恐怕再有三十年的时间，我们才会在各方面形成一整套更加成熟，更加定型的制度。"① 在这个过程中，出现这样那样的困难和问题，是不可避免的。我们必须坚持社会主义市场经济改革的方向，继续解放思想，继续深化改革，继续发展创新。正如胡锦涛所指出的，"停顿和倒退没有出路"，我们要始终毫不动摇地建立和完善社会主义市场经济体制。

**（二）对社会主义改革开放的新认识**

从党的十四大到党的十七大，在近20年间，我国的社会主义改革在争议声中不断前行，也因此，我们对社会主义改革的认识也逐渐深入。中共十七大以来共召开过六次中央全会，除一次全会按惯例选举中央领导人外，其余五次全会有四次都与改革有关。如，二中全会的主题是机构改革，三中全会是农村改革，四中全会是党的建设包括党内改革，六中全会提出了文化改革。2011年7月1日中国共产党建党九十周年大会上，胡锦涛在报告中44次提到"改革"。党的十八大报告明确指出，党的十一届三中全会以来，我国改革开放中取得了举世瞩目的伟大成就，实现了国家富强和人民幸福。我们要清醒地认识到改革开放对于社会主义中国的重大现实意义，继续将改革创新的精神贯穿到治国理政的各个环节中，坚定正确的改革方向和改革开放国策不动摇，不断推进社会主义各项制度的完善和发展。由此可见，改革开放已完全融入我国社会主义现代化建设过程中，成为推进社会发展的必然路径。

中共中央党校辛鸣教授在接受中国共产党新闻网记者采访时谈道，党的十八大报告对改革开放提出了新要求。40年来，我们国家的快速发展是改革开放推动的，未来中国社会的发展，也必须依靠改革开放，必须继续深入推进改革开放。在新的时期、新的历史背景下，改革开放如何往前推进，恐怕要更多地注重改革开放的顶层设计，也就是说我们要解决事关改革开放的一些根本性问题、大目标、大任务。比如我们的改革是为改革而改革，还是为人民改革，换言之，即我们的改革的价值取向是什么。这些问题党的十八大报告提出了很明确的要求，我们的改革

---

① 《邓小平文选》第3卷，人民出版社1993年版，第372页。

必须着眼于人民生活水平的提高,着眼于我们社会主义事业的繁荣和发展,着眼于综合国力的提升。我们的开放同样也是如此。所以,我们不仅要有一个改革开放的大目标,而且我们还要让改革开放各项制度更加协调、更加系统、更加成熟。实践告诉我们,过去40年发展取得的成就靠的就是改革开放,当前我国经济社会发展面临短期矛盾和长期矛盾叠加,结构性因素和周期性因素并存,各种潜在的矛盾和风险凸显,要积极应对这些新的阶段性特征带来的挑战,也必须坚定不移依靠改革开放。

社会主义改革开放不能偏离中国特色社会主义发展道路。在党的十二大报告中提出"走自己的路,建设有中国特色的社会主义"的科学论断以来,党的十三大、十四大、十五大、十六大、十七大、十八大都始终强调高举中国特色社会主义伟大旗帜。党的十七大报告指出,自1978年改革开放以来,我国社会主义现代化建设取得的巨大成就的根本原因是:"一条道路、一个理论",即中国特色社会主义道路和中国特色社会主义理论。[①] 推进社会主义现代化建设,必须以"一条道路、一个理论"为根本遵循。在当代中国,评判是否真正坚持社会主义就看是否以中国特色社会主义道路为遵循;坚持真正的马克思主义就是要以中国特色社会主义理论体系为指导。在党的十八大报告中,胡锦涛指出:"道路关乎党的命脉,关乎国家前途、民族命运、人民幸福。"在40年的改革开放历程中,中国共产党始终坚持走改革开放的发展道路,摆脱了封闭僵化老路的影响和改旗易帜邪路的诱惑,始终坚持社会主义的正确道路不动摇。历史和现实再次证明,我们党选择的这条道路是正确的,社会主义改革不能偏离这条发展道路,必须以此为准则,指引我国社会前进的方向。

社会主义改革开放必须坚持科学发展观。改革开放以来,我国社会发生了根本性的变化,亿万人民群众的积极性和创造性得到极大的调动,有力地推动了生产力的大发展和大解放。但这并不意味着我们的强国之梦业已完成,实际上,今日之中国,经济社会发展中存在的不平衡、不

---

① 十七大报告:《高举中国特色社会主义伟大旗帜 为夺取全面建设小康社会新胜利而奋斗》,《人民日报》2007年10月17日。

协调、不可持续问题依然比较突出和严重，城乡、区域、群体间收入差距和发展水准差距依然较大，许多关系群众切身利益的社会问题还比较突出，诚信缺失、道德滑坡等不良现象仍然在很多领域存在，部分党员干部领导科学发展的能力还不强，形式主义、官僚主义作风严重，一些领域消极腐败易发多发，依然存在贫困人口众多、区域发展不平衡、社会价值观念分化、生产关系不能完全适应生产力发展要求等诸多弊病，这些弊病有的是改革开放前便已存在的，有的是在改革的过程中新出现的，要想从根本上解决这些弊病，还得靠不断的改革和发展，过去存在的问题要靠改革发展来解决，发展过程中产生的问题同样也需要靠发展和改革来解决，必须实现从传统发展模式到科学发展模式的转型，在发展模式上进行一次革命性的变革。

社会主义改革开放需要更大智慧和更多勇气。2012年12月31日下午，十八届中共中央政治局就坚定不移推进改革开放进行第二次集体学习。在这次学习中，习近平强调，历史与现实是相通的，全面深化改革必须认真总结和运用社会主义改革开放的成功经验。习近平在讲话中指出，改革开放是需要多代人持续不断共同努力的长期性事业，改革任务的艰巨性和繁重性不是短时期内就能完全解决的。要始终牢牢把握改革的社会主义方向，以市场经济为指引，坚持基本国策长期不变，不失时机地推进相关领域的改革迈上新台阶。[①] 习近平提出了五点意见：第一，把握改革开放的本质。要认清改革开放是深刻社会革命，我们必须头脑清醒，坚定不移走在中国特色社会主义道路上，不断推动社会主义制度的自我完善和发展。第二，改革开放要以正确方法论为指引，重视顶层设计，克服改革中的盲目性。第三，重视改革的系统性。改革开放的对象不局限在某一领域，而是整个社会的全方位改革，很多问题相互交织，牵一发而动全身，各项改革必须协同推进。第四，掌控好改革的度。改革不能盲目推进，必须综合考虑社会的可承受度，改革不能太快，也不能太慢。正确处理改革与社会稳定之间的关系。第五，人民群众是改革

---

[①] 《习近平主持政治局集体学习：以更大的政治勇气和智慧深化改革》，《人民日报》2013年1月2日。

的主体，要充分尊重人民的首创精神。

在新的历史条件下，我们既不能因为改革开放的伟大成就而看不到前进中的困难和问题，也不能因为前进中出现的困难和问题而动摇改革开放的决心和信心，甚至走回头路。中国特色社会主义建设必须坚定不移地进一步推进社会主义改革开放。历史事实一再充分向我们证明，没有改革开放，就没有当代中国的快速发展和进步。改革开放的方向和道路是完全正确的，停顿和倒退没有出路。我国要在2020年全面建成小康社会，必须继续扩大开放程度，加深改革力度。改革开放是决定中国社会未来走向的关键性因素，社会主义现代化建设事业的实现在很大程度上都与改革开放有关。因此，我们必须站在整个国家发展的战略高度来推进改革事业，将改革与新时期的国家治理紧密结合起来，坚决破除一切妨碍科学发展的思想观念和体制机制弊端，提高对发展中国特色社会主义规律性的认识。不为任何风险所惧，不被任何干扰所困，继续坚持社会主义改革、推进社会主义改革、全面深化社会主义改革，把社会主义改革推向前进。

### （三）中国特色社会主义事业的新布局

经过40年改革开放的艰辛探索，我国社会主义现代化建设事业取得的成就是有目共睹的，这一切都来自我们坚定不移地走中国特色社会主义道路，也坚定了我们高举中国特色社会主义伟大旗帜的决心和信心。在党的十七大报告中，在总结我国改革成就与经验的基础上首次提出了"中国特色社会主义道路"这一命题。胡锦涛在2011年的"七·一"讲话中再次对这一命题的科学内涵进行了阐释和解读。2012年，在党的十八大报告中，又对之进行了新的概括，进一步丰富了这一命题的内容，使其内涵有了新拓展。具体表现在三个方面：一是提出了建设"社会主义生态文明"的总体要求，将社会主义生态文明建设提高到更加突出的位置。二是明确提出了要实现人的全面发展，这是社会主义社会中实现人的全面解放的前提。三是再次强调了社会主义的本质要求，即共同富裕。党的十八大报告从理论上对中国特色社会主义道路进行了新阐释。

在过去经历的40年的改革开放历程中，我们通过不断解放思想，与时俱进，形成了中国特色社会主义理论体系。党的十七大还明确提出"中国特色社会主义理论体系"这一概念，并对这一概念的内涵进行了说明。随着认识的不断深化，党的十八大报告强调了这一概念是对马列主义、毛泽东思想的发展。与党的十七大提出的"中国特色社会主义理论体系"相比，党的十八大提出的"中国特色社会主义理论体系"这一概念更具历史视野，认识更加深刻，认为它是在继承和发展马克思主义经典作家理论成果基础上演化而来的。[①] 党的十八大报告强调："中国特色社会主义理论体系是行动指南。"[②] 总体上来看，党的十八大报告对中国特色社会主义理论体系的新概括，不仅再一次阐述了它的科学内涵，而且对中国特色社会主义的理论性质和历史地位做出了明确的界定。这些重要论述进一步阐明全面深化改革必须坚持中国特色社会主义理论为指导。

在40年的改革实践中，我们不断深化改革，形成了"中国特色社会主义制度"。胡锦涛在"七·一"讲话中首次提出了"中国特色社会主义制度"。党的十八大报告对"中国特色社会主义制度"作出了新的概括和表述。"中国特色社会主义制度"[③] 是由一系列制度有机结合形成的总体性制度的统称。党的十八大报告还特别指出，党确立的发展道路是党的生命线，关系到社会主义事业的兴衰和中华民族的命运与前途，是人民幸福安康实现更好发展的根本保障。报告强调："中国特色社会主义道

---

[①] 党的十七大报告提出的"中国特色社会主义理论体系"是包括邓小平理论、"三个代表"重要思想及科学发展观等重大战略思想在内的科学理论体系。党的十八大报告指出，"中国特色社会主义理论体系"就是包括邓小平理论、"三个代表"重要思想、科学发展观在内的科学理论体系，是对马克思列宁主义、毛泽东思想的坚持和发展。与十七大的提法相比，十八大的提法强调了理论体系的历史维度。

[②] 党的十八大报告：《坚定不移沿着中国特色社会主义道路前进 为全面建成小康社会而奋斗》，《人民日报》2012年11月19日。

[③] "中国特色社会主义制度"包括根本政治制度、基本政治制度、法律体系、基本经济制度、其他各项具体制度等，其中根本政治制度是全国人民代表大会制度；基本政治制度是多党合作和政治协商制度、民族区域自治制度、基层群众自治制度；法律体系主要包括由《宪法》和各个部分法组成的法律体系；基本经济制度主要表现为公有制为主体、多种所有制共同发展的制度体系。

路，中国特色社会主义理论体系，中国特色社会主义制度"①是党和人民在长期的革命斗争和建设实践中总结出来的符合我国实际的成就，无论在什么时候都必须坚持下去。在建设中国特色社会主义的过程中，道路是我们事业成功的实现途径，我们必须沿着这条道路坚定不移地走下去，否则就会葬送社会主义。没有正确的理论作为指导，就容易走上邪路歪路。制度是建设社会主义的根本保障，是实现社会长期稳定发展的关键。道路、理论、制度三位一体，共同作用于中国特色社会主义伟大实践。十八大报告中首次提出的"中国特色社会主义制度"，不仅是中国特色社会主义进一步走向成熟的重要标志，也是中国特色社会主义制度更加自信的表现。

党的十八大报告还就一些重大问题和重要领域作出了部署。报告指出，社会主义初级阶段这一基本国情是建设中国特色社会主义的总依据，推进五位一体建设是总布局，总任务是实现现代化和民族复兴。为此，我们必须从总体上清醒地把握我国社会主义建设所处的历史阶段，这是未来建设社会主义的基本前提。尽管我国社会主义建设已经取得了丰硕的成就，国内生产总值已位居世界前列，但我们不能因此而盲目乐观，我国"人多底薄"的现状并未从根本上改变，社会的主要矛盾和初级阶段的现实并未改变，我国仍然是世界上最大的发展中国家。这些基本事实要求我们要牢牢把握发展的大局，不断提高社会生产力实现经济发展迈上新台阶。报告认为，中国特色社会主义建设应将"改革开放"和"四项基本原则"有机结合起来，立足现实、实事求是地推进社会改革进程。

党的十八大报告对凝聚社会改革共识作出了具体规定。报告指出，要从八个方面来把握中国特色社会主义的基本要求，使之成为全党全国各族人民的共同信念，实现中国特色社会主义建设事业的新胜利。这八个方面分别是：第一，依靠力量。必须充分发挥人民群众的主体地位，汇聚改革智慧和力量。第二，实现途径。将解放和发展社会生产力，实

---

① 十八大报告：《坚定不移沿着中国特色社会主义道路前进 为全面建成小康社会而奋斗》，《人民日报》2012年11月19日。

现社会生产力的跃迁作为建设社会主义现代化的着力点。第三，基本政策。继续坚持和深化改革开放，不断提升对外开放水平。第四，社会公平。坚持公平正义，消除社会不公，维护社会主义核心价值观。第五，共同富裕。以实现全体人民共同富裕为终极目标。第六，社会和谐。促进社会和谐，实现社会良性发展。第七，和平发展。和平是发展的保障，必须走和平发展之路，维护世界和平。第八，领导力量。党的领导是中国特色社会主义现代化建设事业取得成功的关键。报告强调，只要我们坚定理想信念，就定能实现既定的发展目标，"全党要坚定这样的道路自信、理论自信、制度自信"[1]。党的十八大报告的这些论述从根本上对我国今后一段时间的社会主义建设做出了重要布局，对我国未来的社会主义建设具有十分深远的重要历史意义。党的十八大报告确立了"五位一体"[2]的发展总布局，它是在新的历史时期和新的历史阶段我们党根据社会发展的新情况作出的战略布局，也是推进我国全面深化改革的重点领域。为此，党的十八大报告从总体上为全面建成小康社会构建了更为合理的框架，奠定了更为坚实的基础。"五位一体"总布局，标志着我们党对社会主义建设规律从认识到实践都达到了新的水平和新的境界，治国理政方略更加完善，为2020年我国全面建成小康社会提供了坚实基础，对于建设中国特色社会主义具有深远的历史意义和重大的时代价值。

---

[1] 十八大报告：《坚定不移沿着中国特色社会主义道路前进 为全面建成小康社会而奋斗》，《人民日报》2012年11月19日。

[2] "五位一体"即政治建设、经济建设、文化建设、社会建设、生态文明建设。

# 第 五 章

# 社会主义改革迈入新时代

党的十九大报告指出，中国特色社会主义进入新时代，我国社会主要矛盾已经转化为人民日益增长的美好生活需要和不平衡不充分的发展之间的矛盾。我国稳定解决了十几亿人的温饱问题，总体上实现小康，不久将全面建成小康社会，人民美好生活需要日益广泛，不仅对物质文化生活提出了更高要求，而且在民主、法治、公平、正义、安全、环境等方面的要求日益增长。同时，我国社会生产力水平总体上显著提高，社会生产能力在很多方面进入世界前列，更加突出的问题是发展不平衡不充分，这已经成为满足人民日益增长的美好生活需要的主要制约因素。

## 一 社会主义改革的新征程

经过了40年的不断发展，今天的中国已经焕然一新，彻底改变了过去贫穷落后的面貌，广大人民的生活质量和幸福指数越来越高。这一切都得益于改革开放，历史已经向我们证明改革开放的合理性和科学性。然而，当前中国所处的历史境遇，所面临的内部和外部发展环境与改革开放初期相比已经有了很大的不同。在改革开放初期，一切都处于尝试的阶段，无论是当时农村尝试的家庭联产承包责任制改革试验，还是我国的乡镇企业股份制改造，都是由广大劳动者从基层一线发起的"自下而上"的改革。由于改革开放之初，社会的发展正经历着巨大的转型，所以改革往往能够容易在"存量"和"增量"之间寻求张力、保持平衡，这也使得改革能较顺利地展开。然而如今，我国社会形势发生了根本性的变化，改革所面临的情况已远非改革之初的情形所能比拟，改革的难度和改革的深度都大大地提高了，对我们提出了更高的要求。习近平总书记明确指出，改革越是深入，利益关系就越是复杂，改革中遇到的矛盾就越多，碰到的改革阻力自然就越大。我国改革走到今天，容易的都改得差不多了，剩下的全是难啃的"硬骨头"，不能回避也无法回避。社会各方面的利益盘根错节，既得利益群体自然不会轻易分享既有利益。我国的改革俨然进入"深水区"，社会中存在的问题愈发复杂，对改革的期盼愈发强烈。在这种历史背景下，久议不决、决而难行、行而难破等现象屡见不鲜。当前改革进入了"攻坚区"和"深水区"，改革如逆水行舟，不进则退，不干可能不犯错，但要承担历史责任。

**（一）改革跨进"深水区"**

党的十一届三中全会决定改革开放以来，至今中国已走过40年。回顾过去，我国的改革成就举世瞩目，放眼当下与未来，我国的改革还存在着诸多难题，亟待我们解决。习近平总书记曾指出："改革开放只有进行时没有完成时。没有改革开放，就没有中国的今天，也就没有中国的明天。"[1] 改革是一项长期的、艰苦的、繁重的事业，需要海内外广大中华儿女协力推进、共图大业。今天的中国，已经屹立于世界东方，远离了那个备受欺凌、任人宰割的年代，已经积累起了较为丰富的物质财富和精神财富，但我们又面临着风云变幻的国际局势和任务繁重的国内改革等多重考验。如今，对新一轮的社会主义改革最为普遍的认识就是，社会主义改革已经跨进"深水区"。所谓社会主义改革的"深水区"，从另一个角度而言就是"麻烦区"，意指社会主义改革已经进入了新的重要时期。在这一时期，社会主义改革面临诸多前所未有的新难题和风险，不改则已，一改则牵动方方面面的神经，触及一些人的利益，引起一些人们的抵制干扰。与"浅水滩"相比，改革的"深水区"具有如下几个典型的特征。

---

[1] 《习近平谈治国理政》，外文出版社2014年版，第69页。

一是，改革的重点由体制外转向体制内，这将是一场不得不进行的"自我革命"。过去将近40年的改革探索，逐步解决了体制外的问题，有效地补充和完善了体制内的问题，推进了社会的快速发展。如在经济领域中对"姓资姓社"及"姓公姓私"等问题的有效解决，为个体经济、私营经济、资本市场等在社会主义国家存在和发展扫清了障碍。在这个过程中，虽然对有些问题的改革还存在着这样或那样的问题，但是经过这么多年的不断发展，也累积了大量前期工作。尽管还没有从根本上解决这些问题，但也把它们推向了改革的"深水区"。同时也需要我们从更深层次来审视和解决这些问题。进入体制内改革，如政治体制改革，干部任命制度改革，行政审批制度改革等，操作起来很难。俗话说"自己刀难削自己把"，难度逐渐加大，改革阻力也越来越大。

二是，改革的领域从经济走向社会各个领域，这将是一场全方位的改革。过去将近40年的改革主要集中在经济领域。然而，经济基础决定上层建筑，经济基础与上层建筑基本适应是社会健康稳定发展的重要条件。在40年的改革开放中，我国经济领域的快速变化已经引起政治、文化等领域不同程度种种不相适应。如果说，过去在经济领域中的改革，主要是改革决策部门对社会的利益关系进行调整和调适的过程。那么，我国今后的改革，则从对外界转向对自身，"从外到内"的过程，改革的方向发生了变化，更多地是从体制内入手，从既得利益部门开刀，束缚或限制过去已有的权力和利益，其难度是可想而知的。因此，在这种情况下必须进行全面深化改革，将改革推向纵深。习近平同志指出，我们必须全面深化改革。[①]"深水区"的改革不是单向度的改革，而是全方位多层次的改革，改革的范围已经超出特定方面和特定领域，改革的任务更加繁重，改革面临的困难越来越多，很多领域的改革呈现出好说不好做的态势，实践中操作起来十分艰难，这也是改革将进入"深水区"和"攻坚区"的主要特征和表现。

三是，改革触及的问题由浅层次逐渐转入深层次，这将是一场深度改革。在改革开放初期，我国的改革的主要任务和目标都主要集中在经

---

① 《习近平谈治国理政》，外文出版社2014年版，第71页。

济领域，容易达成改革共识，改革起来也较为顺畅。因此无论是改革的范围，还是改革的难度，都不能和今天的全面深化改革相比。在全面深化改革时代，社会的改革不同于改革开放初期的某一领域的改革而是全面的改革，改革的结果牵一发而动全身，不仅有具体制度的改革，而且还有观念领域的改革。改革的问题域从经济基础领域上升到上层建筑领域，触及到的可能是社会中流传千百年的落后价值观念和树大根深的既得利益阶层，改革的难度可想而知。但我们不能因此而畏首畏尾，不敢扬起全面深化改革的时代大帆。面对这些困难，我们首先要再次解放思想，破除旧观念的束缚和制约，敢于冲破思想禁区，建设性地为全面深化改革贡献良策。习近平指出，有些观念障碍源自体制内，不解放思想，就很难找到改革的突破口和着力点，也就不可能准确发力创造性地解决改革难题。[1] 所以，我国新时期的全面深化改革，一定要有自我革新的勇气和胸怀，要更进一步地解放思想，跳出条条框框的束缚，才能在改革中有所作为。习近平强调，我国过去几十年的改革，已经解决了一些浅层次的容易解决的问题，剩下的改革任务都是一些因体制机制和长期受旧观念影响的难点，无论是改革的成本还是改革的难度都大大提高，凸显了改革进入"深水区"。越是这样，越需要解放思想。

四是，改革的导向由政府主导转向市场起决定性作用。到底坚持什么样的改革导向，这是改革首先必须回答的问题。从过去 40 年的改革历程来看，一直存在着政府与市场之间到底谁为主导的争论。总体来看，政府在过去的改革中占据着绝对的主导地位，掌握着绝对的主导权。换言之，我国过去 40 年的改革是政府主导型。党的十四大以来，我国的社会主义市场经济体制改革一直在探索政府和市场在改革中的角色问题。从党的十五大到党的十八大，前后经历了从"基础性"向"决定性"的转变过程[2]，标志着我们党对市场本身的作用的认识是在不断发展和深化

---

[1] 《习近平谈治国理政》，外文出版社 2014 年版，第 87 页。
[2] 党的十五大提出"使市场在国家宏观调控下对资源配置起基础性作用"；党的十六大提出"从制度上更好地发挥市场在资源配置中的基础性作用"；党的十七大提出"更大程度更广范围发挥市场在资源配置中的基础性作用"；党的十八大则指出"市场在资源配置中起决定性作用"。

的，同时也意味着我国的改革逐渐由"政府主导型"过渡为"市场导向型"。在改革开放以前，我国实行的是计划经济体制。在改革开放之后，我国才逐渐转向市场经济体制。因此，对于我国的改革来说，起点是经济体制的转向问题。这种转化从根本上说是从"全能型政府"转向"有限型政府"的过程，政府由改革的主导者变为改革的服务者，充分发挥市场机制在改革中的重要作用。所以，全面深化改革还要利用市场化的手段来引导改革。党的十八大明确提出我国要在2020年全面建成市场经济体制，使改革向更高的目标推进。

五是，改革的方式由"以下推上"的典型示范转向"以上带下"的顶层设计。总体来看，任何国家、任何民族的改革无外乎两种基本的模式：一是"自上而下"的改革；二是"自下而上"的改革。中华人民共和国成立以来，尤其是改革开放以来，我国在没有现成的经验可以借鉴的情况下，最初的改革只能是通过广大人民不断探索、不断积累、不断发现，最终总结提升为普遍性的改革经验，进而在社会上形成示范性效应，然后在全国推广。之所以采用这种模式，是有特定的历史原因的，与我国当时所处的环境有关。如改革开放之初我国实行的家庭联产承包责任制，对农村进行的改革，就是基于安徽省凤阳县小岗村的探索经验。小岗村在没有实行分产到户之前，生产效率和产量也不高。但是分产到户之后，情况就发生了根本性的变化，大大提高了农民的积极性。这一改革得到了邓小平同志的肯定，之后在全国广泛推行，从而解决了吃饭问题，也有利于农村的稳定和农业的发展，形成了改革的示范效应，也引发和推动了城市的国企改革，成为全国改革的原发点。然而，当前我国的改革所面临的情况已经发生了根本性的变化，仅仅靠这种"自下而上"的尝试探索性改革已经远远不能适应社会发展的需要，今后的改革更多地需要"自上而下"的改革模式。改革"深水区"的根本性问题必须从顶层设计入手，从制度的变革入手。这需要靠党中央、国务院顶层谋划改革方案，采取"以上带下"的方式在全国推进改革，这是改革的新路径、新方式和新选择。

六是，改革的路径由"摸着石头过河"转向理性探索。经验的积累和理性的探索是改革的两条基本路径。任何改革都不能是纯粹经验的累加，如果缺乏理性思维的指引，最终只可能是照抄照搬条条和本本，不可能根据实际作出调整，这样势必陷入形而上的改革困境中。同时，任何改革也不能是纯粹的理性探索，如果理性探索不能与实践经验有效结合，结果就会导致改革陷入虚无缥缈中，不现实、不实际、不可能。我国在改革开放初期，邓小平同志提出了"摸着石头过河"理论，就是要在没有既定经验可供借鉴的情况下，充分发挥广大人民群众的实践智慧来探索改革事业，这一理论也曾指导了初期和中期的改革。习近平在党的十八届三中全会第二次全体会议上作的《切实把思想统一到党的十八届三中全会精神上来》中指出，提高改革决策的科学性需要不断地向人民群众学习取经。[①] 人民群众是改革的创造者和开拓者，集感性经验与理性智慧于一身，也是改革的中坚力量。所谓改革过程中的理性探索，就是在总结经验的基础之上，运用理性的方式对经验的再升华和再创造。过去仅凭感性认识的方式来推进改革的做法已不适应时代发展的要求，必须转向理性探索，靠理性发力，构建新的改革机制。与之前的改革理念相比，理性探索是一种更高层次的改革，更多地依靠理论的自信和道路的自觉来引导改革向纵深发展。

七是，改革的阻力由过去的碎片化转向集团化。在计划经济时代，我国实行由政府主导的统购统销、统一生产、统一分配的模式，国家对社会的整个经济活动和经济生活进行高度的集中管理。在这种体制中，人们之间的生活水平和收入差距不大，但现在看来这种经济体制严重束缚了社会活力和社会生产效率，导致了广大人民生活水平普遍较低。因此，在改革开放之初，社会改革所面临的压力普遍较小，改革也往往只是触动了一小部分人的利益，并且这一小部分人还呈分散状态，所以当时的改革阻力主要表现为分散式碎片化状态。随着40年的社会改革和发展，我国社会已经形成了各种各样的既得利益群体，形成了各种各样的利益集团，他们之间的联系也更加紧密。这样，要触动庞大的利益集团的既得利益就变得十分困难，改革的阻力由过去的碎片化向集团化方向发展，改革的难度也陡然上升，很多改革都处于"难产"状态。比如，

---

① 《习近平谈治国理政》，外文出版社2014年版，第98页。

已经酝酿和讨论了整整 8 年的分配制度改革，至今仍然未能出台，其阻力之大可见一斑。分配制度的改革事关每一群体的利益，其中工资制度的改革就因为垄断行业从中作梗而过早流产。涉及各个阶层和利益集团利益的改革，都会遭到各种各样的阻力。这类改革大多涉及央企、垄断行业，这些庞大的既得利益集团是中国改革的深层次阻力，也是我国全面深化改革亟待破解的瓶颈和体制性障碍。

"深水区"的改革是各种利益格局的重组和博弈，改革向前每推进一步都非常艰难。所面临的问题，将会比过去所遇到的问题要复杂得多，也要艰难得多。与改革的"浅水滩"相比，改革的"深水区"有以下几个方面的特征：第一，改革动力弱化。"深水区"的改革都是一些难啃的"硬骨头"，有些领域不伤筋动骨是很难见到成效的。改革过程中也存在利益取舍的问题，是取长远利益，还是取眼前利益；是取局部利益，还是取全局利益；是取个体利益，还是取集体利益等这些都是需要深度思考并作出选择的。这样，部分人往往只注意了眼前利益、局部利益和个人利益，忽视了长远利益、全局利益和集体利益，直接弱化了改革的原动力。第二，改革阻力增加。"深水区"的改革是要打破那些束缚生产力发展和社会进步的体制机制障碍，这会伤及既得利益者的现有利益，他们为了不让自身的利益受损，势必会以各种方式各种形式对改革进行阻扰，甚至还会破坏改革的进程。这一时期的改革不仅涉及领域广，而且改革阻力也随之增大。第三，改革更加复杂。我国过去的改革主要集中在经济领域，主要依靠经济的方式或手段推进改革进程，改革难度相对较低。"深水区"的改革已经远远超出经济领域的范畴，而是拓展到政治领域、社会领域、文化领域等，涉及的改革主体更多、改革对象更广、利益纠葛更加复杂，改革的综合程度及复杂程度都大大地提高。第四，改革不确定性增加。"深水区"的改革任务繁重，任何改革举措都是牵一发而动全身，改革成功与否直接关系到我国社会前进的步伐。因此，改革过程中的风险巨大，每向前走一步都存在着诸多不确定性因素。此外，改革还存在着信息方面的不透明不对称等问题，对未来进行预测的难度增大，不确定性也随之凸显出来。可见，"深水区"的改革与"浅水滩"的改革有根本区别。

改革如逆水行舟，不进则退。当前我国的社会主义改革正处于不进则退的境地，我们没有回头路可走，必须坚定不移地将改革进行到底。正如习近平总书记所言：开弓没有回头箭。一方面，我国过去 40 年保持的持续高速增长，虽然经济社会取得了巨大的成就，但是我们走的是一条高消耗、高污染、低劳工成本的不可持续的发展道路，带来的后果是资源的极大浪费和严重的环境污染。当前持续的雾霾天气、许多资源的枯竭就是明证。我国过去形成的体制与机制的困局已经成了一种新的路径依赖，短期行为正在损害健康持续发展的根基。从另一方面来看，改革开放以来，我国社会财富蛋糕虽然越做越大，综合国力也得到显著增强。但是也带来了日益尖锐的现实问题与社会矛盾，社会收入差距在加大，贫富差距日益明显，东中西之间的发展不平衡，民生诉求持续升级，利益格局失调的现象越来越严重，社会阶层更加固化，社会矛盾更加凸显，社会问题也越来越多越来越复杂。这些问题已严重影响了中国社会的健康发展，成为阻碍中国社会进步的深刻根源。当前的全面深化改革，就是要对存在的这些矛盾和问题逐一进行破解，重新调整现有的利益格局和不合理的社会利益链条。要解决这些问题，当务之急是需要达成改革共识，争取更多人的支持，转变不科学的发展观念，坚持发展成果共享，积极引领全面深化改革的时代主旋律。

### （二）啃下改革的"硬骨头"

我国当前的全面深化改革，面临的局面和改革初期相比，情况要更加复杂多变，改革的难度也明显加大。"全面深化改革，其广泛性、深刻性前所未有。推进改革的敏感程度、复杂程度前所未有。"[1] 进入社会改革"深水区"，面临着各种各样的复杂的硬任务。2013 年 10 月 7 日，习近平在亚太经合组织工商领导人峰会上作的《深化改革开放，共创美好亚太》演讲中指出，当前中国的社会主义改革已经到了最为关键的时刻，需要通过社会改革来解决的问题任务不可谓不重，改革要去啃的"硬骨头"不可谓不多，情况愈是如此，我们愈要坚定改革的信念不动摇。任何瞻前顾后、

---

[1] 刘云山：《加强和改善党对全面深化改革的领导》，《人民日报》2013 年 11 月 19 日。

畏首畏尾的做法于改革而言毫无益处，在改革的"攻坚区"和"深水区"，我们要一鼓作气地将改革推向纵深，解决阻挠社会发展的难题，切不可前功尽弃。中国的改革必须要以"四项基本原则"为准绳，无论什么样的改革都不能出现颠覆性错误，否则就会造成难以挽回的局面。改革的胆子要大、步子要稳，敢于啃"硬骨头"，敢于涉险滩，敢于向顽疾开刀。①

新阶段社会主义改革需要啃的"硬骨头"到底在哪里？《人民论坛》杂志在围绕当前改革中的"硬骨头"，推出了"特别策划"专栏《改革的硬骨头——三中全会待解难题与公众期待》调查。在回答"改革'硬骨头'为何硬"这个问题时，受访者占比位居前三位的分别是：认为"既得利益者阻挠"占比为89.7%；"两难甚至多难掣肘，问题复杂"的占比为82.3%；"部门或地方阳奉阴违，政令不畅"的占比为74.1%。这些都是由长期存在的体制机制障碍造成的弊端。在"您对三中全会拆解改革硬骨头的信心程度"选项调查中，74.6%的受调查者持"有信心"态度；19.3%的受调查者选择"信心不足"；6.1%的受调查者选择"不好说"。从调查结果来看，他们认为改革需要啃的"硬骨头"在以下六个方面。

一是，转变政府职能（占比83.2%）。转变政府职能，实质上就是要处理好政府该做什么、不该做什么，哪些是政府应该做的、哪些是政府不应该做的、哪些领域应交给市场、哪些领域政府应加强监管这些根本性的问题，也就是要处理好政府与市场之间的关系问题。过去，政府管得太多、太严、太死，不利于社会的发展，也不适应现代社会的要求。这也是长期以来人们普遍关注的焦点。在全面深化改革时期，转变政府职能的主要目标就是政府要从"主导者"变为"服务者"、从"决定者"变为"参与者"，充分发挥市场机制的力量。转变政府职能意味着政府首先要拿自己"开刀"，做改革的先行者和闯关者。为此，必须冲破体制机制的顽疾，进一步解放思想。新一届政府为转变自身的职能，多次专门进行研究，表明了中央坚决啃下这块"硬骨头"的决心和信心。

二是，缩小收入差距（占比78.3%）。收入差距不断扩大是制约我国

---

① 《习近平谈治国理政》，外文出版社2014年版，第348页。

社会主义建设和改革的一大障碍，也引起了广大社会成员的关注，一些低收入成员甚至还对此不满，意见很大。该问题必须从分配制度上入手，而分配制度又是与各个社会成员的根本利益联系在一起的。实行什么样的分配制度、如何分配，关系到广大人民群众的根本利益，也是社会主义必须回答的问题。我国的经济制度决定了在社会分配中实行按劳分配为主体，多种分配方式并存的分配制度。如何才能做到在分配中更加注重公平正义，让改革的成果惠及更多的人，这是长期以来困扰我们的改革难题，也是政府一直关注的重点领域。在新的历史条件下，改革我国的分配制度势在必行，然而制订分配改革的方案一直处于"难产"状态。虽然国务院在2013年春节前批转了《关于深化收入分配制度改革的若干意见》，但该方案目前仍缺落地的具体措施。社会各界对收入分配改革的意见尚有分歧，没有形成一个统一的共识。这是改革的另一块"硬骨头"。

三是，打破垄断（占比76.8%）。我国部分行业中存在的垄断现象既有历史的原因，也有现实的原因。虽然打破行业垄断早已成为人们的普遍共识，但垄断的坚冰不但没有消融，而且在部分行业还日益稳固。如何打破部分行业中存在的垄断格局，是社会各界共同关注的话题。在全面深化改革中，祛除垄断的迷雾就是要坚持市场化的改革导向，给予更多社会资本"平等准入"的待遇，打破利益壁垒。调查显示，公众普遍认为社会中存在的部分垄断行业，如通信、能源、金融等领域应当加以改革。在打破垄断这个问题上，学界也普遍认为部分行业中存在的垄断不利于市场经济的健康发展，是与市场经济的基本精神相悖的。打破行业垄断，引入竞争机制，实行优胜劣汰，不仅可以提高这些行业的服务水平，而且还能不断改善这些行业的经营状况、提升经济效率。然而，近年来针对行业垄断的改革进展缓慢，面临的改革阻力和难度极大。

四是，户籍制度改革（占比75.6%）。我国现行户籍制度的形成有着特定的历史背景，是在新中国成立后"在中国当时生产力条件下所选择的高度中央集权的计划经济、重工业优先发展的工业化道路等一系列相关要素制约下形成的。为维护社会秩序，巩固社会主义政权，保证计划经济的有序发展，新中国成立以后的40多年中，户籍制度一直在不断完善和强化"。① 这种在特殊历史环境中产生的户籍制度已越来越不适应当前中国社会的发展，目前大多数民众认为有必要进行户籍制度改革。但究竟如何改革我国的户籍制度，实行什么样的户籍政策，还有不少争议。经济发展水平不高的农村地区以及中小城市的户籍制度改革相对容易。但涉及经济社会发展水平高，社会资源丰富的地区，尤其是北上广，户籍改革就会遇到各种阻力，产生这样或那样的分歧。之所以会出现这些困难，主要原因在于社会中存在的资源分配不均，地区发展差异大。

五是，土地制度改革（占比72.2%）。土地制度是在特定的社会生产关系背景下形成的社会土地关系的总称。我国现行的土地制度主要实行的是城乡分治的模式，农村的土地属于集体所有，城市的土地属于国有。集体所有的土地不能进行市场交易，而国有土地则可以挂牌交易。这一规定构成了我国现行土地制度的基本格局。作为生产活动中的最为基本的要素，土地在社会经济发展活动中扮演的角色十分重要，影响也十分深远，得到了人们的普遍关注。许多人将土地制度改革视为全面深化改革的重要着力点和突破口，给予了极高的期待。近年来，一些地方也尝试推进土地制度的改革，并积累了一些经验，为下阶段的土地制度改革营造了条件。但舆情显示情况表明，人们在如何改革土地制度这个根本性的问题上看法不一，还有很大的分歧。

六是，金融体系改革（占比68.4%）。金融体系改革事关国家经济安全和国民经济的平稳较快发展，必须引起高度的重视和关注。从总体上来看，我国金融体系的运行状况较为稳定，应对国际金融风险的能力不断提高。但我国经济体系中发生的结构性变化使得金融体系也发生了相应的改变，金融体系的系统性风险和不稳定因素也在逐渐增高。在这样一种背景下，进行金融体系改革成为我国经济领域改革迫切需要解决的问题，也是进一步促进我国经济社会发展的必然要求。舆情调查显示，公众普遍关注的是金融行业中存在的垄断现象及金融行业中的高回报现象。他们希望对此进行改革，打破行业垄断，推进金融机构存款利率的市场化举措。这充分反映出了公众对金融体系改革的诉求。但金融体系

---

① 张雷：《当代中国户籍制度改革》，中国人民公安大学出版社2009年版，第12页。

的改革和其他领域的改革一样,是一项系统性的复杂工程,涉及的范围很广,既有金融机构自身的内部改革,又有外部监管制度的改革。

国家行政学院张占斌教授认为,历届三中全会都会重点对经济体制改革进行总体规划,财税、金融、国企改革等各个方面都面临不少的困难,每个领域都有一些难啃的"硬骨头"。我们要积极回应广大人民群众对全面深化改革的积极呼声和殷切期盼,积极推进打造中国经济升级版的改革,努力把改革开放推向新的高度,进一步释放改革的红利。[1] 也有学者认为,新阶段社会主义改革需要啃的"硬骨头"在以下方面:其一是政府机构改革。这是转变政府职能,增进公共服务质量,提高政府行政效率的关键举措。其二是政治体制改革。要解放思想,冲破体制机制的束缚,建设社会主义民主政治。其中关键在于处理好民权与公权之间的关系,实现二者之间的平等互换。其三是土地制度改革。要在一定程度上给予农民的土地部分所有权,赋予农民土地永久使用权,实现"耕者有其田"的土地政策。其四是垄断行业改革。打破行业垄断、实现准入平等、促进公平竞争是垄断行业改革的基本目标。其五是资源产权和价格改革。调整现有的利益格局,实现社会的公平正义。[2] 每一项改革都会面临着各种阻力,都必须打破现有的体制机制障碍,都必须依靠思想的解放和观念的更新。

新阶段社会主义改革的着力点在何处?需要啃的"硬骨头"到底在哪里?简言之,一是盘根错节的利益关系调整牵一发而动全身;二是体制机制造成的积弊陈陈相因,十分复杂。改革40年以来,中国社会发展很快,但也出现了很多问题。改革的好与不好的确不是绝对的,它既取决于中国与其他国家的对比,更取决于国家实际情况与民间期待的对比。如今改革的牵动性很强,要改革一件事,实际触碰的却很可能是一个领域甚至是多个交叉领域,重建一个客观的、官民都高度认同的中国改革共同声音却是很难的一件事。规律往往是:一个社会的政治共识越高,

---

[1] 张占斌:《一鼓作气 爬坡过坎 攻坚克难 三中全会可能突围的几个领域》,《人民论坛》2013年第30期。
[2] 李佐军:《中国改革进入"深水区"》,中国智库网,2009年6月28日。

它的经济和社会改革就越有能力迈大步子。所以，社会主义改革真正的"硬骨头"可能还是要解放思想，最关键的还是要凝聚共识。改革的真正"硬骨头"大概是要形成全社会对于解决一个难题获得取舍共识的长效机制。

### （三）改革承载时代厚望

任何一项制度都不可能一蹴而就，任何一项决策都不可能绝对完善。改革实质是要对过去的体制机制进行改变，无论是什么样的改革都蕴含着或大或小的风险。社会主义改革的方案无论设计得多么周密，都可能引发一些不可预见的新问题。正如邓小平同志所说，改革不可能没有风险，甚至还有可能犯错误，但是这并不是我们改革停滞的理由。在改革的过程中，胆子要大，步子要稳，遇事要小心谨慎，及时总结经验，避免大错误出现。[①] 如今，社会主义改革已经进入了"深水区"，人们对于社会主义改革的期望也会更大，改革决策所面临的风险也将会更大。回顾40年的社会主义改革历程，无论是当年小岗村的家庭联产承包责任制，还是当年经济特区的设立，还是价格变轨的市场经济改革等都是在种种争议中、在风险中前行的。与此不同的是，全面深化改革将更需要从根本上实行变革，从"摸着石头过河"到"改革顶层设计"转变，从以经济领域为主的改革转变为多领域覆盖的更加全面的改革，从容易的浅层改革转向利益调整的深层改革，这些新的改变无疑加剧了全面深化改革的各种风险和挑战。

一是，新时期的社会主义改革面临新的经济风险。社会主义改革40年以来，中国社会越来越开放，经济行为越来越复杂。当前，中国的经济面临着内忧外患的复杂局面，内部的经济体制改革有待深入推进，为经济的进一步发展扫清障碍，外部面临着复杂的国际贸易争端和国际金融风险的影响，正处于"往上走还是往下走的重要关口"[②]，任何环节出

---

[①] 《邓小平文选》第3卷，人民出版社1993年版，第229页。
[②] 《经济上半年将现"前低后稳"态势（热点聚焦）》，《人民日报》（海外版）2014年3月24日，第2版。

现问题都可能面临着系统性的风险。总体来看，这些风险主要表现为三种类型。第一类，不改革的风险。40年的改革开放，中国经济发展基本上已经耗完了在现有体制下的能够发挥的最大空间和最大限度，要促进经济发展的转换升级，就必须实行改革。否则中国经济就会面临着后劲不足甚至是"滞胀"的风险。第二类，必须承担的风险。随着世界经济一体化的深度发展，国家之间的经济贸易往来更加频繁，整个人类社会的发展日益呈现出"一荣俱荣，一损俱损"的局面。因此，在共享经济发展成果的同时也必须承担相应的风险。此外，从我国经济改革的内部环境来看也会产生相应的风险。市场经济与风险相伴，市场本身的缺陷也会带来一些风险。这些都是改革过程中不可避免的问题。第三类，改革不当的风险。任何领域的改革都必须要十分重视"顶层设计"的作用，制定科学的合理的改革措施，才能走上正确的改革道路。否则，只会导致改革失败。经济领域的改革不当带来的将会是全面的金融风险和金融危机，甚至还可能出现经济"崩盘"这种难以挽回的局面。这三类风险都是经济改革过程中可能面临的，如何才能降低改革的负向冲击，强化改革的正向能量，成为改革中必须要回答和思考的问题。

二是，新时期的社会主义改革面临新的社会风险。随着经济改革的深入，政治体制改革将日渐凸显，人们对政治改革的期盼也会越来越强烈。整体而言，我国政治体制改革的最终目标是要建立社会主义民主政治，这也是实现人民当家作主的内在要求。但建立社会主义民主政治也需要一定的条件，在条件成熟的前提下才能真正实现社会主义民主。如果在改革的过程中，我们不顾实际，贸然建立民主制度，就会带来诸多问题，甚至还可能产生社会分裂、国家动荡的危险。"民主政治的功利意义无可怀疑，更确切地可以这样说：民主政治在一定条件下是个好东西，但民主政治形成过程中的风险的确不可忽视。"[①] 历史表明，民主并不是万能的，搞不好还会出现大问题。即便是在西方，民主的实现也是有很多前提条件的，并非表面呈现出的那样。在现行的西方民主政治中，民主已离它的初衷越来越远，甚至成为社会暴力的发起点。政治家们为了

---

① 唐晋主编《高端讲坛　大国模式》，华文出版社2009年版，第238页。

实现自身的政治目的，必须通过各种方式战胜对手登上执政舞台，于是就出现了人身攻击、相互责难等相对丑恶的一面来获取选民的支持。为此，他们必须以最低的成本建立更广泛的选举共同体。这个选举共同体要有自身共同的政治符号，用这种共同的政治符号来区分自己与他者，将其用于连接共同体的基本标志。在民主政治中，政治符号是十分常见的，基本每一个政治共同体都有自身的政治符号。什么样的符号和旗帜能够产生最大限度的认同感呢？通过观察和分析民主政治的历史和现实，我们发现，最容易利用的就是人的肤色、语言和民族特性等，它们往往被政治家们用作拉票的基本手段。这样导致的后果就可能是具有共同肤色、共同语言文化、共同性格特征的人群结合在一起，在政治家的鼓动之下，走向分裂的道路。对于一个国家来说，这种风险是巨大的，甚至可能致使一个国家的发展停滞甚至倒退几十年乃至上百年，代价是可想而知的。

三是，新时期的社会主义改革面临着改革与人民期待、预期计划不一致的政治信任风险。习近平指出，人民群众的参与是我们取得改革成功的关键。[①] 对于社会主义的改革来说，广大人民的期待既是我们改革的动力，同时也是我们改革的压力。我们必须要依靠人民群众的力量，尊重人民群众的首创精神，发挥人民群众的智慧来推动改革事业。广大人民群众对改革的支持是建立在他们的期待逐渐得到实现的基础上的，如果他们的期待没有成为现实，希望变成绝望，改革的风险也随之提高，那么就很可能失去他们的拥护和支持，改革最终也可能走向失败。当他们的期待成为现实的时候，这种期待就会转化为对改革的支持。由此可见，改革和期待之间是一种相互促进的关系。我们的改革事业也要在改革与期待之间形成良性的互动关系。改革满足期待，期待得到满足带来人民群众对改革的支持，新的改革进一步推进，新的期待进一步得到满足。二者之间的这种互动关系是改革的根本动力。另外，改革已经成为时代发展的必然选择，社会的各个方面、各个层级都在推进改革。在这种情况下，各地有关部门为了迎合改革的时代潮流，竞相展开改革运动，

---

① 《习近平谈治国理政》，外文出版社2014年版，第97页。

最终就可能演化为一场关于改革的竞赛。不管措施是否得当，政策是否得力，进而演变成改革大冒进。这并不是我们改革的初衷。滞后和冒进都会导致我们错过改革的窗口期，进而失去改革的良机。任何改革都有个最佳时机，一旦错过，改革的难度和成本都将大大增加。

有学者指出，当前中国改革面临的最大风险就是不改革，没有重大的改革措施。我国社会发展中存在的许多问题，如房地产泡沫、地方政府债务、各地存在的影子银行等，都是由过去不良改革导致的产物，在今天成为影响我国发展的绊脚石。这些历史遗留的问题都需要我们通过改革的方式来解决。面对社会主义改革中存在的各种风险，邓小平多年前就曾告诫我们："不要怕冒一点风险。我们已经形成了一种能力，承担风险的能力。"随着改革的深入推进，抵御风险的能力也会逐渐增强。问题的关键不在于风险的存在，而是在于我们对于风险的态度。在社会主义改革进程中，必然会出现各种声音。面对这些声音，有些人或是基于既得利益者的反对，或是害怕出现"不稳定"的社会幻象，使得改革的力度大打折扣，将"积极稳妥"的改革最终堕落为"稳妥"有余，"积极"不足。一些好的政策因此难以落实，一些好的声音难以传出去。在改革开放初期，邓小平同志就反复告诫过我们，改革过程中存在着很大的风险，只有采取正确的改革策略，才能实现改革的成功。改革的胆子要大，步子要稳，必须注意两个方面的问题。第一，要实时总结经验和教训，不断调整改革的措施，避免小失误酿成大错误。第二，要控制和把握好发展的速度。发展的速度要适中，既不能太快，又不能太慢。太快或太慢都会存在着风险。① 改革的过程与风险并存，不能因为有风险就不改革或者减缓改革的步伐，越是有风险，越是需要深度改革。

从改革开放之初的崩溃边缘，到南方谈话前的历史徘徊，中国共产党本着为国家和人民负责的历史态度和立场，放眼未来，着眼长远，以"天变不足畏，祖宗不足法，人言不足恤"的改革精神，敢于直面社会中存在的矛盾，敢于挑战改革中存在的风险，敢于和改革中的困难作斗争，敢于接受历史和人民的检验，不断凝聚改革共识，化危为安，推动改革

---

① 《邓小平文选》第 3 卷，人民出版社 1993 年版，第 268 页。

开放巨轮劈波斩浪，取得了一个又一个伟大的成就。今天面对全面深化改革的各种问题，我们更要鼓足勇气，不苛求绝对完美的改革方案，不被眼前的风险所遮蔽，毫不畏惧，大胆向前，勇于探索。"改革开放胆子要大一些，敢于试验，不能像小脚女人一样。看准了的，就大胆地试，大胆地闯。深圳的重要经验就是敢闯。不冒点风险，办什么事情都有百分之百的把握，万无一失，谁敢说这样的话？一开始就自以为是，认为百分之百正确，没么回事，我就从来没有那么认为。每年领导层都要总结经验，对的就坚持，不对的赶快改，新问题出来抓紧解决。"[1] 习近平也指出，要反复研究和论证提出的改革举措，但不能因此而放慢改革脚步，最终什么都没干成。改革就是要打破现有的体制和格局，不可能没有风险，也不可能四平八稳。[2] 既然，全面深化改革已经是必然所趋，就不要怕什么风险，要"不失时机地推进重要领域和关键环节改革"。唯有如此，方能为党和国家赢得一个光明的未来。

## 二 从经济到文化的历史跃迁

在40年的改革历程中，我国实现了从高度集中的计划经济体制向市场经济体制的转变，建立起了符合时代潮流、顺应发展规律的市场经济体制，并逐步走向完善。这场改革，不仅从根本上改变了我国贫穷落后的面貌，而且也使我国的综合实力和国际影响力大大提升。无论是从事精神劳动的群体，还是从事体力劳动的群体，都是改革的受益者。基于这种认识，有人认为，我国的改革开放具有"普惠式"特点。但是，目前我国的改革已经进入了新的时期，而不再停留于"帕累托改进"阶段。社会改革难度剧增，形成改革共识难度加大。

### （一）从利益固化到全民共享

马克思主义认为："利益在本质上属于社会关系的范畴。"[3] 人的利益

---

[1] 《邓小平文选》第3卷，人民出版社1993年版，第372页。
[2] 《习近平谈治国理政》，外文出版社2014年版，第87页。
[3] 肖前：《马克思主义哲学》，中国人民大学出版社1996年版，第376页。

具有多样性。人们在生产实践中因为参与物质生产而占有不同的物质财富,形成生产实践者的物质利益,也叫作经济利益。除此之外,人们在生产实践中还形成了政治利益和精神生活利益。这些利益从个人、阶级、国家等不同主体角度,我们又可以分为个人利益、阶级利益、国家利益等。从利益所涉及的影响面,我们又可以分为整体利益和局部利益。从时间的角度,我们又可以分为长远利益和眼前利益等。为此,面对人们在生产实践中形成的各种利益关系,绝不能简单只看到经济利益而无视其他方面的利益。若如此,无论是在理论上,还是在实践上,都是说不过去的。

人们对于利益的诉求首先体现在物质利益方面。恩格斯认为:"每一个社会的经济关系首先是作为利益表现出来。"[1] 人的活动不是无目的的,而是带有强烈的行动指向,无论是物质领域的生产活动,还是精神领域的生产活动,都与他们自身的利益有关。在阶级社会中,各个社会阶级通过政治纲领表现出来的政治利益及其精神生活利益,以及与此相联系的阶级斗争,都以经济利益即物质利益为基础。马克思主义认为,人们在生活实践中,最为直接的活动就是物质生产活动,这与人自身的生命活动和生存需求紧密相关。物质利益的产生和实现并不以人的意志为转移,而是受到生产力水平所决定的生产关系的制约。

在社会主义改革开放之初,邓小平提出了"让一部分地区、一部分人先富起来,先富带动后富"。在原有的社会机制下,人们之间的利益关系并不是没有差别,而是说差别不大。40年的社会主义改革已经打破了以往的利益格局和利益关系,使得社会的利益基于一种新的原则而迅速地实现了重组。在改革开放之前,国有企业群体收入没有太大的差别,但随着市场经济体制的建立和完善,具体地说可能是因为其实现所有制的变革或者改组,这个群体开始出现了分化,无论收入、生活条件还是生活方式,都有了明显的差距。由此,新的利益格局逐渐形成。所谓利益格局指一定社会制度上形成以经济利益为主要表现形式的社会利益形态。"中国改革开放是一个动态的过程,根据利益关系分化的方式、速度

---

[1] 《马克思恩格斯选集》第 2 卷,人民出版社 1995 年版,第 537 页。

和利益格局变动的特点,我国利益格局变迁呈现出三个阶段性特征。"①这三个阶段分别为:第一阶段(1978—1992年),该阶段是我国社会主义市场经济的确立时期,社会利益从原有的计划经济体制下分化出来,形成了不同的利益群体和利益格局。第二阶段(1992—2002年),随着市场经济的逐步发展,社会利益格局出现了失衡的状态,传统的利益格局遭受到权力介入和资本冲击的双重影响,社会的分化程度更加明显。第三阶段(2002年以后),在利益分化的背景下,开始注重利益格局的调整,强调建立改革红利的共享机制。

邓小平当年提出允许一部分人和地区率先富裕,最后带动共同富裕,是有特定的历史背景的。当时我国整体上都处于相对贫困的状态,必须集中力量来发展部分地区,实现同步发展、同步进步几乎不可能。经过40年的发展,让一部分人、一部分地区先富起来的目标基本实现了,现在要更多地考虑如何实现共同富裕的问题,这也是摆在我们面前的现实难题。改革40年以来,我国已经变成全球第二大经济体,国家富裕了,人民生活水平整体上也有了质的提升,综合国力也已稳居世界前列,但是"四大差距"也逐渐扩大了,即城乡差距、贫富差距、行业差距、地区差距。已有的改革并没有实现真正全民共享社会主义改革成果的利益格局。相反,一部分人正在竭力维护既得利益,阻碍改革。如今,城乡差距、贫富差距、行业差距、地区差距"四大差距"还在逐步拉大,短期内很难从根本上进行解决。生活在各领域"金字塔"上层的一小部分社会阶层掌握了大部分的社会资源。从很大程度上讲,利益格局正在慢慢固化。政府部门利益、行业垄断以及各种既得利益群体,正在结成牢固的藩篱。客观地讲,保持适当的收入差距,有助于激发潜力,提高效率;但过大的差距,则不利于社会长远发展,就需要通过各种手段予以调节。现在,越来越多的人认识到,在利益盘根错节的情况下,推进改革必然会遭遇到来自各方的阻力。我们要有这方面的心理准备。

国家行政学院汪玉凯教授总结了影响中国社会利益格局的三大因素。

---

① 谢海军:《改革开放后我国利益格局变迁的轨迹和特点》,《科学社会主义》2008年第5期。

其一是收入分配制度是否合理。合理的收入分配制度能够促进社会利益格局的良性发展，不合理的收入分配制度则会导致社会利益格局的分化。其二是公平政策是否具有公平正义性。公平正义是社会主义核心价值观的基本要求，也是实现社会和谐运行的前提条件。公平政策应以实现社会的真正公平正义为价值取向，制定具有公平正义性的公平政策才是促进社会公平的基本保障。其三是公权的约束是否有效。公权不能无限制膨胀，绝对的权力有可能导致绝对的腐败。习近平曾明确强调，"要把权力关进制度的笼子"，就是要用制度去管权，依制度用权，实现权力的有效监督与制约。汪玉凯认为，这三个因素可能形成四种完全不同的利益格局：第一种是良性和谐的利益格局；第二种是扭曲轻度的利益格局；第三种是中度的扭曲利益格局；第四种是严重扭曲的利益格局。[1] 这四种不同的利益格局代表四种不同层次的社会利益关系。破解不合理的社会利益格局，扫清社会发展的阻力和障碍，从而形成合理的良性的利益格局是改革的必然使命。

利益格局问题，并不能单单归属为经济问题，而是以经济问题为基础的涉及社会方方面面的综合性的问题。社会利益形态与社会和谐稳定紧密相连，不同的社会利益格局对社会产生的影响也会有所不同。李克强总理在谈到全面深化改革的难点时指出："现阶段推进改革不仅要继续解放思想，转变观念，在很大程度上要触动利益。如果利益格局固化了，经济社会发展就缺乏活力。"全国政协委员、中国（海南）改革发展研究院院长迟福林认为，改革确实使一部分人和一部分地区先富起来了。同时，要注意观察改革中的既得利益者开始形成并有继续扩大的趋势，与此相联系，社会的利益格局也初步形成，并且还有进一步固化的倾向。既得利益者既不希望继续深化改革，又不希望退回到计划经济时代，这会使改革处于相对胶着状态。在这个时代背景下，尚需完善的新体制中的问题可能发酵，新的社会矛盾就可能随之产生。苏共就是因为党内利益格局固化，尾大不掉而错失种种改革机遇，致使改革受挫亡党亡国的。

习近平同志指出，实时调整生产力与生产关系、经济基础与上层建

---

[1] 汪玉凯：《准确把握利益格局　突破利益固化藩篱》，《北京日报》2013年2月18日。

筑之间的关系，使之相互适应更加协调，是发展中国特色社会主义的必然选择。我国社会中存在的基本矛盾还未从根本上得以解决，并且在新的历史条件下呈现出新的时代特点，需要通过全面深化改革的方式来破解，以促进社会的全面发展和不断进步。习近平强调，社会基本矛盾大的方面没有变，但具体的方面处于不断的变化和发展之中，不可能是铁板一块。因此，要不断改革，不断发展，"改革开放只有进行时、没有完成时，这是历史唯物主义态度"①。从改革之初的解决温饱问题到全面建成小康社会，无疑是我国社会的一次飞跃性进步。然而，要实现这一飞跃，成就前所未有的伟大事业，需要凝聚起更加广泛、更加强大的共识。这就需要不断总结改革发展中的经验教训，通过科学合理地深化改革，更好地协调各方利益关系，更好地实现公平正义，使人民群众更多地分享改革发展红利，成为推进改革、促进发展的坚定支持者和实践者。

**（二）从开放多元到"四个自信"**

习近平同志指出："中国特色社会主义是改革开放以来党的全部理论和实践的主题，全党必须高举中国特色社会主义伟大旗帜，牢固树立中国特色社会主义道路自信、理论自信、制度自信、文化自信，确保党和国家事业始终沿着正确方向胜利前进。""中国特色社会主义道路是实现社会主义现代化、创造人民美好生活的必由之路，中国特色社会主义理论体系是指导党和人民实现中华民族伟大复兴的正确理论，中国特色社会主义制度是当代中国发展进步的根本制度保障，中国特色社会主义文化是激励全党全国各族人民奋勇前进的强大精神力量。"② 在其根本上，"四个自信"实际上都是现代开放多元社会中因为多元文化的形成、多元价值观的相互激荡和冲击，任何社会制度的国家和执政党都必然面临的文化自信问题。中国的社会发展无论是否会改革开放，都会受到整个人类社会历史进程的必然影响。一个国家和民族独有的历史文化因为具有

---

① 习近平：《推动全党学习和掌握历史唯物主义》，新华网，2013年12月4日。
② 习近平：《决胜全面建成小康社会　夺取新时代中国特色社会主义伟大胜利》，人民出版社2017年版，第18页。

相对的稳定性、持久性和特殊性，面对多元文化冲击是最难以处理的根本问题。中国特色社会主义的文化自信问题也将自始至终影响着中国特色社会主义道路自信、理论自信、制度自信的问题。

多元文化，简言之，即文化从单一状态走向多元状态。多元文化是相对于单一文化而言的，是指随着人类社会的不断发展，社会的复杂程度日益加深，尤其是在信息化越来越发达的情况下，不同文明之间的交往和接触更加频繁，文化的转型和文化的变异也日益加快。在这样的背景之下，各种文化在面临着自我更新的同时也面临着自我消亡的危险，机遇与挑战并存，新的文化样式层出不穷。社会结构的复杂性反映出的是社会文化的多样性，复杂的社会结构要求不同的文化服务于社会的发展，对文化提出了更高的要求。各种类型的文化在复杂的社会结构中相互交织形成了多元的文化。在政治上，多元文化要求具有差异性的公民身份能通过民主的政治制度建设合理地整合政治共识。在文化方面，多元文化对形成共同的社会文化产生了负面增量影响。在民族情感方面，各群体成员的特殊认同对民族认同、国家认同也有一定程度的冲击。随着社会主义改革开放的深入，我国社会逐渐进入了文化大转型与重塑的关键时期。在这一时期，中国传统文化和西方文化相互激荡，产生了若干亚文化形态。中国社会的文化样态逐渐走向多元。在这种多元文化中，因为文化取向趋同而形成的各种社会群体油然而生，这更加剧了多元文化对全面深化改革的深刻影响。

多元文化格局孕育着多元化的新社会思潮。究其本质，有三种主要因素决定了思想观念与社会思潮的多元化。一是，思维主体的差异性。这种差异性是由不同主体自身因素和所处的外部因素共同决定的。二是，环境因素的复杂性。在今天这样一个高度开放的时代，高速发展的信息技术已经彻底打破了信息传播的单一渠道。与此同时，各种外来思想、新思潮通过各种途径不断冲击着人们原有的社会认知，孕育并发展了各种新的社会思潮。三是，社会存在的多样性。改革开放40年来，我国社会的经济活动形式逐渐出现多样化，人们的社会生活也变得逐渐多元化。在这种多元化的社会生活中，人们逐渐形成了多样化的世界观、人生观和价值观，在人们更加频繁而广泛的人际交往中，多元化的社会思潮也油然而生。这种多元化的社会思想观念与思潮主要表现在两方面：一方面，随着改革开放与现代化建设的持续深入发展，传统马克思主义、社会主义的集体主义、爱国主义思潮得到了更新，注入了新的活力，形成了新的样态。但另一方面，一些非马克思主义、非社会主义的私有化、自由主义、拜金主义等消极的社会思潮也随风潜入夜，在社会思想领域中兴风作浪，唯恐不乱。

多元的文化格局隐藏着人们价值观念的嬗变，这种嬗变正在冲击着马克思主义"一元化的指导思想"。多元文化包裹的是多元的价值观。改革开放以来，随着以社会结构、经济体制、政治体制和文化体制的改革和社会的全方位开放为前提的社会转型，中国社会的价值观日益出现多元化的趋势。面对这种多元化的价值选择，人们并无怀疑或者异议。这种多元价值观之间的存在与"冲突"也并非中国社会所独有，也并不是社会主义改革开放的必然产物。但是，这种多元价值倾向对社会的撕裂与分化却是不容忽视的。因为价值观的多元化，社会评价标准变得多元化，人们在价值追求的众神狂欢中逐渐迷失方向，而陷入相对主义、怀疑主义和虚无主义的旋涡。社会价值观的分化与离散，是共同价值基础的丧失与社会整合力量的消减。这是多元文化包裹下的多元价值观对马克思主义的指导地位形成的最为现实的冲击和挑战。这种挑战的结果试图直接指向否定社会主义改革的成就，进而对党的领导地位和确立的社会发展道路进行否定。

多元文化的存在增加了凝聚社会主义改革共识与合力的难度，加大了维持良好社会秩序的压力。在反思法国大革命为什么没有带来预期的秩序与进步，相反带来的是动荡不安时，19世纪的保守主义者认为，根本原因是法国大革命破坏了传统文化，从而破坏了原有的社会文化整合机制。然而，政府为了解决这种社会危机，不得不采用高压政策，这种政策的出台更加激发了社会的种种矛盾。当代中国正走在社会主义改革的途中，多元文化的存在直接导致了不同利益主体和文化主体在文化上的不同认知。这种文化共识的消减将使传统的社会整合方式失去部分效力，使社会力量的整合变得尤为困难。在西方一些以宗教信仰为主流价值的多元文化国家，宗教一直是社会的强性稳定剂，即使没有政府的介入，也容易为社会公共事件达成一致的社会共识。然而，中国并不是这样的国家。我们不仅是传统的多民族国家，也是政教分离的社会主义国家。因此，如果没有政府的介入，没有中国共产党的正确决策，没有文化上的价值整合，整个社会必将难以达成共识，也难以形成改革合力。

在社会主义改革的过程中，对待不同文化的不科学态度也在不同程度上干扰着社会主义改革的前进方向。当我国确立了社会主义改革开放的基本国策之后，各种外来文化也不断进入中国，这些外来文化往往具有与我国传统文化不同的新样式、新内容而具有很强的吸引力。特别是在一些年轻人看来，对传统的背叛就是自己进步的标志，对外来文化的追捧成为一种流行的时尚。殊不知这种背叛与追捧带来的不仅是传统文化的生存危机，也是导致社会主义改革新时期思维方式等方面的诸多差异的原因。它不仅冲击着人们传统的生活方式和生存方式，冲击着人们已经习惯的文化信仰和社会共识，而且使社会的文化整体性遭到撕裂与质疑，一部分人从背叛传统文化走向维护传统文化，开始在文化的交流中重新寻求自身的社会定位。而另外一些人则开始对传统文化采取情绪化的赞美和种种批判，一些人开始对西方文化采取盲目崇拜和盲目排斥。这些关于多元文化的相互激荡，在一定程度上，导致我国文化价值系统出现紊乱，影响着社会主义改革的文化根基，从而干扰社会主义改革的历史进程和发展方向。

西方部分具有意识形态色彩的社会思潮也在冲击社会主义改革。近些年，新自由主义、历史虚无主义等非社会主义思潮时隐时现，试图对我国社会思想进行腐化和西化。有学者指出："新自由主义的核心观点是彻底私有化、完全市场化、非调控化。其理论前提是'经济人'假设、私有制永恒、市场经济万能。'经济人'假设是历史唯心主义的、反科学的。私有制是人类社会发展到一定阶段的产物，而不是永恒的。新自由主义主张私有制而反对公有制，主张市场经济万能而反对宏观调控等，这些都是我们所不能接受的。"[①] 我国社会主义市场经济和新自由主义宣

---

① 周新城：《新自由主义的核心观点及其对我国改革的影响》，《学习论坛》2010 年第 1 期。

称的自由经济有本质区别，必须引起重视，不能陷入新自由主义的蛊惑中迷失自己。还有些人以"反思历史"为名，只要"解放思想"，不要"实事求是"。他们只看到了社会主义改革中的失误，而没有看到社会主义改革中的成就，他们丑化甚至妖魔化中国共产党的领导和社会主义建设的历史，最终走向的是对社会主义根本制度的否定和对人民群众集体智慧的蔑视。还有一些人针对社会主义改革中的部分现象，刻意渲染部分制度的漏洞以及少数中国人的投机、不文明行为，进而否定社会主义改革，否定中国共产党的领导，否定五千年的中华文明，转而走向"全盘西化"的怀抱。这些新自由主义、历史虚无主义等具有意识形态色彩的思潮不仅表现在各种社会主义改革的争论中，而且已经渗透到各种文学、艺术和影视作品中，影响面大，危害至深，对此我们应该有足够的认识，保持高度的警惕，切忌上了西方的"洋当"。

### （三）从多样反思到坚定理想信念

邓小平指出，一直以来，我们党之所以具有强大的战斗力和凝聚力，是因为我们有共同的理想信念。这是我们真正的优势所在。①"理想信念"是中国共产党适应新形势新任务的需要特别是思想政治工作的需要而逐步形成的一个新概念。1985年《中共中央整党工作指导委员会关于第二期整党工作的基本要求的通知》中就明确提出："崇高的理想，坚定的马克思主义信念、共产主义信念，是我们进行和做好一切工作的精神支柱和强大动力。"② 在这之后的有关重要文件及党和国家领导人的一系列重要讲话中，关于理想、信念的论述也逐渐多了起来。邓小平在总结过去的经验时指出，过去无论是在革命斗争时期，还是在社会建设时期，我们曾面临许许多多的困难，但最终我们都挺过来了，取得了革命的胜利。为什么呢？归结为一点就是：有理想、有信念。③ 党的十八大报告也指出，理想信念是共产党人的精神追求，是共产党人的政治灵魂，也是共

---

① 《邓小平文选》第3卷，人民出版社1993年版，第110页。
② 《十二大以来重要文献选编》（上），人民出版社1986年版，第713页。
③ 《邓小平文选》第3卷，人民出版社1993年版，第110页。

产党人在任何历史时期经受各种风险考验的精神支撑。① 社会主义改革40年以来，我们正是依靠强大的理想信念力量战胜了一个又一个困难，取得了社会主义改革的阶段性胜利，在新的历史阶段，我们更应牢固树立理想信念不动摇。

由于社会主义改革事业，在这三四十年中取得重大成就的同时，又产生和存在着许多重大问题，于是就在当代中国出现了不少"拿起筷子吃肉，放下筷子骂娘"的现象。新的形势下，一直以来被视为优势和优良传统的公民的坚定的理想信念，尤其是公民的社会主义理想信念遇到了来自国内外各种思潮的挑战，一部分人包括我们的一些共产党员和党的领导干部，理想信念也发生了不同程度的动摇。最值得注意的就是，近些年出现了不少人不断地对我国的改革开放和中国特色社会主义进行所谓的"理论反思"。其中不少"反思派"人物不仅对中国特色社会主义道路提出了质疑，而且还把问题的存在全部归罪于中国特色社会主义本身，并因此而认为中国特色社会主义救不了中国，于是纷纷开出了自己的所谓拯救中国的"药方"，从而进一步导致了整个社会的"思想混乱"。当然，这些不同的"药方"，有的确实是在总结经验，反思教训，而有的却是另有图谋。无论如何，他们在客观上都不同程度地从不同的角度针对当代中国存在的种种问题，对中国特色社会主义道路表示怀疑、反对甚至否定，妄图取而代之。当前，部分党员干部理想信念的迷失在思想认识层面和实践层面都有不同表现。

在思想认识层面，改革开放以来，党中央审时度势，在经济领域实行社会主义市场经济体制，增强了社会经济活力，促进了思想大解放和生产力大发展，我国无论是综合国力还是人民生活水平都上了新台阶，彻底摆脱了过去贫穷落后的面貌。但是，我们也应清醒地看到，市场经济也不是万能的灵丹妙药，也不能包治社会经济发展中的百病。作为一种经济手段，任何性质的社会形态中的市场经济都有相同的因素。资本主义中产生的负面效应也可能在社会主义中产生，如金钱万能、纸醉金

---

① 十八大报告：《坚定不移沿着中国特色社会主义道路前进　为全面建成小康社会而奋斗》，《人民日报》2012年11月19日。

迷等。当金钱万能的观念和风气渗透社会生活的各个领域时，崇高的理想就容易被金钱拜物教所取代。有些人开始认为，资本主义从产生到今天不但没有灭亡，反而快速发展，许多人开始怀疑我们的理想信念是否科学、共产主义能否实现。面对国际社会主义运动的低潮，很多人对我国社会主义的持续发展表示怀疑，甚至认为所谓中国特色就是资本主义改良等。他们认为"马克思主义是科学的理论"的时代已经过去了，而且它的科学性的时限是那么的狭窄。他们并不否认马克思主义曾经是科学的理论，也着实地推动了社会的发展进步，而今天，大家应该"跳下神马，拨开浮云"回到现实中仔细看看吧，它的理论的科学性已不能再指导实践了。

在实践层面，经过 40 年的社会主义改革开放，在一些党员乃至党的领导干部身上，共产主义理想信念淡薄的现象已有一定的普遍性。腐败者往往会在最后时刻承认自己放松了世界观的改造，放弃了共产主义的理想信念。一部分党员干部的行为失范，造成了极坏的社会影响。有的党员徘徊犹豫，不能用党员标准严格要求自己，关键时刻"站不出来、冲不上去"。有的党员干部理想动摇，信仰滑坡，丧失精神支柱和奋斗目标，开始守着既得利益不愿意改革。有的党员干部以"父母官"自居，为人民服务的意识没有了，官僚主义却在重新泛起；有的党员干部把党和人民赋予的权力视为谋取私利的工具，大搞钱权交易；有的党政干部居功自傲，贪图享乐，经受不住各种诱惑，陷入腐朽生活方式的泥潭。有的党政干部不求实效，不思进取，不负责任，不守纪律，群众感情淡薄，在一定程度上损害了党和政府在群众中的形象。一般党员中，"对共产主义失去感觉，活着只为身和口"的人也并非少见。这些现象无疑为全面深化改革制造了新的困难。出现这些新情况，既有国内的原因，也有国际环境的原因。

国际社会的不同声音，严重干扰了我国人民的理想信念。社会主义改革开放 40 年以来，我国取得的伟大成就受到了全世界的广泛关注。但这并不能立刻消除西方世界对我国传统的认识，以及在意识形态等方面的敌意，各种"中国威胁论""中国崩溃论"之类的声音不绝于耳，扳倒中国的各种言论也仍然存在。这种"冷战"思维模式在今天的西方社会中还比较常见。中国特色社会主义越是获得新的发展，就越是容易引起国际社会的关注，就越是容易引起国际社会的议论。在这些议论中，既有赞叹之声，亦有否定之音。但总体上来看，因为种种原因，多数国外学者对中国特色社会主义改革的分析还是存在着种种误解，甚至是误读，尤其是那些具有"冷战"思维模式的人对中国特色社会主义道路的有意误读，极具干扰性。这些有意误读，对社会大众坚定走中国特色社会主义道路和全面深化改革的信心和决心，产生了十分消极的影响。这些影响主要表现在以下几个方面：一是，认为中国的改革发展成就十分有限，进而否定社会主义制度的优越性，否定中国特色社会主义改革，否定中国特色社会主义道路的正确性、科学性。二是，否定改革开放的成功与中国特色社会主义道路的历史关系，认为中国之所以能够取得这样的成就，并不是因为中国选择了中国特色社会主义道路。三是，否定中国特色社会主义改革的社会主义性质，鼓吹社会主义改革的"资本主义"性质。在一些国外学者看来，中国在改革开放之初，就抛弃了社会主义，走上了资本主义道路。这些观点本来只是一家之言。但是，在信息传播高度发达的今天，这些一家之言逐渐影响了我国人民的正确判断，一部分人也因此对马克思主义、中国特色社会主义改革的理想信念产生了不同程度的动摇。

我国社会主义改革过程中阶段性问题的陆续爆发，也为国内人民群众理想信念的迷失制造了隐患。社会主义改革在任何时期都不可能照顾到每一个人的利益。在社会主义改革的过程中，必然会出现一些困难群体。当人们面临着看病难、住房难、孩子上学难这些问题时，如果得不到党、政府及社会的及时关心和解决，就可能出现对社会主义、共产主义的失望情绪。他们认为，虽然改革带来了社会的进步，但改革已经造成了贫富分化、阶层分化，形成了既得利益者，改革的成果一直是只能一小部分人享受，改革的代价却让绝大一部分人承担，改革提高了生产效率，却毫无争议地丧失了社会公平正义，他们认为他们正在失去对改革的信心。有的人开始怀疑社会主义改革实践，甚至否定、抵制社会主义改革，希望走回头路，他们开始怀疑执政党的执政动机和执政能力，甚至他们开始怀疑、否定马克思主义的科学性。这些思潮的出现都为我们凝聚社会主义改革共识与合力，产生了十分消极的影响，并在事实上成为社会主义改革的阻力。对此，我们必须予以重视。

## 三 社会主义改革共识的新蓝图

40年前，党的十一届三中全会吹响了改革开放的号角，中国从此走上了繁荣富强的道路。历史告诉我们，我们需要的社会主义改革不是"另起炉灶"，不是"推倒重来"，而是要在社会主义改革历史的已有基础上，继续对制度进行完善，推进国家治理体系和治理能力现代化。我们的改革是有方向、有立场、有原则的，必须是在中国特色社会主义道路上不断前进的改革，必须是中国特色社会主义制度自我完善和发展的改革。以习近平总书记为核心的新一届领导集体高瞻远瞩，审时度势，总结历史，展望未来，通过十八届三中、四中、五中、六中全会，广泛凝聚了全社会的社会主义改革共识，为进一步推进社会主义改革，指明了方向，做出了重大部署。

### （一）完善和发展中国特色社会主义制度

完善和发展社会主义制度不仅是现实的需要，也是历史的延续。1980年8月18日，邓小平同志在中共中央政治局扩大会议上作了《党和国家领导制度的改革》的讲话，邓小平特别指出，各方面的改革，都必须在坚持社会主义基本制度的前提下进行，都必须在中国共产党的领导下有秩序地进行。改革不是要否定社会主义的基本制度和党的领导，而是完善社会主义制度和加强党的领导。1987年10月，中国共产党召开第十三次全国代表大会，党中央作了《沿着中国特色的社会主义道路前进》的报告，在这个报告中，分专题集中论述了经济、政治体制改革的原因、目的、目标和具体内容的问题。在这个报告中，关于改革的性质问题，作了明确的说明："社会主义是在改革中前进的社会。""改革是社会主义生产关系和上层建筑的自我完善。"[①] 社会主义制度的自我完善和自我革

---

[①] 《中国共产党第十三次全国代表大会文件汇编》，人民出版社1987年版，第13页。

新是改革所要实现的基本目标，最终实现社会主义更好地发展。

在改革开放40年历程中，我们党始终牢牢把握改革的社会主义方向，以实现社会制度的自我完善为抓手，以增进人民群众的福祉为根本目标，不断变革和完善社会主义具体制度，释放社会发展的潜能，增强了社会发展的活力，社会中存在的许多问题也在这种不断的改革中得以解决。改革的过程是螺旋上升，永无止境的，一个目标、一个问题解决后，新的目标、新的问题又会迅即出现。尽管在社会发展的不同阶段，改革所面临的任务和改革的目标都有所不同，但是改革始终都围绕着制度建设、制度变革、制度完善而展开，制度建设是否适应社会发展的新要求是判断改革成功与否的根本标准。实践一再表明，在40年的改革中，我们党在改革经济制度的同时，不断推进社会政治体制、文化体制、社会体制等方面的改革，中国特色社会主义制度体系已经基本形成。但客观来说，中国特色社会主义制度还未成熟定型。党的十八届三中全会明确强调，要在2020年实现社会主义制度的基本定型。建立健全社会主义制度体系是中国改革自身逻辑的必然指向。制度问题是根本性的问题，关系着改革发展的全局，关系着社会的和谐稳定，关系着社会主义事业的长期性。同时，制度也规范着实践活动的路径和走向，是人类在实践活动中认识成果的结晶，凝结着人类的实践智慧。制度的完善和发展标志着一定社会对自身发展规律的新认识和新总结。中国特色社会主义制度体系是几代中国人不断探索的结果。

全面深化改革是过去40年改革的再升级。在新的历史背景下展开的全面深化改革，其改革的性质和目的仍然没有变，依旧是社会主义制度的自我完善和发展。全面深化改革就是要继续改变社会发展中与生产力的发展不相适应的制度体系和思想观念，是对制度层面的上层建筑和观念层面的上层建筑的变革。通过这种变革，扫清社会发展的障碍，推动社会的持续永续发展。全面深化改革是由我国当前面临的实际情况决定的，其深刻依据正如习近平总书记所指出的"改革由问题倒逼而产生，又在不断解决问题中得以深化"。制度不是先天存在的，而是人们实践活动的产物。中国共产党经过长期探索，在理论上突破了市场经济是资本主义社会专属的认识误区，认为市场经济只是经济手段，社会主义同样也可以搞市场经济,"计划"和"市场"本没有阶级属性,是"计划"多一点还是"市场"多一点,这个问题不是判断社会属性的基本依据。无论是资本主义,还是社会主义,都有"计划"和"市场"。基于此种认识,从而形成了社会主义市场经济理论,而且以此为基础对经济体制改革进行了卓有成效的探索,形成了一系列与其相适应的制度。党的十八届三中全会强调,实现中国特色社会主义制度的完善和发展是全面深化改革的总目标。

全面深化改革必须以中国特色社会主义制度为依托。中国特色社会主义制度是推动当代中国发展的根本制度保障。制度属于上层建筑的范畴,是为经济基础服务的。从根本上来看,中国特色社会主义制度是服务于和服从于中国特色社会主义事业。邓小平指出,实现共同富裕是社会主义的要求。[1] 我们所有制度的设计与出台,都必须服从和服务于这个根本前提。否则,我们的制度就会与中国特色社会主义性质不相容,与人民所期待的发展方向不相容。在社会主义改革初期,邓小平就反复提醒我们:"在改革中坚持社会主义方向,这是一个很重要的问题。"[2] 坚持走社会主义道路,首先要解决的问题就是不断提高和发展社会生产力,促进经济社会的发展,不断筑牢社会物质基础,增强国家的经济实力,提高人民的生活水平,最终实现全社会的共同富裕。邓小平指出,贫穷不是社会主义,"没有贫穷的社会主义。社会主义的特点不是穷,而是富,但这种富是人民共同富裕"[3]。这就表明,社会主义改革就其根本上来说,在于推动中国社会的发展,不仅要避免资本主义社会的两极分化,避免社会资源分配不公、发展不平衡、成果享有面窄,而且要通过制度保障,使人民走向共同富裕。

全面深化改革必须坚持完善和发展中国特色社会主义制度。中国特色社会主义制度是社会主义经济、政治、文化、社会、生态文明等制度的高度概括和理论提升。改革开放以来,制度在我国取得的成就中的作

---

[1] 《邓小平文选》第3卷,人民出版社1993年版,第373页。
[2] 同上书,第138页。
[3] 同上书,第264页。

用无可替代。站在新的历史起点上，不断推进中国特色社会主义伟大事业，制度的根本保障至关重要。党和人民必须在社会主义建设的各个领域中倍加珍惜、长期坚持、不断完善和发展中国特色社会主义制度。制度建设不可能一蹴而就。在新的历史条件下，坚持和完善中国特色社会主义制度，一是要坚定对中国特色社会主义制度的信心。通过横向和纵向的对比发现社会主义制度具有其他社会制度不可替代的优越性。这种优越性已在社会实践中得到检验。二是要解放思想，探寻完善和发展中国特色社会主义制度的规律，始终坚持马克思主义基本原理与中国实际相结合，坚持以中国特色社会主义理论为指导，在社会主义实践中，完善和发展中国特色社会主义制度。三是要进一步增强中国特色社会主义制度的系统性和协调一致性。由于历史的局限，中国特色社会主义制度在某些方面还存在着相互不协调，与实际发展不相适应的情况，这就需要我们在改革中统筹兼顾，提高制度协调性。

### （二）推进国家治理体系和治理能力现代化

新中国成立后特别是改革开放以来，面对多元化的社会环境和极其复杂的社会形势，我们党就如何更好地管理社会进行了卓有成效的探索。2003年10月党的十六届三中全会首次提出"社会管理"这一概念。在2004年9月举行的党的十六届四中全会上进一步完善了社会管理格局的体制机制。2007年10月，党的十七大在完善社会管理的基础上补充性提出了基层社会管理。2012年，党的十八大又对社会管理提出了新的要求。2013年11月，党的十八届三中全会提出了"社会治理"概念，首次将"社会管理"改为"社会治理"。这一转换标志着我们党对社会的管理模式发生了质的变化，更加注重社会协同治理。同时，也标志着党对自身执政规律有了新的认识，对人类社会发展规律达到了新的水平。

治理不同于管理，治理是现代政府管理社会的主要方式，它强调的是社会的多维参与，而不是单向的政府行为。治理标志着政府职能和政府行为发生了根本变化，由主导者变为服务者和参与者，政府在这个过程中的角色被改变。习近平指出："国家治理体系是在党领导下管理国家的制度体系；国家治理能力则是运用国家制度管理社会各方面事务的能力。"[1] 这一论述是将马克思主义基本原理和当代国家治理结合的产物。没有好的治理体系和良好的合理的制度设计，就不可能实现治理能力的提高，治理能力提高了又会反过来促进治理体系的健全和完善。中国共产党从过去"国家管理"到今天提出"国家治理"，一字之变，却是一次伟大的变革，也是完善和发展中国特色社会主义制度的必然要求。

社会主义改革40年以来，中国共产党领导全国人民在建设社会主义的过程中历经曲折，艰辛探索，走上了中国特色社会主义道路。实践表明，中国特色社会主义伟大事业只有在中国共产党领导下才能不断前进，取得更大胜利。需要指出的是，改革开放40年来，由于社会主义制度还不够完善和健全，社会主义建设过程中出现了资源的非均衡分布与利用，社会财富的分配不均及贫富分化等问题急剧累积。当前，我国正处于社会全面转型的关键时期，政治稳定、经济发展、社会和谐、民族团结的局面整体向好，但仍然面临着诸多矛盾和问题，各种社会矛盾呈现复杂化、多极化、群体化、政治化等趋势，局部矛盾的出现也可能引发连锁反应，出现社会矛盾的"交叉感染"和"蝴蝶效应"。我们仍然面临着新的严峻挑战。退回老路没有可能。如何前行才是正道，只有解放思想才能实现理论创新与体制创新，才能开拓中国特色社会主义的新境界。这需要我们进一步解放思想，全面推进深化改革。

习近平同志指出，党的十一届三中全会以来，我们党始终将制度建设放在重要的位置，将其作为引领时代发展和国家建设的关键力量，形成了较为全面和成熟的制度体系。全面深化改革，首先要建构一套完备的制度体系。实现制度的完备和定型是一项浩大的工程，需要全体人民的共同努力。习近平强调，要全面系统地推进社会制度建设，发挥制度在实现国家治理体系和治理能力现代化方面的统领作用，将社会各方面的因素结成联动的整体，实现总体性的改革效果。国家治理体系和国家治理能力是相互联系的，但又有所不同，不能将二者简单地相等同。习近平认为，实现全面深化改革这个总目标的前提是发展和完善中国特色

---

[1] 《习近平谈治国理政》，外文出版社2014年版，第91页。

社会主义制度和坚持走中国特色社会主义道路。我国的国家治理体系是在我国的历史状况和当代中国面临的现实境遇基础上形成的，是历史与现实的有机统一，具有丰富的时代内涵和现实价值。

全面深化改革，解决中国当前面临的现实问题和挑战，必须从国家治理入手，不断提升国家治理能力，不断健全和完善国家治理体系，使国家治理朝着更加科学和合理的方向发展。在这个过程中，无论是治理主体、还是治理对象都必须要有规则意识，要遵守国家法律法规，否则整个社会就会陷入杂乱无章的境地，从而失去了国家治理的应有之义。同时还要鼓励社会主体能够积极、有效地参与到国家治理的过程中。这要求，我们首先需要加强制度建设，对阻碍社会健康持续发展的旧体制机制进行革新，构建适应新的时代要求的制度体系，使各方面都在制度的有效规范中运行。其次，要对既有制度进行优化，发挥制度的效力，促进社会治理能力的提升。客观来讲，我国已经建立起了较为完备的制度体系，但由于各种原因导致很多制度在现实中并没有充分发挥效能，甚至在某些领域制度成为摆设，并没有被严格地执行。因此，提升国家治理能力，首先需要有效发挥制度潜能，把制度的优势转化为国家治理的实际效能。

### （三）满足人民日益增长的美好生活需要

马克思主义认为，人民群众创造历史。坚持以全心全意为人民服务为唯一宗旨，这是中国共产党区别于其他政党的一个显著标志。为了坚持党的宗旨，高举全心全意为人民服务的旗帜，党的三代领导人一以贯之地做了不懈努力。1944 年，在悼念张思德同志的追思会上，毛泽东同志发表了著名的《为人民服务》的演讲。不久，他又提出，为人民服务，要全心全意。他说："我们应该谦虚，谨慎，戒骄，戒躁，全心全意地为中国人民服务。"党的七大通过了毛泽东同志作的政治报告，并正式把全心全意为人民服务写进了党章。1985 年 5 月，邓小平同志在《在全国教育工作会议上的讲话》中指出："什么叫领导？领导就是服务。"他说："领导者必须多干实事。那种只靠发指示、说空话过日子的坏作风，一定要转变过来。"并主动地提出："愿意给教育、科技部门的同志当后勤部长""为他们排忧解难"。

习近平同志指出:"中国共产党人的初心和使命,就是为中国人民谋幸福,为中华民族谋复兴。这个初心和使命是激励中国共产党人不断前进的根本动力。全党同志一定要永远与人民同呼吸、共命运、心连心,永远把人民对美好生活的向往作为奋斗目标,以永不懈怠的精神状态和一往无前的奋斗姿态,继续朝着实现中华民族伟大复兴的宏伟目标奋勇前进。"[1] 社会主义改革的目的是为了更好地造福人民,实现共同富裕。社会主义改革如果不能增进人民群众的福祉,使社会不公平现象不减反增,那么社会主义改革就远离了它的初衷,改革本身也会丧失动力不可持续。从社会利益角度而言,改革是社会利益关系的重新调整过程。在改革中,必然会触及现有的利益格局,甚至还可能影响现有既得利益者的利益,这都是十分正常的现象。但我们不能因为部分人的利益就置全体人民的利益于不顾。全面深化改革的直接受益者是全体人民,必须将其作为我们工作的出发点和落脚点。如果仅仅以少部分人的利益为中心,那么最终伤害的是全体人民,就会在更大程度上和更大范围上造成社会的不公,也会影响到改革发展稳定的大局。现阶段由于规则不公平使很多人没有真正全面享受到改革发展的成果,由于机会不公平使很多人难以获得实现自身发展的舞台。在全面深化改革中,强调要实现社会公平正义,就是要在人民群众最关心的现实问题上花大力气、下硬功夫,切实解决人民群众生产生活中面临的现实困难,让人民群众更好地生活、更有尊严地生活。

江泽民同志在1993年12月26日纪念毛泽东同志诞辰100周年纪念大会上指出,党同人民群众的血肉联系是我们智慧的源泉和力量的保障。[2] 1996年6月21日,在《努力建设高素质的干部队伍》中强调,党的事业只有依靠人民群众才能取得成功。[3] 他还指出:"我们党在不同历史时期的工作重点和具体任务会随着情况的变化而变化,但是党的工人

---

[1] 习近平:《决胜全面建成小康社会 夺取新时代中国特色社会主义伟大胜利》,人民出版社2017年版,第1页。
[2] 《江泽民文选》第1卷,人民出版社2006年版,第359页。
[3] 《论党的建设》,中央文献出版社2001年版,第226页。

阶级先锋队的性质、党的全心全意为人民服务的宗旨、党的奋斗目标，是始终不能变的。"江泽民认为，党员干部要讲党性，要有终生为人民服务的奉献精神。党的领导干部要牢固树立为群众工作和服务的意识，坚持以人民群众为本，关心人民群众的疾苦，不能脱离人民群众。否则就不是一个合格的领导干部，就从根本上丧失了做党的领导干部的资格。这些都体现了我们党自始至终始终将人民群众的利益摆在首位，以增进人民福祉为目标，以实现人民群众安居乐业为追求。

胡锦涛同志在2003年7月1日"三个代表"重要思想理论研讨会上指出："人心向背，是决定一个政党、一个政权盛衰的根本因素。"①我们党是马克思主义理论指导下成立的政党，党的宗旨和党代表的群体都是以人民群众为本，这也是我们党长期以来得到人民群众支持和拥护的关键之所在。在新的历史条件下，我们更应坚持这一基本立场，永葆党的生机和活力。2005年1月11日，胡锦涛在中央纪律检查委员会第五次全体会议上提出，人民群众是我们党的执政力量源泉，党的执政地位是人民群众赋予的，加强党同人民群众之间的血肉联系是我们党最根本的政治基础。无论在任何时候，都要始终将人民群众摆在历史发展的决定性位置。一个政党能否长期执政，关键看其是否以人民群众为中心。"得民心者得天下，失民心者失天下。"② 2010年10月18日，在党的十七届五中全会上，胡锦涛指出，我们要高度重视群众工作，发挥人民首创精神。党和人民事业能不能顺利发展，关键在党充分调动人民群众的积极性、主动性、创造性。以人为本，执政为民，想人民群众之所想、急人民群众之所急是马克思主义政党的生命根基。

新时期条件下，随着经济社会快速发展，人民生活水平不断提高，城乡之间的差距、不同群体的收入分配差距、不同区域之间的差距扩大，征地拆迁、就业创业、教育医疗等方面问题不断凸显，人们对不公现象的耐受性降低，群体性事件增多、矛盾多发期到来，提速社会公平正义的要求愈加迫切。破除导致不公的体制性、机制性障碍，难度甚至高于

---

① 《十六大以来重要文献选编》（上），中央文献出版社2005年版，第370页。
② 《十六大以来重要文献选编》（中），中央文献出版社2006年版，第593—594页。

抓经济建设。社会的公平正义逐渐成为人民群众最为关心的问题。党的十六大以来，党中央提出了更加关注公平和实现公平正义的方针。党的十六届三中、四中、五中全会都强调了要注重社会公平，加大调节收入分配的力度，努力缓解地区之间和部分社会成员之间收入分配差距扩大的趋势，逐步实现全体人民共同富裕。党的十八届三中全会强调，促进社会公平正义是体现我们党的宗旨的必然要求，也是在新的历史条件下夺取中国特色社会主义新胜利必须牢牢把握的基本要求。

改革开放以来，随着经济体制的变革和经济建设的彻底转型，社会生产领域发生了根本性的变化，生产力得到了质的飞跃，我国经济社会不断发展，社会整体发展水平不断提高，人民生活水平处于历史高位，幸福指数显著提高，社会活力更加旺盛，社会秩序更加良好，民生建设成就突出。但是，我们应该清醒地看到，我国社会主义建设还处于相对较低的发展阶段，社会中还存在着很多不和谐的因素，违背公平正义的现象还时有发生。如，不同地域之间存在较大的收入差距，不同行业之间存在的固有壁垒尚未打破，部分地方因暴力拆迁和土地征用引发的紧张干群关系时有发生，事关民生的食品安全问题、住房问题、医疗服务问题、环境污染问题等都没有得到很好解决。全社会对公平正义的迫切要求和期盼程度日益提高。随着广大人民主体性意识的觉醒，他们对实现和维护自身权利的意识和欲望逐渐增强，对社会中存在的不公现象反映更加激烈。

邓小平晚年也十分重视和关心社会公平问题。1993年9月16日，邓小平在与其弟邓垦的谈话时指出，中国这样一个拥有十二亿人口的大国如何实现富裕是个大问题，一旦富裕起来如何分配也是一个大问题。[①] 邓小平认为，解决公平正义的问题比解决其他发展起来的问题难度还要高、还要大，分配的问题直接关系到全体人民的根本利益，处理不好就容易带来整个社会的强烈反弹。但在社会的发展过程中，两极分化的现象又自然而然地产生和出现。这就需要从多维视角来解决这一问题。国家首先需要制定更加完备的、合理的、科学的收入分配制度，从源头上解决

---

① 《邓小平年谱：1975—1997》，中央文献出版社2004年版，第1364页。

社会不公现象。其次政府要利用税收的杠杆来调节收入分配过程中出现的差距过大问题。再次还要发挥广大人民群众自身的创造性，不断提高自身的收入水平，缩小收入差距。邓小平强调，社会主义就是要实现公平正义。如果我们在发展起来之后，还不能创造更加公平的社会环境，促进社会公平正义，那么我们的改革就失去了意义。实现公平正义是人类社会始终绕不开的重大现实问题。在新时期，如何更好地实现公平正义，是社会主义改革的重大挑战。

创新制度以满足社会发展之需，畅通创新渠道和建立公平分配的财富流通机制，努力使社会发展成果惠及全体人民，享受社会发展带来的普惠，从而体现出社会主义制度的优越性以及与其他制度之间的根本区别。在全面深化改革的今天，我们党提出要建立更加成熟和更加定型的社会制度体系，从根本上来说，就是制度在设计过程中既要考虑到公正性，又要考虑到普惠性，只有将二者有机结合起来，才能为中国特色社会主义制度夯实社会基础和打牢群众基础。从这种角度而言，全面深化改革最重要的任务之一就是保证社会的公平正义，用制度来促进公平正义。作为执政党来说，应把社会是否公平正义，是否有效增进人民福祉作为检视自身执政能力和执政水平的一面镜子，并将其作为考核社会发展水平的重要指标。尤其是对于全面深化改革来说，更应该以此为检验改革成功与否的根本标准。在改革过程中，哪里有不符合公平正义的问题，哪里就需要改革，哪个领域问题突出，哪里就是改革的重点。当前，我国的改革已经进入"攻坚区"和"深水区"，对原有利益格局的调整是不可避免的，无论是在改革难度上还是在改革的认识上都十分困难。这就更加要求我们增加政治勇气和智慧，以更大的魄力推动社会主义改革，坚决破除体制机制障碍，突破利益固化的藩篱，使制度体系更加体现公平正义原则，更加有利于实现和维护人民利益。

党的十八届三中全会提出了要发挥市场机制的决定性作用，其实质就在于要将经济领域的改革进一步深化，利用现代市场经济的理念引领经济体制改革，将公平正义纳入市场体系的各个环节中，为市场活动的攸关方营造良好的公平参与环境，首先在经济基础的领域实现社会公平正义，在全社会形成践行公平正义的风气。在此基础上，将公平正义推及其他社会领域。2017年3月18日，在北京钓鱼台国宾馆举行的中国发展高层论坛上，中央财经领导小组办公室副主任杨伟民表示，要更注重利用市场化的办法来推进改革，深化经济领域的供给侧结构性改革，不仅是领域的深化，而且还包括改革手段的深化。促进社会公平正义，还需要以社会主义民主为支撑，重视法治建设，将社会主义民主与法治嵌入社会生活的各个环节之中，维持社会的良性运行，保障人民的基本权利，真正实现人民群众的主人翁地位。除此之外，也要建立健全社会管理体制，创新社会管理方法，以科学的符合时代发展要求的理念引领社会管理制度建设。努力解决人民群众生产生活中存在的各种困难，为他们排忧解难，共同发展，让发展成果更加充分地体现"普惠性"等。

习近平总书记指出，我们必须始终坚持人民立场，坚持人民主体地位，虚心向人民学习，倾听人民呼声，汲取人民智慧，把人民拥护不拥护、赞成不赞成、高兴不高兴、答应不答应作为衡量一切工作得失的根本标准，着力解决好人民最关心最直接最现实的利益问题，让全体中国人民和中华儿女在实现中华民族伟大复兴的历史进程中共享幸福和荣光！中国已经通过40年的社会主义改革，历史性地推动了中国的发展与进步，并在实践中不断创造新的辉煌。在2018年召开的"两会"上，习近平总书记又一次深刻指出，无论身居多高的职位，始终要把人民放在心中最高的位置，始终全心全意为人民服务，始终为人民利益和幸福而努力工作。坚持以人民为中心，这既是中国社会主义改革取得伟大胜利的重要原因，也是中国特色社会主义始终不渝的"初心"。

第 六 章

# 中国改革共识的历史反思

改革开放40年,中国经济与社会发展取得了巨大的成就。为什么能取得如此举世瞩目的成就?成功的关键和根本在哪里?我们党在改革开放的40年里,对历史经验进行了八次比较系统、全面的总结,每一次总结,都有力地促进了党的先进性建设,并在全社会范围内形成了广泛共识,凝聚了广大人民群众的力量参与社会改革建设事业。站在新的历史起点,重新翻看历史,总结中国共产党引领社会主义改革思潮,化解分歧,凝聚改革共识的基本经验对于坚定不移地全面深化改革具有十分重要的意义。

## 一 在实践中发展马克思主义

与时代紧密结合是马克思主义的基本特质。自1978年改革开放以来,我们党始终将改革目标与社会现实有机结合起来,针对不同阶段的改革任务适时地作出相应的调整,始终牢牢坚持一切发展成果为人民、与人民共享的宗旨。40年来,党不断探索和回答了关于社会主义、关于党的建设和关于科学发展的三大基本问题,这三大基本问题对应党在改革中面临的三个不同的时代,与此相应地形成了三种关联的社会主义理论[1]。这些理论的形成都是党在各个不同时期依据社会现实总结凝练提升社会主义建设事业的结晶。三种关联的社会主义理论是中国特色社会主义理

---

[1] 即邓小平理论、"三个代表"重要思想、科学发展观。

论体系的有机构成部分,也是马克思主义结合中国社会主义建设实际形成的理论精华。正是基于此,中国特色社会主义理论体系才能焕发出强大的生命力、创造力、感召力,这是我们的宝贵经验。

(一) 必须坚持马克思主义

邓小平同志在1992年南方谈话中指出:"我们搞改革开放,老祖宗不能丢啊!"① 这是邓小平留给我们的谆谆教导,也是马克思主义者的一条根本准则。"老祖宗"② 是共产党人的精神灵魂,我们党无论是在过去的革命斗争岁月里,还是在解放后的社会主义建设过程中,都始终将"老祖宗"作为推进我们事业的精神引领,也是我们事业取得成功的关键所在。在全面深化改革的阶段,更应如此。如果丢了"老祖宗",就意味着共产党人失去了理想信念,带来的伤害将是致命的。"老祖宗"是经过中国近代革命和建设历史检验过的适合中国国情的理论体系,为我们党取得政权带领人民推进现代化建设事业做出了重要的贡献。胡锦涛曾指出,马克思主义中国化的蓬勃生命力来源于理论联系实际。这是我们党在40年的改革开放历程中得出的科学结论。

社会主义改革是在继承传统、继往开来的背景下不断向前推进的。1982年9月,邓小平在党的十二大开幕词中指出,我们党在总结历史经验和教训的基础上得出了要将自身的发展道路与自身的实际情况相结合的结论。③ 这也是坚持马克思主义基本规定的体现,具体到现实中就是走中国特色社会主义道路。1992年,在党的十四大上,江泽民指出了中国特色社会主义理论是建立在中国实际基础上的产物。2001年7月,江泽民同志发表的"七·一"讲话,在系统总结党80年的光辉历程和基本经验时再次强调了理论与实践相结合的重要性。2002年召开的党的十六大、2007年召开的党的十七大、2012年召开的党的十八大都对这个问题进行了阐述。党的十八大报告特别指出,党成立至今的九十多年间,一以贯

---

① 《邓小平文选》第3卷,人民出版社1994年版,第369页。
② "老祖宗"主要指马列主义、毛泽东思想等。
③ 《邓小平文选》第2卷,人民出版社1994年版,第371—372页。

之地将马克思主义与中国的时代特征相结合是我们取得一个又一个辉煌成就的保证。党始终坚持马克思主义的实践观，建设有借鉴，结果不照搬，独立自主地进行探索，虽然过程曲折艰辛，荆棘遍地，但最终取得了革命的胜利和社会建设的巨大成就，从根本上改变了中国人民和中华民族的前途命运。[①] 由此可知，改革需以马克思主义理论为指导，脱离这个基本前提，就会偏离改革开放的正确道路。

习近平强调，我们党无论是在革命斗争时期，建设社会主义时期，还是在社会主义改革时期，都十分重视和善于运用马克思主义历史观来透析中国社会发展及其运行的内在规律，以此来认识世界和改造世界，推动党和人民的事业不断前进。事实证明，只有坚持正确的认识方法和原则，才能够科学地把握事物发展的规律，才能够增进我们认识和改造客观世界的能力。我们党之所以能够对中国特色社会主义的认识提到新的高度，就在于始终坚持正确的思想为引领，实现马克思主义话语体系和中国话语体系的交融和耦合。习近平还对理想信念的极度重要性进行了论述。他指出，丧失理想信念，就极易导致各种问题。2016年7月1日，习近平在纪念中国共产党成立95周年的大会上再次强调了全党同志要坚定理想信念："不忘初心、继续前进。"[②] 不忘初心，就是要不忘过去，勿忘使命，不能丢了"老祖宗"；继续前进，就是要在中国共产党的领导下继续将中国特色社会主义事业推向更加美好的未来。

党的几代领导人都十分重视运用马克思主义的基本理论来分析和处理现实问题。改革开放之初，邓小平就对马克思主义的重要性进行了说明。他指出，马克思主义理论不是僵化的教条，而是与现实的实践紧密结合的活的灵魂。[③] 江泽民曾强调，要用马克思主义的立场、观点和方法来指导我们的实践行为，提高辩证思维能力，避免形而上学的片面性。[④]

---

[①] 十八大报告：《坚定不移沿着中国特色社会主义道路前进　为全面建成小康社会而奋斗》，《人民日报》2012年11月19日。
[②] 习近平：《在庆祝中国共产党成立95周年大会上的讲话》，《人民日报》2016年7月2日。
[③] 《邓小平文选》第2卷，人民出版社1986年版，第118页。
[④] 《十五大以来重要文献选编》（上），人民出版社2000年版，第328页。

胡锦涛曾指出,要以马克思主义理论的基本思想为指导开创社会主义建设的新局面和新境界。① 习近平强调,要重视马克思主义的基本立场和观点方法,将其贯穿到解决实际问题的进程之中,要做到真学、真懂、真信、真用,而不是流于形式,这是历代共产党人尤其是毛泽东同志留给我们的传家宝。② 由此可见,我们党的历届领导人都强调了要坚持马克思主义的指导地位,以此统领我国社会改革开放事业。

在社会思想日益多元化的时代,面对种种外来思想观念和形形色色的舆论动态,在一定程度上对社会主导思想构成了威胁。因此,捍卫马克思主义的指导地位是我们必须直面的现实挑战。越是思想多元、价值多元,我们越要坚持马克思主义理想信念来指导我们的社会主义建设事业。共产党人的理想信念在任何时候都决不能动摇,一旦思想领域松懈了就会导致路线偏离,甚至还有可能葬送社会主义事业的大好前程。马克思主义理论是一个开放的理论系统,是经过实践证明了的科学的理论。同时,马克思主义还是实现中华民族伟大复兴的行动指南。无论是在新民主主义革命、社会主义革命还是社会主义建设时期,只要始终坚持马克思主义理想信念不动摇,我们就会取得社会主义事业的成功,就不会迷失前进的方向,更不会犯历史性错误。因此,我们必须坚持马克思主义的指导地位,运用马克思主义的基本立场、观点、方法来指导社会改革。

马克思主义的科学性无须赘述,但我们也应清醒地看到,社会思想领域并不平静,各种社会思潮暗流涌动。当前,面对社会上各种混乱思想动向和某些敌对势力的抹黑,我们不但不能为之拖累,而且还要更加理直气壮地宣传马克思主义,将马克思主义推向时代前列。要坚持用这一科学理论体系来武装全党、教育人民、指导工作,深刻领会党的最新理论成果和思想观念,学会用马克思主义的立场、观点、方法观察和解决问题。习近平指出,要提高我们自身的理论水平和思想修养,提高我

---

① 胡锦涛:《学习贯彻"三个代表"重要思想和十六大精神要持之以恒》,《人民日报》2003年2月19日。
② 习近平:《深入学习中国特色社会主义理论体系 努力掌握马克思主义立场观点方法》,《求是》2010年第10期。

们自身判断是非、甄别好坏的能力，就要依赖马克思主义，这是我们坚定理想信念的思想资源。① 马克思主义的基本立场、观点、方法是我们全面理解和贯穿党的理论、方针、路线、纲领的关键，是我们全面夺取小康社会的理论基石。同时，坚持马克思主义的指导地位，还是我们改进工作作风，转变工作方法，提高工作效率，重视工作原则，避免工作摇摆，克服工作片面的法宝。

为什么马克思主义具有如此强大的生命力，它的真理性和时代性是如何体现出来的……相关问题追问，都只有从实践中来寻找答案。归结起来，就是理论联系实际。从根本上看，社会主义改革的40年光辉历程，充分证明了一切从实际出发的极度重要性。我们党始终针对不同时期不同问题不断作出调整，使我们的方针政策基本与社会发展保持一致，通过社会主义改革不断调整社会主义生产关系，使我国社会主义制度不断得到完善和发展。实践在发展，新的实践环境为我们继承和发展"老祖宗"注入了新的时代内涵。如今，我们在实践中继承和发展"老祖宗"，既要有历史眼光，又要有现实视野；既要有理论基础，又要有实践深度；既要注重实际，又要有理想信念。唯有如此，才能最大限度地凝聚社会改革共识，汇聚改革力量，形成改革合力，推进改革进程。

### （二）坚定不移走自己的路

1984年10月26日，邓小平同志在会见马尔代夫总统加尧姆时指出："革命和建设都要走自己的路。"走自己的路并不意味着盲目排外，而是立足自身实际，将外部因素与自身内部因素相结合的科学做法。在唯物主义看来，世界上的万事万物既有联系，也有区别。各个国家、地区的历史文化、地理位置等实际情况均有所不同，有的甚至相差巨大。在各个不同的国家、地区实践马克思主义，搞社会主义建设必然是要根据自己国家、地区的实际情况而进行。如若不然，必将遇到水土不服的种种积弊。因此，尽管人类社会发展最终会趋向社会主义方向，但是由于各

---

① 习近平：《学习和掌握马克思主义立场观点方法是深入学习中国特色社会主义理论的根本要求》，《学习时报》2013年4月28日。

个国家或地区的特殊实际,不同国家或地区的社会主义会呈现出不同的一面,带有多样性的特征,具体的推进社会主义道路的进程和模式也会有所差异。从这个角度来看,不可能存在一个带有普适性的社会主义模式。列宁曾指出:"一切民族都将走到社会主义,这是不可避免的,但是一切民族的走法却不完全一样。"① 在列宁看来,马克思主义提供的是社会的一般法则,各个国家、各个民族要根据自身实际对社会发展模式和发展道路作出选择。

2013年12月26日,习近平同志在纪念毛泽东同志诞辰120周年座谈会上强调,中国特色社会主义道路来之不易,经历了千难万险,党和全国各族人民付出了极大的代价,甚至是鲜血和生命。这条道路总结了我国社会主义建设正反两方面的经验,将对现实的把握和对未来的展望有机结合起来,开创了中国共产党治国理政的新境界。② 我国确立的社会发展道路,是中国共产党领导全国人民在40年的改革开放伟大实践中总结历史经验和教训的基础上探索出来的、在实践中走出来的光辉道路,是中国历史发展的必然之路。因此,我们必须坚定不移地走下去。马克思主义在社会主义中国取得胜利的关键在于,中国共产党不断丰富马克思主义的中国内涵,使其与中国具体实际相结合。国际社会主义运动的经验表明,必须立足本国实际学习和借鉴其他国家的好的做法,完全照抄照搬是没有出路的。若不加甄别、盲目引进别国的体制制度最终只会因水土不服而失败,这已被国际共产主义运动的历史所证明。

中国特色社会主义道路就是中国共产党人以破旧立新的胆识与气魄在建设社会主义过程中不断探索、不断总结、不断升华,结合了中国几代人的实践智慧的结晶。1978年党的十一届三中全会以来,在经过几十年的不断比较、不断探索最终选择了中国特色社会主义道路,彰显了中国共产党敢于面对现实与时俱进的勇气和智慧。经过党的十二大、十三大、十四大、十五大、十六大、十七大、十八大的不断酝酿和总结,中

---

① 《列宁全集》第23卷,人民出版社1987年版,第64—65页。
② 习近平:《在纪念毛泽东同志诞辰120周年座谈会上的讲话》,《人民日报》2013年12月27日。

国特色社会主义道路日臻成熟。中国特色社会主义道路的形成主要有以下几个方面的表现：其一，我们党重新确立了正确的指导思想。其二，我们党的工作重心发生了根本转移，从"以阶级斗争为纲"到"以经济建设为纲"，这一转变开启了中国社会变革的时代大幕。其三，改革是社会主义中国的另一场革命，是党的历史上具有深远影响的历史转折，也是中国社会发展的历史转折。其四，强调立足自身实际，走自己的路，不迷信教条，有选择地吸收外国经验，独立自主地开展社会主义建设。其五，找到了社会主义初级阶段党的基本路线和实践道路。[①] 这条道路是中国共产党领导全国人民历经千险、排除万难之后选择的发展道路，这条道路是中国共产党经过反复比较反复探索反复考量而选出来的适合中国实际的发展道路。

回顾40年的社会主义改革，这是中国共产党带领全国各族人民，承前启后、继往开来的40年，是中国人民接力推进中国特色社会主义伟大事业，谱写中华民族自强不息、顽强奋进新的壮丽史诗的40年。这40年，是充满光辉与荣耀的40年；这40年，是我国社会发生蜕变的40年；这40年，是中国走向正确发展道路的40年。40年来，党将充分发挥全国各族人民的创造性作为工作的重要着力点，始终运用马克思主义的基本观点和方法分析和解决现实问题，形成了完整的理论、路线和行动纲领，对社会主义现代化建设作出了周密部署，开辟了一条具有中国特色的社会主义道路。社会主义建设的巨大成就证明了党确立的基本路线具有强大的生命力。40年来，我国改变了贫穷落后的面貌，综合国力和国际竞争力得到了大幅提高，为民族的伟大复兴奠定了坚实的基础。

坚定不移走自己的路，这是中国在饱经沧桑、历尽磨难之后的经验总结，是社会主义改革取得伟大成就的关键所在，也是中华民族走向未来、不断发展的方向指南。坚定不移走自己的路，意味着要从政治保障、工作重心、基本路线、重点领域、奋斗目标等方面对我国社会主义建设作出总体布局。其中，坚持四项基本原则是走中国特色社会主义道路的政治基础，任何时候都不能偏离这个前提。以经济建设为中心是我国社

---

① 《人民日报理论著述年编2012》，人民日报出版社2013年版，第373页。

会主义初级阶段的根本任务，也是促进我国经济发展的必然要求。要将我国的社会主义建设推向新的历史高度，最关键就在于全面深化改革，理顺社会发展关系。加强"五位一体"建设是新阶段推进社会主义现代化建设的主要着力点，必须统筹协调几者之间的关系。

广泛的社会共识和强大的社会合力是道路拓展的必要前提和现实需要。中国特色社会主义事业之所以成功，其中一个重要的原因就是在广大人民群众中形成了改革的共识，得到了广大人民的支持和拥护。历史经验一再表明，没有广泛共识的改革是不可能获得成功的，是注定要被历史淘汰，也注定要被广大人民抛弃。因此，顺应民心，是改革的前提和基础。"得民心者，得天下。"社会主义现代化建设事业事关亿万人民的根本利益，顺应了历史发展的必然趋势。社会主义最终要实现全体人民的共同富裕，以提高广大人民的福祉为宗旨，因此也是赢得广泛共识的事业。凝聚共识，攻坚克难，形成合力，是我们的事业和道路取得成功的基础和保证。随着世界一体化进程的深度发展，各个国家或地区之间的交往更加频繁和多样，新通信革命带来的信息使整个世界的交往更为便捷，"地球村"不仅不是一个神话，而且正在变为现实，这种势头正冲击着既有的文化形态和价值观念，也给世界各国带来了诸多挑战和考验。这要求我们在走什么样的道路这个根本性的问题上，要立场坚定、头脑清醒、不畏挑战、无惧风险、排除干扰实现既定发展目标，用中国特色社会主义旗帜凝聚社会改革和发展的共识，调动一切积极因素，形成社会发展的强大合力。

**（三）继续解放思想实事求是**

早在几十年前，毛泽东同志就曾告诫我们，我们既要学习"老祖宗"，同时也要有所创新，二者不可偏废其一。[①] 党的十四大报告中指出，在发展道路这个根本性的问题上，不能迷信教条，要充分借鉴和吸收人类文明的已有模式，但不能直接借用，必须以我国现实为参照。破除思想观念障碍，坚持实事求是的基本认识原则和工作方法，

---

① 《毛泽东文集》第8卷，人民出版社1999年版，第109页。

倡导和尊重人民群众的首创精神。早在社会主义改革开放初期，邓小平就反复强调，我们要用发展的眼光来看待马克思主义，不能用马克思主义在过去某个历史阶段的个别论断来解决当下的社会问题。1985年，邓小平又对这一问题进行了回答，他指出，在变化了的条件下要将马克思主义的基本原则方法和现实结合起来，这是利用马克思主义解决新问题的科学方法，也是发展马克思主义理论的必然要求。1989年，邓小平再次谈到了如何科学地对待马克思主义的问题。他强调，不能以马克思主义经典作家在他们所处的特定历史阶段形成的理论作为解决后来社会主义建设出现的问题的根本法宝。恩格斯曾明确指出，要用发展的观点来看待马克思及马克思主义。那种固守马克思主义经典作家在他们所处时代的个别论断的做法犯了形而上学的错误。我们解放思想，是为了更加实事求是。邓小平指出："实事求是，是无产阶级世界观的基础，是马克思主义的思想基础。"① 中国革命之所以取得成功，就是坚持实事求是的结果。社会主义现代化建设，也必须以实事求是为根本准则。

继承和发展马克思主义中国化的理论成果是我们党长期以来坚持和奉行的优良传统，这一传统贯穿中国共产党革命和建设的整个历程。江泽民在党的十五大报告中指出，马克思主义是我们党的根本，是我们党的灵魂，绝对不能轻易丢弃，要以马克思主义为指导，促进社会主义建设实践的新拓展和社会主义建设理论的新跃迁。江泽民强调，用形而上学的观点来对待马克思主义是没有出路的，必须以发展的视角来看待马克思主义。② 在庆祝中国共产党成立八十周年大会上，江泽民指出，无论什么时候，都不能离开马克思主义这个根本性的理论和思想指导，否则我们的事业就会归于失败。与时俱进、实事求是、不断创新是马克思主义的基本理论品格，不顾历史条件，忽视现实变化，开历史倒车，拘泥于固有的条条框框，迷信权威，坚持本本主义就会犯错误，③ 历史上这方

---

① 《邓小平文选》第 2 卷，人民出版社 1994 年版，第 144 页。
② 《江泽民文选》第 2 卷，人民出版社 2006 年版，第 12 页。
③ 《江泽民文选》第 3 卷，人民出版社 2006 年版，第 282—283 页。

面的经验和教训并不少见。

理论创新应坚持人民群众的历史主体地位，重视人民群众在理论创新中的重要作用。任何理论脱离了人民群众，就会失去发展的根本动力。在人民群众中间就不可能形成强大的感召力和凝聚力，更不可能广泛凝聚社会共识。习近平同志指出，马克思主义是共产党人的"真经"，对马克思主义基本原理没有深入和透彻的理解，我们就不可能真正意义上掌握中国特色社会主义理论的精髓。① 在 2016 年 7 月 1 日中国共产党成立 95 周年纪念大会上，习近平指出，任何思想都以所处的时代为本，任何科学的理论都以实践为根基，理论的发展伴随时代的步伐而进，理论的创新也是根据实践的变换而生。当前我国社会主义无论是发展广度，还是发展深度，都已不是马克思主义经典作家所处的历史阶段能够预想和设想的。但我们也应清醒地看到，我国社会主义建设还处于初级阶段，社会发展的复杂程度前所未有，社会问题层出不穷。面对这些发展难题，我们不能知难而退，而是要奋勇前行，实践上大胆尝试，理论上不断突破。习近平指出："理论上不彻底，就难以服人。"② 为此，我们应更加重视理论建设，将理论创新融入中国特色社会主义伟大实践，拓展理论新视界，开创理论新局面，将马克思主义推向新境界，散发出更加灿烂的时代光芒。习近平还强调，坚持马克思主义学风，就是要坚持理论联系实际，坚持实事求是的问题导向原则，注重回答时代紧迫问题，牢牢占据推动人类社会进步的理论制高点。

从理论上来看，改革开放之所以可以乘风破浪，靠的就是解放思想，实事求是。40 年来，中国共产党人将实践作为检验真理的唯一标准，创造了一个又一个奇迹。把"社会主义"与"市场经济"相结合，把马克思主义与中国传统思想结合起来，进一步拓展了马克思主义中国化的新视域。创造性地探索和回答了社会主义初级阶段各个历史时期党面临的主要任务。马克思主义中国化的理论成果是党在坚持解放思想、实事求是的基本前提下，随着实践发展而不断创新、不断提出的与时俱

---

① 《习近平总书记系列重要讲话读本》，学习出版社 2016 年版，第 34 页。
② 《在庆祝中国共产党成立 95 周年大会上的讲话》，《人民日报》2016 年 7 月 2 日。

进的马克思主义理论，是中国人民在社会主义现代化建设实践中充分贯彻解放思想、实事求是而取得的重大理论成果。在实践中，我们能够清晰地看到，不断解放思想，既立足于本国实际情况，又不断增强"全球意识"，积极参与到世界事务和人类社会发展的大洪流中去，充分借鉴和吸收人类社会中一切有益的文明成果。江泽民指出，要密切注意世界的发展和变化，着眼长远，掌握发展的主动权。[1] 正是在这些思想的指导下，我们广泛吸收一切人类文明的有益成果，不断突破人们对于农业文明、中国实际的狭隘认识。在时间和空间两个基本向度上，不断审视新事物、新观点，从道路、理论、制度上把中国特色社会主义带向了新的历史阶段。

40 年的改革伟大成就表明，解放思想使我们更加能够实事求是，更加能够将马克思主义基本原理与中国实际相结合。在今天，我们逐渐认识到，要想清楚地认识中国实际，不仅需要深刻理解中国已经发生的历史、中国正在建设的现阶段以及未来，还要放眼看世界，深刻理解中国所处的不同国际环境以及人类社会发展的大历史背景。马克思主义在创立时，就充分吸收了一切人类文明的先进因素，既关注欧洲的发展，也关注到了欧洲以外的世界，既关注到了古希腊以来的西方文明，也关注到了除此之外的其他文明。因此，马克思主义本身就是"世界眼光"的实践产物。坚持马克思主义来研判中国实际，也必然要把当代中国的发展变化放在整个人类社会发展的大背景中去观察，放在整个世界的发展潮流中去观察，而不仅仅是面向中国社会本身。40 年的社会主义建设和改革的历史实践经验表明，"中国的发展离不开世界""不要置身于世界之外""关起门来搞建设是不能成功的"，必须要走改革之路，必须要走开放之路。

## 二　中国改革成败的关键在党

执政党建设的好坏直接关系到中国社会发展状况。"办好中国的事

---

[1] 《江泽民文选》第 2 卷，人民出版社 2006 年版，第 37 页。

情，关键在党。"这是社会主义改革取得伟大成就的基本经验，也是被中国近代以来的历史反复证明了的真理。回顾社会主义改革开放的伟大历程，我们党团结带领人民在中国这片古老的土地上，书写了人类发展史上惊天地、泣鬼神的壮丽史诗，中华民族比历史上任何时期都更加接近民族复兴，我国的复兴之路展现出前所未有的光明前景。其中，最为关键的地方就在于，我们始终坚持高举中国特色社会主义伟大旗帜，充分体现两个先锋队的模范带头作用，排除干扰，带领人民穿过社会主义改革的迷雾，开创中国特色社会主义的新局面。

### （一）高举中国特色社会主义伟大旗帜

中国共产党肩负着历史的重任和人民的期望。党带领全国各族人民举什么旗、走什么路、坚持什么理论、巩固什么制度，历来是关系党和国家事业兴衰成败的全局性、根本性问题。2011年，胡锦涛在党成立90周年讲话中指出，自党成立以来，筚路蓝缕，我们确立了适合自身实际的发展道路，构建了具有深厚现实根基的理论体系，确立了具有巨大优势的制度体制。[①] 他进一步强调，坚持这一"道路、理论、制度"是我们开创事业新局面的关键，是我们实现事业新胜利的保障。2016年7月1日，习近平在纪念中国共产党成立95周年的讲话中提出了"三个正确"的基本论断。具体为：一是领导核心是正确的。中国共产党是国家建设和发展事业的领导核心，这是历史和人民的选择。在这一根本性的问题上必须长期坚持、永不动摇。二是发展道路是正确的。中国特色社会主义道路是党和人民经过长期实践不断总结经验教训的基础上探索出来的，是适合中国实际的发展道路，必须长期坚持、永不动摇。三是发展战略是正确的。中国共产党始终坚持马克思主义的基本原则和方法为指导，实事求是、兼容并蓄、独立自主地推进国家发展，实现民族振兴，必须长期坚持、永不动摇。[②] 举什么旗、走什么路一直是我们推进社会改革过

---

[①] 胡锦涛：《在庆祝中国共产党成立九十周年大会上的讲话》，《人民日报》2011年7月2日。

[②] 习近平：《在庆祝中国共产党成立95周年大会上的讲话》，《人民日报》2016年7月2日。

程中的根本性问题。

党的十一届三中全会以后,邓小平指出,我们在长期的革命斗争和建设事业中得出的基本结论是,要实事求是,走自己的路,以科学的理论为指引,不断开创社会主义现代化建设的新局面。在邓小平的带领下,我们党审时度势,大胆改革,将党和国家的工作重心转移到以经济建设为中心上来,在实践中开辟了适合中国具体实际的发展道路,澄清了人们过去对社会主义建设的许多误解,解放了思想,推动了社会主义建设的巨大发展。从此,中国特色社会主义的旗帜在中国大地上高高飘扬,引领着我国社会主义建设取得一个又一个辉煌的成就。在党的十三届四中全会以后,面对世情、国情、党情的一系列新变化,以江泽民为核心的第二代中央领导集体高举中国特色社会主义伟大旗帜,创建了社会主义市场经济体制,提出"三个代表"重要思想,开创了中国特色社会主义建设事业的新局面,使中国特色社会主义事业继续沿着正确方向破浪前进。

党的十六大以来,党中央提出科学发展观等一系列重大战略思想,进一步完善和发展社会主义市场经济,坚定不移把社会主义改革开放事业推向前进。党的十八大报告强调,1978年改革开放以来,我们党在探索社会主义改革事业过程中,始终高举伟大旗帜不动摇,坚决拒斥复辟老路的错误观念,坚决反对更改旗帜图谋走上邪路的西化倾向。报告认为,党和人民在九十多年时间里创造的道路、理论和制度凝结着全体中华儿女的心血,这一来之不易的历史成就是我国社会主义建设事业取得成功的关键,应长期坚定不移地走下去。进一步凝聚了全党全国人民的共识。

历史和人民选择了中国共产党,选择了社会主义道路,这绝不是历史的偶然现象。1840年鸦片战争以后,无数仁人志士为救国图强积极奔走,既出现过太平天国这样的旧式农民起义,也出现过封建统治阶级力图自我革新的"戊戌变法",还出现过民族资产阶级的改良运动,但最终都以失败告终,根本没有改变中国社会的面貌,更不可能改变中国社会的性质。俄国十月革命之后,马克思主义传播到神州大地。1921年,中国共产党在马克思主义的指导下正式成立,并于1949年实现了民族独立和人民解放，建立了新中国。在1956年完成"三大改造"之后正式迈入社会主义阶段，开启了建设社会主义中国的历史征程。但由于缺乏建设社会主义的实践经验，加上"二战"后两大阵营明争暗斗的复杂国际局势和落后社会思潮沉渣泛起等因素的综合影响，我国社会主义建设曾走过一段曲折的历程，出现了像"文化大革命"这样的历史性错误。1978年，党的十一届三中全会及时扭转了过去的错误做法，实现了工作重心的转移，制定了改革开放的基本国策。从此走上了中国特色社会主义道路的崭新征程，取得了巨大的历史成就，更加坚定了只有社会主义才适合中国的历史信念。

回顾我国改革开放事业走过的40年光景，我们党的理论和实践的主题就是要坚持和发展中国特色社会主义，这是我国社会主义建设和发展的旗帜。自改革开放以来，尤其是确立了社会主义市场经济体制以来，党的历次全国代表大会都紧紧围绕建设有中国特色社会主义这个主题而展开。在社会改革和建设过程中，我国取得的成就堪称奇迹，用了几十年的时间走过了西方几百年发展取得的成就，引起了国际社会的广泛关注和高度重视。于是对于"中国模式""中国奇迹""中国道路""中国经验"的讨论和研究甚嚣尘上，成为国际社会中的时髦话题。这些都充分证明，中国特色社会主义不仅在实践中展示出了自身的强大的生命力，而且还是世界社会主义运动的光辉典范，也是人类社会历史发展的一面新旗帜。我们的党多次强调，社会主义改革开放40年以来，正是在高举中国特色社会主义的伟大旗帜下，我们的社会主义建设事业才取得了如此成就，得到了广大人民的支持和拥护，这是中国特色社会主义成功的根本原因。实践表明，不仅我们的道路是正确的，而且我们的理论是科学的，我们的制度是有力的。三者的紧密结合和有机统一是我们的基本历史经验。

旗帜引领方向，旗帜凝聚力量。改革开放以来，党领导全国各族人民不懈奋斗，中国经济总量已跃升到世界第二位，超过了很多老牌发达国家，国际地位得到了大幅提升，人民生活更加具有尊严，社会保障向着更加全面的方向迈进。我国当前比历史上任何时期都更加接近民族的伟大复兴。习近平指出，中国特色社会主义这面旗帜是实现民族伟大复兴的根本保障，我们必须以此为基础，开拓社会主义现代化建设事业的新局面，实现"两个一百年"的奋斗目标。习近平还告诫全党，我们确立的道路是党成立以来几代中国共产党人经过持之以恒的探索总结出来的，这条道路是中国共产党人的崇高理想和现实结合的结晶，寄托着近代中国社会谋求国家强大人民幸福的夙愿，是亿万中华儿女用生命和鲜血铺垫起来的道路。我们的道路来之不易，是全国各族人民智慧的结晶，凝结着广大人民群众的鲜血和汗水，具有深刻的实践意蕴和历史必然性。

旗帜就是形象，旗帜引领未来。中国特色社会主义不仅改变了中国面貌，塑造了一个全新的中国，而且昭示了一个更加拥有自信的中华民族，为人类社会历史发展注入了新的活力。中国特色社会主义始终从全体中国人民的根本利益出发，将增进人民的福祉作为奋斗目标和开展各项工作的出发点和落脚点，是实现民族复兴的根本保障，也是实现社会主义现代化的必由之路。中国特色社会主义把国家的富强、民族的复兴和个人的幸福紧密联系在一起，能够最大限度地凝聚社会力量，统一人们的思想，共同为推进社会主义改革而奋斗。中国特色社会主义还是当代中国的精神象征，在国际共产主义运动陷入低谷的时代，中国特色社会主义在世界的东方熠熠生辉，焕发出蓬勃生机，彰显出了中华民族强大的生命力。它凝聚着当代中国各族人民的共同理想，是引领当代中国社会发展的路标。在全面深化改革的新时期，要实现全面建成小康社会、中华民族伟大复兴的中国梦，我们必须继续坚定不移地高举中国特色社会主义的伟大旗帜。

## （二）厘清"架子"与"样子"

习近平同志曾在《浙江日报》"之江新语"专栏发表短论《领导干部要放下"架子"、做好"样子"》。文章指出：各级领导干部要切实转变作风，密切党群、干群关系，尽心尽力为群众办实事、办好事，放下"架子"亲民爱民，做出好"样子"率先垂范。"'样子'与'架子'，表面上看有点相似，内在的含义则有天壤之别。'样子'是好的形象，是群众欢迎的形象，不是外表，而是指干部的德才和实绩。'架子'则是徒有其表，而且是群众不欢迎的形象。"① 领导干部是否称职，其中一个重要方面是看其"官样子"做得好不好，有没有"官架子"。只有放下"官架子"才能拉近与人民群众的距离，只有深入基层，掌握第一手资料，才能做出正确的决策，才能干出"好样子"。也就是说，领导干部要紧密联系人民群众，和人民群众打成一片，拉近与人民群众之间的距离，处处为人民群众着想，才能够得到人民群众的支持。

改革开放以来，中国共产党之所以能够凝聚共识正是在于放下"架子"，倾听人民呼声，切实解决人民群众生产生活中面临的困难，将"为人民服务"落到实处。以邓小平同志为核心的党的第二代中央领导集体始终坚持放下"架子"，要求党的所有工作都必须面向人民群众。在1977年7月16日至21日召开的中国共产党第十届中央委员会第三次全体会议上，邓小平作了复出后的第一次正式讲话。他首先表达了对为中国革命做出伟大历史贡献的毛泽东的崇敬，对领导粉碎和揭批"四人帮"的党中央的拥护，表明了自己重新出来工作的态度。他说：出来工作，可以有两种态度，一个是做官，一个是做点工作。邓小平说，我们是共产党人，就应该做人民的公仆。邓小平同志指出："我是中国人民的儿子。"我们要将人民的拥护、赞成、高兴、答应作为检视自身工作的标准。

以江泽民同志为核心的第三代中央领导集体，开拓进取，把"代表最广大人民的根本利益"作为"三个代表"重要思想的核心内容，提出了"立党为公、执政为民"的重要执政理念。江泽民同志指出："各级领导干部要'下高楼、出深院'，到基层去、到群众中去，特别是到艰苦的地区和困难的单位去，体察民情，了解民意，给群众办实事，为群众排忧解难。"② 党的十六大以来，党中央十分重视人民群众的主体作用，将实现好和维护好人民群众的根本利益作为彰显马克思主义政党先进性的根本标准，时时刻刻为人民群众着想，殚精竭虑为人民群众谋福利，强调以人为本，强调科学发展。胡锦涛多次指出，党的领导干部要深入基层、深入群众，真正意义上融入人民群众中，了解人民群众

---

① 习近平：《之江新语》，浙江人民出版社2013年版，第78页。
② 《江泽民文选》第1卷，人民出版社2006年版，第407页。

生产生活中存在的现实困难,想方设法为他们排忧解难。中国共产党自成立以来始终与人民群众在一起,始终坚持为人民服务,得到了人民群众的积极拥护和支持,调动了人民群众参与革命和建设的积极性,取得了革命的胜利和建设事业的辉煌成就,使古老的神州大地重现昔日的辉煌。

改革开放以来,中国共产党之所以能够凝聚共识,正是因为做好"样子",起到了先锋模范带头作用。社会主义改革是一场伟大的革命。在社会主义改革初期,人们对充分发挥中国共产党的先锋带头作用有过迟疑。随着党的工作的适应和转变,人们由困惑变得明白了,一种崭新的舆论开始形成了。在农村,尤其在贫困地区,人们逐渐认识到:"扶钱扶物,不如建个好支部""与其年年搞救济,不如选个好书记。"这充分表明,党的先锋模范带头作用在推动社会主义改革中的重要体现和作用。在新的历史条件下,习近平告诫全党,各级领导干部不仅要做改革发展的掌舵者,而且还要做改革发展的践行者,要亲力亲为,时刻对照检查自身,"古时候讲,食君之禄,忠君之事。现在就是要服务人民。多想想我们干的事情是不是党和人民需要我们干的,要一心一意为老百姓做事,心里装着困难群众,多做雪中送炭的工作"①,深入基层了解百姓的疾苦,倾情相助解决群众现实困难,真正做到排民忧、解民难。

历史表明,社会主义改革的成功正是在于中国共产党放下"架子"、做好"样子",充分体现"两个先锋队"。在中国共产党的带领下,社会主义建设成就斐然,社会面貌发生了翻天覆地的变化。然而,改革开放作为社会主义中国在新时期的一场新的伟大革命,也不可能一帆风顺,更不可能一蹴而就。总结我国 40 年的改革经验,我们发现,无论国内外局势如何多变,都需要我们各级领导干部率先垂范,做好表率。实践表明,什么时期我们党在这一点体现得更好,中国特色社会主义建设的各项方针政策就更容易得到全国人民的支持和理解,就更容易推动社会主义改革迈向前进。什么时候党的这一宗旨体现得不够好,人民就会有意

---

① 习近平:《在河北省阜平县考察扶贫开发工作时的讲话》,《人民日报》2012 年 12 月 30 日。

见，就会滋生新的社会矛盾，从而使党的方针政策难以推行。在全面深化改革的新阶段，我国已经进入多元社会，更需要我们各级党员干部牢记"两个务必"，充分体现全心全意为人民服务这一根本宗旨，充分协调好人民群众的各项利益，真正实现社会主义改革成果的共享共建，广泛凝聚共识与合力，为全面深化改革提供不竭动力，把我国社会主义建设推向新的阶段。

### （三）下好稳定改革发展这盘棋

正确处理改革发展稳定的关系，为社会主义改革营造良好的环境，是改革开放过程中我们必须要重视的问题，也是我们必须要着力解决的现实难题。如何处理改革、发展与稳定三者之间的关系，是考验党的执政能力的体现。改革开放40年来，中国共产党始终坚持以稳定为前提，以发展为目的，以改革为动力，将三者之间的关系有机统一到中国特色社会主义实践中来，统一到改善人民生活质量上来。社会的发展离不开稳定的社会环境。没有稳定，一切都无从谈起。尤其是在中国这样一个有着近14亿人口的发展中国家搞社会主义建设，大家的实际情况千差万别，更容易出现一些不安定的因素。任何一个不安定的因素都可能引发多米诺骨牌的连锁反应，在任何时候、任何条件下，我们都必须坚持以社会的稳定为前提。早在社会主义改革初期，邓小平就指出："中国发展的条件，关键是要政局稳定。"[①]"中国不能乱哄哄的，只有在安定团结的局面下搞建设才能有出路。"[②] 40年社会主义改革开放历史也表明，没有稳定的社会环境，改革就难以达到既定的目标。只有稳定才能为改革和发展创造一个良好的政治与社会环境，为人民提供一个安居乐业的生活环境。

改革是动力，只有通过改革，才能解放和发展生产力。改革是解决中国现实问题的关键举措。我国社会中出现了很多棘手的难题都要依靠改革。实践也向我们证明，不改革，就不能发展，就是死路一条，相反，

---

① 《邓小平文选》第3卷，人民出版社1993年版，第216页。
② 同上书，第212页。

哪里有改革，哪里就有发展，哪里就有稳定和新气象。在过去 40 年的社会主义改革过程中，我们打破了过去一统天下的计划经济，建立了社会主义市场经济，从经济基础上实现了中国社会的重大变革。但是，我们社会中存在的一些陈旧的管理体制、金融体制等环节还需要进一步改革，才能释放新的活力，才能进一步体现社会主义制度的优越性。在当代中国，如果不改革，就不可能取得新的发展，就不可能满足人民群众日益增长的物质文化需要，不可能实现伟大复兴的中国梦。

发展是最终目的，只有发展，才能为国家长治久安奠定强大物质基础，满足人民日益增长的物质文化需要。改革开放以来，虽然我国社会在总体上达到了新的高度，但是社会中出现的矛盾和问题也不容小觑。很多问题如果处理不及时或处理不恰当，给我国社会带来的危害和影响将是长期的。今天，我们重新审视社会中出现的诸多问题，就会发现这些问题中的绝大多数都是在社会发展的过程中产生的，这些问题只有通过发展来解决。从这个意义上来看，发展是解决当今中国社会问题的关键。从另外一个视角来看，世界发展日新月异，要使我国在时代大潮中不落伍，在世界竞争中保持有利地位，就必须加快发展，以提升我国的综合国力和人民生活水平。邓小平指出："社会主义的任务很多，但根本一条就是发展生产力。"① 因此，解决中国的一切问题都要靠发展。如果我们搞社会主义建设，还没有资本主义发展得好，人们就不会支持这样的社会主义。过去的几十年，我们的社会主义建设之所以受到人民拥护，得到世界人民的赞赏，根本原因就是在于我们在短短的时间内实现了飞速的发展。同时，我们也向世界人民证明了社会主义制度的优越性，证明了人类社会发展的历史潮流。

实践证明，改革是动力，发展是目的，稳定是前提，三者中的任何一个出了问题，不仅会直接影响另外的两方，而且还会直接影响社会主义现代化建设的全局，这是一个必须高度重视、认真处理的重大现实问题。保持正确的改革方向是关键，坚持正确的改革目的是根本，协调好各方面的利益营造良好的改革环境是保障。改革、发展、稳定三者是相

---

① 《邓小平文选》第 3 卷，人民出版社 1993 年版，第 138 页。

互内在联系的,三者之间有机统一,是社会主义现代化建设不可缺少的组成部分。改革是社会发展的必由之路,它的目的是为了更好地发展,发展就必须要有稳定的社会环境,稳定的环境又会为改革发展构建良好的环境。历史和实践反复证明,如果能从全局的高度处理好这三者之间的关系,就能实现社会的健康发展,就能推进社会的不断发展和进步;如果三者之间的关系处理不当,就会对社会的发展造成伤害,就会付出沉重的代价,最终伤害到广大人民的根本利益。改革开放以来,在我们党的带领之下,找到了适合我国发展的道路,建立起了一套理论系统和制度系统,取得了显著的发展成就,这都是以改革、稳定、发展三者之间的协调为前提的。

回顾40年的社会主义改革,我们不是没有遇到过各种阻碍,但是都能较为顺利地前进,其原因之一正是在于我们党始终能够正确认识和处理改革发展稳定的关系,这是我们党领导中国特色社会主义事业不断取得成功的一条基本经验。时至今日,邓小平同志指出:"改革是中国的第二次革命""发展才是硬道理""稳定压倒一切"。这三个论断仍然散发着智慧的光芒。40年的历史实践表明,改革、发展、稳定是支撑中国特色社会主义建设的三个重要支点,缺一不可。今天我们所经历的社会主义改革是一场深刻的社会变革,必然会涉及各种利益调整,必然需要展开各种体制转换,也必然要求我们不断更新观念。这些剧烈的变化都可能引发新的社会矛盾。在全面深化改革的新时期,我们仍然需要正确把握改革发展稳定的关系,实现改革发展稳定的统一,始终坚持稳定这个前提,不忘发展这个目的,坚持向改革要动力,这是我们党之所以能够领导中国人民取得社会主义改革伟大成就的重要经验,也是我们在今后的改革中必须予以重视的问题。

在我国改革开放的历史进程中,我们始终坚持妥善处理改革发展稳定三者之间的关系,将其视为实现社会进步的根本保障。历史证明,处理好这三者之间的关系,社会基本面就会向好,否则就会向相反的方向发展。改革发展稳定三者的关系,贯穿了我国40年的改革历程。尽管在不同的历史时期,着重点有所不同有所差别,但我们党始终将处理好三者之间的关系作为工作的重要方面。现阶段处理好三者之间的关系,首先需要坚持基本路线不动摇。回顾我国的改革历程就可以发现，基本路线不动摇，社会稳定就有保障。在社会主义改革的新时期，处理好改革发展稳定三者之间的关系，就是要以人民群众为中心，站在人民群众的立场去思考现实问题。人民群众是改革的主体，是改革发展成果的享有者，也是保证和谐稳定的深厚基础。人民群众中蕴藏着巨大的能量，是决定社会发展走向的核心力量。从现实看，无论什么样的改革，都会在一定程度上涉及利益的调整，是利益再分配的过程。因此，在改革的过程中，既要引导人民群众树立正确的改革观和利益观，又要引导人民群众正确认识局部利益与整体利益、眼前利益与长远利益的关系，从而为改革营造良好的社会环境。

## 三 必须坚持以人民为中心

国以民为本。人民群众是国家的基础，没有人民群众就没有国家的存在。《尚书·五子之歌》有言："民为邦本，本固邦宁。"社会主义改革开放的伟大成就证明，社会主义改革什么时候实现了人民的意愿，维护和发展了人民的利益，越是能够凝聚共识，越是能够推动中国特色社会主义事业的蓬勃发展。什么时候违背了人民的意愿，损害了人民的利益，越是分歧明显，越是难以推动中国特色社会主义事业的前进。必须坚持立党为公、执政为民，夯实社会主义改革的群众基础，这是我们改革开放40年凝聚社会主义改革共识的基本经验。

### （一）心无百姓莫为"官"

人心向背，是政党兴衰存亡的根本因素。历史上，那些始终坚持为人民谋福祉、视人民为根本的政权就能长期稳定发展，而那些不顾人民安危、不考虑民间疾苦的政权注定昙花一现。坚持以民为本，从群众中来、到群众中去是我们党的立党之本。保持同人民群众之间的密切联系是我们党的最大政治优势和组织优势，脱离群众是我们党的最大危险。习近平曾在《浙江日报》"之江新语"专栏发表短论《心无百姓莫为"官"》。文章讲道，广大人民群众是构成社会有机体的"细胞"，"细胞"

健康，社会有机体才会充满生机和活力，"细胞"出问题了，社会有机体也会跟着遭殃。人民群众的一桩桩"小事"汇聚起来就构成了国家和集体生活中的一件件"大事"。对于社会有机体中的单个个体来说，他们身边的看似琐碎的"小事"对他们来说都是生活中的"大事"，甚至有的还是直接决定和影响他们身家性命的急事和难事。因此，如果执政党不注重发生在人民群众身边的"小事"，忽略细节，就难免会引起他们的不满情绪，不仅影响了他们的生产生活，而且还可能影响社会和谐稳定的局面。文章强调，群众利益无小事。古往今来，在历史上出现的许多扬名青史的有所作为的"官"都有一个共性，即他们始终心怀苍生，以解决人民群众的疾苦为己任，着实为百姓排忧解难，如范仲淹提出的"先天下之忧而忧，后天下之乐而乐"，杜甫的"安得广厦千万间，大庇天下寒士俱欢颜"，以及郑板桥的"些小吾曹州县吏，一枝一叶总关情"和于谦的"但愿苍生俱饱暖，不辞辛苦出深林"等，他们都是常将百姓挂"心间"的典范，赢得了广大人民的无限爱戴。①

在改革开放初期，邓小平就指出："要全心全意为人民服务，深入群众倾听他们的呼声。"② 邓小平强调，要认真倾听人民群众的声音，作为一个执政党来说，最大的危险就是脱离人民群众，将人民群众的声音弃之不顾，最后的结果就可能是鸦雀无声，这是很可怕的。因此，我们要继续发扬党的优良传统，坚持走群众路线，重视人民群众的主体地位。只要我们坦诚以待，把具体的情况和存在的问题向群众讲清楚说明白，就能得到人民群众的理解和支持，就可以排除存在的很多障碍和难题。邓小平认为，紧密联系人民群众是我们党的生命线，脱离群众，任何党组织就会缺乏生机和活力，就会被人民抛弃。③ 为此，邓小平告诫全体党员，尤其是党的高级干部，要时刻反省自身的言行，是否做到了密切联系群众的优良传统，是否做到了从群众中来、到群众中去的工作路线，是否做到了认真听民意、思民生，是否做到了始终和人民群众站在一起。

---

① 习近平：《之江新语》，浙江人民出版社2013年版，第79页。
② 《邓小平文选》第3卷，人民出版社1993年版，第146页。
③ 《邓小平文选》第2卷，人民出版社1994年版，第368页。

邓小平倡导的在社会主义改革开放时期恢复和发扬群众路线等党的优良传统和作风，正本清源，进而推动改革开放，开创社会主义现代化事业的新局面。

以江泽民为核心的党的第三代领导集体继续坚持马克思主义群众观，将其作为党的建设的重大理论问题和实践问题，继续发扬和推进了党的群众路线这一实践传统，提出了"三个代表"重要思想，将马克思主义群众观，尤其是党的群众路线理论推上了一个新的高度。"水能载舟，亦能覆舟。"人民群众的智慧和力量是无穷的。江泽民认识到，共产党人只有同广大人民群众保持密切的联系，才能团结起广大人民群众为实现党的事业目标而不懈奋斗，广大人民群众才可能自觉自愿地跟共产党走。中国共产党只有将广大人民的根本利益作为工作的出发点和落脚点，才能赢得民心，获得人民的拥护和支持。江泽民强调，党的群众路线是一个政治问题，主要表现为对人民群众的态度和同人民群众的关系问题，广大党员干部要时刻牢记为人民服务的根本宗旨。[①] 党的十六大以来，以胡锦涛为总书记的中央领导集体提出"权为民所用，情为民所系，利为民所谋"基本思想，强调要坚持立党为公、执政为民，始终想人民群众之所想，急人民群众之所急。胡锦涛指出，坚持党的群众工作路线，就是要和人民群众交心，把人民群众的安危冷暖作为我们工作的主要关注点，始终和人民群众站在一起。[②] 这成为我国进入 21 世纪初贯彻党的群众路线的根本指针。

党的十八大以来，习近平鲜明地指出，人民群众是否得到实惠、生活是否得到改善是检验我们工作成效的根本标准。[③] 习近平强调："领导干部要深刻认识新形势下群众工作的重要性和紧迫性。"[④] 《光明日报》

---

① 江泽民：《论党的建设》，中央文献出版社 2001 年版，第 281 页。
② 胡锦涛：《在新进中央委员会的委员、候补委员学习"三个代表"重要思想和贯彻十六大精神研讨班结业时的讲话》，2003 年 2 月 18 日。
③ 习近平：《全面贯彻落实党的十八大精神要突出抓好六个方面工作》，《求是》2013 年第 1 期。
④ 习近平：《领导干部要不断提高新形势下群众工作水平》，《人民日报》2011 年 1 月 7 日。

在 2013 年 6 月 1 日发表了军事科学院题为《永远把人民群众放在第一位》的文章,指出:我们党在新形势下做好群众工作,必须以马克思主义群众观为指导,以此为准则引领我们党的群众工作打开新局面。[①] 为此,必须发扬党的优良传统,从思想上端正对人民群众的根本态度,从行动上始终和人民群众站在一起,从心理上真正接纳和认可人民群众的历史地位,相信人民群众并依靠人民群众。做好群众工作,要像爱护我们自己的眼睛一样爱护群众、关心群众,真正做到全心全意为人民群众服务,与人民群众心相印同甘苦,扎实做好群众工作是马克思主义群众观的基本要求,要端正对人民群众的态度,从理论和实践维度践行马克思主义群众观。

党的十八大对广大人民群众最为关心的教育、就业、收入分配、社会保障、医疗卫生等方面做出了一系列部署。也正是如此,我们从党的十八大报告中再次看到了新的希望,看到了中国特色社会主义的光辉前景。中国共产党的根基在人民、血脉在人民、力量在人民,如果我们心中没有老百姓,没有人民群众,不去了解人民群众的疾苦,不去倾听人民群众的呼声,中国特色社会主义的事业必将成为海市蜃楼。习近平总书记在中央政治局常委会议上明确指出:"我们要与人民心心相印、与人民同甘共苦、与人民团结奋斗。"[②] 在我国全面深化改革的新时期,我们更要注意保持与人民群众的血肉联系,在思想感情上走进人民群众心里,贴近人民群众,真正把人民群众当作老师并且向他们请教,当亲人关心他们,爱护他们,与他们心连心,与他们一道为实现中华民族的伟大复兴而努力奋斗。在实践行动上与人民群众打成一片,走进人民群众的生产生活,感受人民群众的艰辛和勤劳,体验他们的不易,与他们共商发展,共谋大计。

### (二)办法就在人民群众中

马克思主义认为,人民群众创造历史。改革开放四十年,是中国从

---

[①] 刘茂杰、吴志忠:《永远把人民群众放在第一位》,《光明日报》2013 年 6 月 1 日。
[②] 《习近平在中央政治局会议上关于改进工作作风、密切联系群众的讲话》,《人民日报》2012 年 12 月 4 日。

贫穷落后走向全面小康的四十年，是中国从不协调发展走向协调发展的四十年。在这四十年的光辉岁月中，中国发生了翻天覆地的变化。回顾四十年的历史，我们很自然想起毛泽东的名言："人民，只有人民，才是创造世界历史的动力。"[①] 在改革开放进程中，广大人民群众发挥了决定性的作用，为推动我国社会主义现代化建设做出了巨大贡献。党的十二大报告指出，党审时度势，顺应历史发展的要求，满足人民群众的意愿，毫不犹豫地进行拨乱反正，维护了社会的安定团结和政治的稳定，着力汇聚起人民群众的智慧和力量，推进社会主义建设事业迈向康庄大道。从实质上说，人民的意愿和意志是决定历史转折的根本动力。在经历了十年"文化大革命"浩劫之后，广大人民迫切希望拥有一个安定发展的社会局面。在这种历史背景下，我们党在十一届三中全会上决定转移党的工作重心，实现了新中国历史的又一转折，顺应了广大人民群众的意愿，凝聚起了社会改革的共识。

改革开放的实践表明，人民群众是推进社会改革的决定性力量。改革中出现的许多新观念、新举措、新思想都是源自人民群众，是人民群众智慧的结晶和生产实践活动的结果。人民群众作为革命、建设、改革开放的实践主体，改革必须要最充分最广泛地调动人民群众的积极性、主动性、创造性，凝聚全国各族人民的力量和智慧，众志成城，万众一心，使党的决策和部署在人民群众的伟大实践中得以贯彻，才能助推改革的实现，改革的成果才能惠及民众。"问政于民、问计于民、问需于民"，广泛凝聚共识、整合力量，为改革的历史长河注入了无穷力量和智慧，是社会主义改革取得成功的重要历史经验。

改革开放前夜，安徽省凤阳县小岗村实行的家庭联产承包责任制，极大地解放了农村的生产力，激发了广大农民的劳动积极性和创造性，实现了增产增收，生活水平上了新台阶。邓小平敏锐地发现，农村家庭承联产包责任制是广大农民的意愿，能够实现广大农民的根本利益，能够解放和发展农村的生产力，是适合我国农村实际的改革举措。他及时把它作为农村经济体制改革的根本政策加以推广，在短短几年时间里，

---

① 《毛泽东选集》第3卷，人民出版社1991年版，第1031页。

家庭联产承包责任制在全国推广开来，使得农村的面貌发生了根本性的变化。正如邓小平同志所说，靠本本来改革是不可能取得成功的，必须在实践中实事求是地推进改革，要发挥广大人民的创造性和主动性，"农村搞家庭联产承包，这个发明权是农民的"①。很多改革的举措都是来自生产实践的第一线，将其总结提升为带有普遍性的改革措施推向全国。在邓小平同志看来，只有依靠人民群众，我们的事业才会取得成功，我国社会改革过程中提出的各项重大任务，都是依靠人民群众的共同努力得以实现的。改革要善于从人民群众中获取经验，向人民群众讨教改革办法。邓小平就十分重视从群众中"取经"，在群众创造的基础上概括提升为党的路线、方针和政策，将这种做法作为制定改革策略的基本方法和依据。邓小平明确指出："很多事是别人发明的，群众发明的，我只不过是把它们概括出来，提出了方针政策。"② 在设计我国社会主义政治体制的改革目标时，邓小平就特别强调了要调动群众的积极性。

邓小平在党的十二大开幕词中指出，我们党在建设社会主义过程中制定的奋斗目标和提出的发展任务，都是依靠人民群众在实践中来实现的。③ 广大人民群众是真正值得依靠的力量，是党的方针政策的践行者。邓小平后来在回顾改革开放的历史时也指出："改革开放中许许多多的东西，都是群众在实践中提出来的……乡镇企业是谁发明的……我也没有提出过，发展得很快，见效也快。家庭联产承包责任制也是由农民首先提出来的。这是群众的智慧，集体的智慧。"④ 邓小平说，一个人、几个人，干不出这么大的事情。我的功劳就是将这些新事物概括起来，加以提倡。邓小平的这些话不仅是社会主义改革开放的真实写照，而且还生动地刻画了人民群众的历史主体和创造主体地位。客观来说，邓小平的这些思想是科学的，是指导我们从事社会主义建设的科学方法论。我们应当仔细而又深刻地领会这些思想，将其作为指导当前推进全面深化改革的方法论依据。

---

① 《邓小平文选》第3卷，人民出版社1993年版，第382页。
② 同上书，第272页。
③ 同上书，第4页。
④ 《邓小平年谱》（下），中央文献出版社2004年版，第1350页。

解放思想，不受条条框框束缚，不受陈旧观念制约，是推进社会改革的基本前提，也是改革取得成功的主要保证。党的十一届三中全会以来，我们党领导全国人民推进社会主义改革的历史就是一部充满冒险精神的英雄史诗。回顾40年的改革开放历程，我们发现在改革的"群英谱"中，既有从事物质生产活动的农民、商人、工人等，又有从事精神生产活动的理论家、新闻工作者、历史学家等，涉及范围广、领域宽。他们不畏风险，敢为人先，冲破体制机制障碍，不断创新改革的新举措和新方法，不断探索改革的新机制和新理念，实现社会各项事业的新发展。他们是改革开放的弄潮儿，开创了我国社会主义改革的新局面。他们推进了思想的进一步解放，推进了改革事业向前迈进。江泽民曾指出，改革中的好办法来自人民群众的丰富实践，不是我们通过闭门造车得来的。[①]

在新的历史条件下，进一步推进改革开放伟大事业，更需要解放思想、与时俱进、继往开来，更需要有壮士断腕的气魄改革不适应社会发展需要的落后体制机制和制度架构。我们党一再强调，要解放思想，不要僵化思维，固化行动，而是要把思想的巨大力量聚焦到发展生产力上来。我国40年的思想解放和改革开放，基本上破除了过去阻碍社会发展的陈旧思想观念和落后习惯，基本上革除了束缚生产力进一步发展和影响发挥广大劳动者积极性和创造性的体制机制，基本上畅通了人民智慧释放的渠道，社会的物质生产力和精神生产力得到了巨大的发展和长足进步。在新的历史条件下，推进全面深化改革，进一步将改革事业推向纵深，使现代化建设更具活力和张力，实现到2020年全面建成小康社会的宏伟目标，我们还需要继续发挥人民群众的力量和智慧来推进社会的建设。我们党是马克思主义政党，党一再强调，人民群众是力量之基、执政之源。党的十六大以来，党中央再次强调了人民群众的极度重要性和以人为本的发展理念，指出人民群众是发展的力量源泉和参与者，是发展成果的享有者，实现人的全面发展是社会主义的奋斗目标。以人为本的提出，在理论上实践上都有重大的意义。继续解放思想，深化改革，

---

① 江泽民：《论党的建设》，中央文献出版社2001年版，第181页。

进一步解放和发展生产力,就是要紧紧抓住人的因素,实现人的进一步解放,更好地释放社会各个阶层广大群众的潜能。我们就一定能在新的历史起点上,更好地前进。

党的十八大以来,习近平强调:"人民是我们力量的源泉。"[①] 社会主义改革必须学习和掌握人民群众是历史创造者的观点,紧紧依靠人民推进改革。习近平同志在中央政治局第十一次集体学习时特别强调,人民群众的历史主体地位要求我们在改革的过程中要将实现和维护人民群众的根本利益作为推进改革的根本目标,作为制定改革措施和更新改革理念的出发点和落脚点,让人民群众通过改革共享发展成果,让人民群众在改革中体现和实现自身的价值,积极向人民群众学习。唯有如此,我们才能深入推进全面深化改革的进程,实现改革的既定目标。习近平指出,在全面深化改革中,要处理好尊重事物发展的客观规律和发挥人的主观能动性之间的关系,将二者结合起来。咬定青山不放松,要将改革的宏伟蓝图进行到底,做好改革的基础工作,善于谋划长远目标。

习近平在会上还强调,任何事物都有自身的发展规律,要深化对改革规律的认识,改革不可能是一帆风顺的,而是充满着坎坷和曲折。在改革过程中,不犯一丁点儿错误、不走一丁点儿弯路是不可能的,也是不现实的,要鼓励大家勇于探索,敢于尝试,先行先试,不断创新改革实践,不断更新改革理念,深度推进全面深化改革。[②] 当前,我国正处于全面建成小康社会的关键阶段,正处于实现党的十八大确立的发展目标的关键期,全党全国人民正为实现"两个一百年"既定目标而奋力前进,必须依靠人民。这要求我们在新的历史时期,要继续将人民群众的主体地位发扬光大。继续紧密联系人民群众,相信人民群众,依靠人民群众,始终以人民群众的冷暖安危作为工作的重点,始终保持人民群众是改革的践行者和享有者的角色不动摇,我们就能够在人民群众中间广泛凝聚共识,广泛汇聚改革力量,发挥人民群众的实践智慧。

---

① 《习近平在接受金砖国家媒体联合采访时的讲话》,《人民日报》2013年3月20日。
② 习近平:《推动全党学习和掌握历史唯物主义 更好认识规律更加能动地推进工作》,《人民日报》2013年12月5日。

### （三）尊重人民群众的首创精神

马克思主义强调，认识缘起于实践。在 40 年的改革开放历程中，我们党对社会主义改革实践的认识逐步深入，每一次认识程度和认识水平的跃迁都与人民群众的实践密不可分。历史和现实再次检验了人民群众在社会主义改革中的关键角色和核心地位。邓小平同志曾对农民在农村改革中的创造性作用给予了高度评价和认可。他认为，在我国农村改革进程中，最没有意料到的是建立起了乡镇企业这一具有重要里程碑意义的新东西。可以说乡镇企业是农村改革中衍生的副产品，但是它给农村社会带来的影响是深远的。乡镇企业的诞生，搞活了乡镇经济，增强了乡镇活力，就地转移了农村一半左右的剩余劳动力。邓小平指出，乡镇企业是农民智慧的结晶，在这个问题上，如果说中央有什么贡献有什么成绩的话，就在于中央的搞活经济的方针政策是对的。[①] 我国农村改革的实践表明，人民群众的智慧是无穷的，没有广大人民群众的积极参与和支持，没有人民群众在实践中不断总结提升，就很难在改革上有所突破，许多改革方案和措施不仅难以出台，而且也难以实施。社会主义改革开放 40 年来，我们在改革实践中形成的中国特色社会主义理论，都是在人民群众的实践经验上升华出来的，无一不凝结着广大人民群众的伟大智慧和心血。

我们党提出要尊重人民群众的首创精神，就是要充分发挥人民群众的创造性和主动性，除此之外，还要将党的领导和发挥人民群众的积极性、主动性、创造性有机结合起来。从社会主义改革开放的历史来看，1978 年党的十一届三中全会，根本上转变了社会发展方向，顺应了时代发展潮流，符合广大人民群众的殷切期盼，尊重了人民群众的意愿，发挥了他们的首创精神，推进了我国社会主义改革进程。时至今日，我国的社会主义建设取得了伟大成就，但是我国的社会改革还面临着很多问题，如收入分配差距拉大、社会保障制度不够健全、社会公平正义受到严重挑战等，这些新的社会问题在社会发展过程中也逐渐凸现出来了。

---

① 《邓小平文选》第 3 卷，人民出版社 1993 年版，第 252 页。

人们再一次呼唤新的改革。全面深化改革正是在这种背景下产生的。在全面深化改革的过程中，我们应继续坚持和发扬党发挥人民群众首创精神的优良传统，积极引导人民群众的改革活动，充分挖掘人民群众的实践智慧，为实现人民群众的首创精神，发挥人民群众的价值营造良好的环境。

社会主义改革取得的伟大成就不仅是尊重人民群众首创精神的结果，更离不开党和政府的科学决策和正确引导。改革开放前夜，安徽省凤阳县小岗村的18户农民冒着极大的风险，打破人民公社这种农村经济体制，建立以家庭承包为基础的经营模式，开创出了一片新天地。党和国家领导人审时度势，看到了家庭承包模式能够充分调动农民的积极性，解放农村的生产力。在这种背景下，随后召开的党的十一届三中全会首次明确了在农村实行家庭联产承包责任制的做法并在全国推广开来，这样由农民自发的改革措施就成为我国农村改革的蓝本，有力地推动了农村经济的发展，彻底地改变了农村的面貌。家庭联产承包责任制的决策引发了广大农村的巨大变革。1979年，在广东等地一些人开始建议设立产品加工区域，搞活地方经济，设立经济特区。最终，不仅使深圳这样一个小渔村成为国际化的大都市，而且极大地推动了整个中国的对外开放进程。像深圳这样一些沿海开放城市已经成为世界重新认识中国的重要窗口。这些伟大的成就都是党和人民群众共同努力的结果，党的正确方针和政策不仅为尊重人民群众的首创精神提供了有力保障，而且为改革开放实践提供了理论和政策的指导。

尊重人民群众的首创精神，发挥人民群众的实践智慧，是在长期的社会改革中总结出来的科学结论，也是我国社会改革取得巨大成就的基本经验。改革的深度、广度，改革的成败等都离不开人民群众的首创精神。1978年党的十一届三中全会决定实行改革开放以来，我们党一直将人民群众的首创精神放在一个十分重要的位置，党的历代领导人都十分重视人民群众的首创精神，重视人民群众的主体作用。以邓小平为核心的第二代领导集体，特别善于从人民群众中间取经，特别善于向人民群众学习，特别善于发挥人民群众的首创精神，将其视为推进社会主义改革事业的源泉。邓小平曾指出，农村搞的家庭联产承包以及乡镇发起的乡镇企业建设，这些都是人民群众的创造，都是人民群众的功劳，我们只不过是加以推广而已。① 他还指出，乡镇企业是农村改革中没有预料到的最大的收获，不仅提高了乡镇经济发展水平，而且还激活了农村经济发展的活力。② 他特别强调："改革开放中许许多多的东西，都是由群众在实践中提出来的。"无论我国的社会主义建设和改革事业处于历史的哪一阶段，我们都应坚持在党的领导下充分发挥人民群众的智慧，及时总结并推广人民群众的好的经验和做法。

以江泽民为核心的第三代领导集体面对新的问题，反复强调社会主义建设必须从人民群众中吸取力量，把人民群众的首创精神与党的领导结合起来。江泽民指出，改革的良策不是从天而降的，也不是先天就存在于我们头脑中的东西，而是源自人民群众的实践。③ 我们改革能不能实现既定目标，能够达到什么样的程度，能不能让广大人民群众满意等都需要通过人民群众的实践来检验。和广大人民群众结合的紧密程度越深，改革的动力就越强，改革的智慧就越深邃，改革的办法就越多样，改革的进程就越顺利，改革成功的可能性就越大。党的十六大以来，党中央继续坚持和发扬党的这一优良传统，坚持以人为本的执政理念，坚持一切发展、一切成果、一切举措都是为了更好地满足人民群众不断增长的新的物质需求和精神需求为目标。胡锦涛指出："高度重视群众工作，坚持人民主体地位，发挥人民首创精神，是由我们党的性质决定的，也是由我们党的根本宗旨决定的。"④ 胡锦涛在学习贯彻党的十七大精神研讨班上再次强调："尊重人民主体地位，发挥人民首创精神，扩大人民民主，加快推进以改善民生为重点的社会建设，保障人民各项权益，走共同富裕道路，促进人的全面发展。"⑤

党的十八大以来，习近平指出，"人民对美好生活的向往，就是我们的奋斗目标"。无论是实现全面建成小康社会的这一阶段性目标，还是实

---

① 《邓小平文选》第3卷，人民出版社1993年版，第382页。
② 同上书，第238页。
③ 江泽民：《论党的建设》，中央文献出版社2001年版，第181页。
④ 《十六大以来重要文献选编》（上），中央文献出版社2005年版，第370页。
⑤ 同上书，第91页。

现中华民族的伟大复兴中国梦,都必须牢牢依靠人民群众。只有人民群众最能感知社会主义建设的各种新情况、新问题,也只有人民群众才能为解决社会主义改革中的新问题、新情况提供好的办法。时代在变,社会主义建设的各种环境也在改变。全面深化改革新时期,我们还将遇到各种各样的新情况、新问题,如果离开了人民群众,我们将会一筹莫展、一事无成。客观来讲,当前我国社会改革还面临着一系列的复杂挑战,如何调整深层次的利益关系,如何实现深化改革与社会和谐稳定,如何解决现实中存在的各种矛盾,如何更好地为促进经济发展社会进步理顺体制机制关系等,都是迫切需要解决的问题。为此,改革中必须树立底线思维,将改革的难度与现实的可承受度结合起来,正确处理好各种利益之间的关系,协调好不同利益群体之间的诉求。党的十八大报告指出,我国的社会主义性质决定了人民群众的主人翁地位,人民群众主人翁地位的实现要以法制为保障,党和国家的各项事务必须坚持依法治国的基本方略,将社会各方面纳入法制化的渠道,才能真正实现和保证人民群众当家作主的地位。[①] 报告强调,积极动员和引导群众、教育和说服群众是尊重和发挥人民群众首创精神的前提。广大党员干部只有积极和人民群众融为一体,和人民群众打成一片,才能有效维护党在人民群众中间的形象,才能调动人民群众的积极性,发挥人民群众的实践智慧,使之成为制定政策和概括理论的来源。重视和尊重人民群众的首创精神,是党一贯的工作思路,也是在全面深化改革时代开拓创新提升党的执政能力的具体体现。

---

[①] 胡锦涛:《坚定不移沿着中国特色社会主义道路前进 为全面建成小康社会而奋斗》,《人民日报》2012年11月19日。

# 结　　语

# 改革没有完成时

　　100多年前，中华民族因为清政府的落后而挨打，在帝国主义的铁蹄下沦为半殖民地半封建社会。从那时起，求得民族独立和人民解放，实现国家繁荣富强和人民共同富裕，就成为一代又一代中国人始终不渝追求的民族复兴之梦。在中国人民救亡图存的探索中，旧式的农民起义以失败而告终。封建地主阶级的戊戌变法也依然无力回天。国民自强的洋务运动仅仅也只是昙花一现。新式的资产阶级民主革命打破了旧世界，却换来了四分五裂的军阀混战。十月革命的一声炮响，给我们送来了马克思主义。一个代表最广大人民利益的中国共产党从人民群众中走来。以毛泽东同志为核心的第一代中国共产党人带领全国人民经过浴血奋战，赢得了民族解放和独立。经过长达7年的社会主义改造使中国人民走上了社会主义道路。经过22年的艰辛探索，经历种种曲折和磨难，走上了中国特色社会主义道路，取得了社会建设的巨大成就。今天，经过40年的社会主义改革历程，我们终于可以说出中国人自己的梦想。历史上我们从没有如此接近国家富强、民族复兴、人民幸福的伟大梦想。这一切都来自一代又一代中国人民的伟大奋斗。只有社会主义才能救中国，结合四十年来我国改革发展历程可以看得更清楚。这是中国特色社会主义改革留给我们的宝贵思想遗产。

　　100多年前，马克思主义创始人明确提出社会主义不是僵化的教条的社会形态，而是处于不断变化中的社会。半个世纪前，列宁认为，确立社会主义制度只是"表明无产阶级专政的时代已经开始，不过还要由许多国家来改善和完善苏维埃制度和无产阶级专政的各种形式。在这方面我们还有很多很多事情没有做。如果看不到这一点，那是不可饶恕的"①。毛泽东指出："没有矛盾的想法是不符合客观实际的天真的想法。"② 并提出了社会主义社会基本矛盾学说，从理论上论述了社会主义改革的必然性。30多年前，邓小平曾指出，要实现四个现代化的建设目标，就必须进行改革，从思维方式、管理手段等方面来一个大的转变。改革是对社会中不完善的体制机制进行再完善的过程，势必会带来某些领域的根本性变革。今天，总结历史，展望未来，我们逐渐认识到，改革开放不仅摆脱了过去的不适应社会发展的阻碍因素，而且也改变了中国社会的面貌，决定了中国社会的未来走向。我国过去40年的改革开放历史经验再次告诫我们，改革开放是社会主义中国实现自身发展和民族振兴的必由之路，我们必须坚定不移地走下去，在任何时候都切不可抛弃改革开放之路。

历史与逻辑具有惊人的一致。正如马克思、恩格斯所预料的那样，社会主义社会不是一成不变的。从"二战"结束到苏东剧变，也不过短短的40余年光景。在这期间，社会主义国家也进行了不断的改革探索，这些改革大体上可以划分为三个不同的阶段：第一阶段的改革从南斯拉夫开始，后来在苏联和东欧进行尝试。第二个阶段的改革是由东欧的一些社会主义国家率先发起的，改革触及一些根本性的问题，改革的力度和深度有限。第三个阶段的改革由东欧国家肇始，后来由戈尔巴乔夫在苏联推行，最后在东欧达到高潮，直接导致了苏东剧变的发生，社会主义退出了苏东历史舞台。然而，在国际共产主义运动走向低潮，改革纷纷失败之际，中国特色社会主义改革却奇迹般地扭转了社会主义低潮的再次下探的局面。转而是中国通过系列改革，走上和平崛起的道路，全世界的眼光再次聚焦到了"中国模式""北京共识"上来。经过40年的改革开放，中国经济一直保持持续快速发展，彻底改变了改革之初的贫困面貌，国际竞争力和综合国力都已跃居世界前列，昔日的"东亚病夫"成长为"东方巨人"，任人宰割、备受欺凌的时代一去不复返，创造了世

---

① 《列宁选集》第4卷，人民出版社1995年版，第577页。
② 《毛泽东文集》第7卷，人民出版社1999年版，第203页。

界经济发展的"中国奇迹"。

到底是什么使我们取得了如此的成功？归结总结起来，无非有三个方面的原因：一是实事求是，以科学的理念为指导。改革开放以来，我们始终不渝地坚持走中国特色社会主义道路，将国家的发展和时代的变化紧密结合起来，牢牢地把握指导思想不动摇。正是如此，我们才取得了社会改革的辉煌成就。二是加强党的领导。中国共产党的领导保证了我国的社会主义改革的发展方向，保障了人民的根本利益，从而使近14亿中国人不仅越过了温饱线，而且过上了富裕的生活。三是人民群众的团结努力是社会主义改革取得伟大胜利的基本力量。历史本身并不能做什么，创造历史的是人。人民群众是历史的创造者。无论是小岗村的家庭联产承包责任制，还是华西村的传奇，都离不开全体人民群众的伟大创造。改革出发点是为了人，改革过程依靠人，改革落脚点还是人。因此，开启社会主义改革的新篇章，决不能忽视人的作用，必须"以人为本"。

如何能够更好地发挥人的作用？有人说，无非就是给予各种物质利益、政治利益等。现在有一种观点认为，改革难以推进的原因就在于既得利益者为守住自己的利益而千方百计阻碍改革。依我们看，这也确实有一定道理，能够反映出一定的社会问题。但是，人毕竟不是一般的动物。不是为了几块骨头就一定愿意俯下身去。况且，在不同的历史阶段，人们追求的利益也有所不同，有的人甚至不追求某种利益，而纯粹只是为了人的尊严或者其他精神信仰。今天的人们已经不可能再像几十年前，为了物质生活水平的提高而其他什么都不管了。新时期的人们有了更多、更高层次的各种社会诉求。这就决定了我们必须充分满足人民群众的这些新的正常利益诉求，才可能真正调动一切积极因素为社会主义建设服务，为全面深化改革提供新的动力。在这个意义上，我们必须充分去倾听、了解人民的愿望，想尽一切办法满足人民的正常愿望，才可能凝聚社会主义改革共识与合力，才可能推动社会主义改革的伟大历史进程。

40年来，党始终将人民群众的利益视为坚定不移的奋斗目标，我国综合国力大幅提升，国民经济保持平稳快速发展，人民生活水平显著提高，政治体制改革逐步推进，民主法治不断完善，文化体制改革取得重大进展，科学文化事业全面进步，社会建设全面展开，社会管理逐步完善，社会建设成就显著。没有社会主义改革开放，就没有我国经济社会的快速发展和人民生活水平的显著提高。改革开放符合党心民心，顺应时代潮流。坚定不移地推进改革开放，是保证中国特色社会主义充满生机与活力、实现我国经济社会又好又快发展的关键。建成小康社会，最根本的还是要全面深化改革、靠体制创新，以改革的新突破、开放的新局面促进各项事业的新发展。在今天，也许我们仍然有这样或者那样的不同意见。但是，要坚持社会主义改革，这一点应该成为全国人民的基本共识、最大共识，也是我们凝聚社会主义改革共识与合力的重要起点。

当前，我们的改革是基于中国现实的全面深化改革。在这个过程中，决不能因为现实中存在的各种干扰，将社会主义中国变成资本主义中国，也不能把社会主义中国当作西方其他什么国家来治理。说到底，就是我们必须正视中国的历史、现状，一切从我国正处于并将长期处于社会主义初级阶段这个实际出发，来讨论社会主义改革，推动社会主义改革。改革开放以来，我国社会发展取得的成就有目共睹，赢得了全世界的高度认可和普遍赞誉，但我们不应就此而停下前进的脚步，我们应清醒地看到，我国社会的发展水平和发展质量还有待提高，还需要全体人民共同努力。任何脱离这些实际情况的言论，或者其他什么行为，都必将影响中国特色社会主义的建设，影响到人民群众的根本利益。对此，我们必须保持清醒的头脑。只有正视历史与现实，才可能凝聚共识，形成合力的话语基础，改革才可能成为现实。

20世纪末，世界社会主义运动因苏联的解体而走向低谷，社会主义国家要么变换颜色走上资本主义道路，要么在艰难险阻中缓慢前行。这大大挫伤了国际共产主义运动的积极性，世界社会主义面临着严重的危机与挑战。在这种时代背景下，中国共产党不畏艰辛，经过近70年的不断发展，书写了世界社会主义在东方的传奇。习近平同志在庆祝中国共产党成立95周年大会上指出："95年来，中国共产党之所以能够完成近代以来各种政治力量不可能完成的艰巨任务，就在于始终把马克思主义这一科学理论作为自己的行动指南，并坚持在实践中不断丰富和发展马克思主义。这使我们党得以摆脱以往一切政治力量追求自身特殊利益的局限，以唯物辩证的科学精神、无私无畏的博大胸怀领导和推动中国革命、建设、改革，不断坚持真理、修正错误。无论是处于顺境还是逆境，我们党从未动摇对马克思主义的信仰。马克思主义及其在中国的发展，为党和人民事业发展提供了既一脉相承又与时俱进的科学理论指导，为增进全党全国各族人民团结统一提供了坚实思想基础。马克思主义是我们立党立国的根本指导思想。背离或放弃马克思主义，我们党就会失去灵魂、迷失方向。在坚持马克思主义指导地位这一根本问题上，我们必须坚定不移，任何时候任何情况下都不能有丝毫动摇。"①

历史和现实一再表明：符合本国实际的改革是唯一的出路。"今天，时代变化和我国发展的广度和深度远远超出了马克思主义经典作家当时的想象……我们要以更加宽阔的眼界审视马克思主义在当代发展的现实基础和实践需要，坚持问题导向，坚持以我们正在做的事情为中心，聆听时代声音，更加深入地推动马克思主义同当代中国发展的具体实际相结合，不断开辟21世纪马克思主义发展新境界，让当代中国马克思主义放射出更加灿烂的真理光芒。"② "只有社会主义才能救中国，只有改革开放才能发展中国、发展社会主义、发展马克思主义。必须坚持和完善中国特色社会主义制度，不断推进国家治理体系和治理能力现代化，坚决破除一切不合时宜的思想观念和体制机制弊端，突破利益固化的藩篱，吸收人类文明有益成果，构建系统完备、科学规范、运行有效的制度体系，充分发挥我国社会主义制度优越性。"③ 社会主义改革是决定当代中国命运的关键一招，是世界社会主义运动的强心针，更是中国人民实现百年梦想的活力之源。40年的社会改革为中国梦的实现奠定了坚实的物质基础和历史基础。我们今天比历史上任何时期都更加接近中华民族的伟大复兴。而要完全实现民族复兴，还需要进一步深化改革，进一步解放思想，破除体制机制障碍。只要我们恪守"四个自信"，紧紧抓住全面

---

① 习近平：《习近平谈治国理政》第二卷，外文出版社2017年版，第33页。
② 同上书，第34页。
③ 习近平：《决胜全面建成小康社会 夺取新时代中国特色社会主义伟大胜利》，人民出版社2017年版，第23页。

深化改革这个推进社会发展的根本之策，广泛凝聚社会共识，汇聚社会力量，齐心协力谋发展，一心一意搞建设，就能再创辉煌，谱写中国特色社会主义的时代新篇章，"两个一百年"的奋斗目标也就能如期实现。

# 参考文献

## 一 经典著作、文献汇编类

[1]《马克思恩格斯文集》第1—10卷,人民出版社2009年版。
[2]《马克思恩格斯全集》第19卷,人民出版社2008年版。
[3]《马克思恩格斯全集》第23卷,人民出版社1972年版。
[4]《马克思恩格斯全集》第30卷,人民出版社1965年版。
[5]《马克思恩格斯全集》第36卷,人民出版社1972年版。
[6]《马克思恩格斯全集》第37卷,人民出版社1972年版。
[7]《费尔巴哈》,人民出版社1988年版。
[8]《列宁选集》第4卷,人民出版社1972年版。
[9]《列宁全集》第23卷,人民出版社1987年版。
[10]《毛泽东文集》第7卷,人民出版社1999年版。
[11]《毛泽东文集》第8卷,人民出版社1999年版。
[12]《毛泽东选集》第1—4卷,人民出版社1991年版。
[13]《毛泽东选集》第5卷,人民出版社1977年版。
[14]《毛泽东著作选读》(下),人民出版社1986年版。
[15]《邓小平文选》第1—2卷,人民出版社1994年版。
[16]《邓小平文选》第3卷,人民出版社1993年版。
[17]《李先念文选》,人民出版社1989年版。
[18]《陈云文选》第2—3卷,人民出版社1986年版。

[19]《邓小平年谱》（上、下），中央文献出版社 2004 年版。

[20]《邓小平关于建设有中国特色社会主义的论述专题摘编》，中央文献出版社 1992 年版。

[21]《江泽民文选》第 1—3 卷，人民出版社 2006 年版。

[22] 江泽民：《论党的建设》，中央文献出版社 2001 年版。

[23]《十二大以来重要文献选编》（上、中），人民出版社 1986 年版。

[24]《十二大以来重要文献选编》（下），人民出版社 1989 年版。

[25]《十二大文件汇编》，人民出版社 1992 年版。

[26]《十三大以来重要文献选编》（下），人民出版社 1982 年版。

[27]《十四大以来重要文献选编》（上），人民出版社 1996 年版。

[28]《十四大以来重要文献选编》（下），人民出版社 1999 年版。

[29]《十五大以来重要文献选编》（上），人民出版社 2000 年版。

[30]《十六大以来重要文献选编》（上），中央文献出版社 2005 年版。

[31]《十六大以来重要文献选编》（中），中央文献出版社 2006 年版。

[32]《十六大以来重要文献选编》（下），中央文献出版社 2008 年版。

[33]《十七大以来重要文献选编》（上、中），中央文献出版社 2011 年版。

[34]《三中全会以来重要文献选编》（上、下），人民出版社 1982 年版。

[35]《关于建国以来党的若干历史问题的决议》注释本（修订），人民出版社 1985 年版。

[36]《中国共产党第十三次全国代表大会文件汇编》，人民出版社 1987 年版。

[37] 十六大报告：《全面建设小康社会 开创中国特色社会主义事业新局面》，《人民日报》2002 年。

[38] 十七大报告：《高举中国特色社会主义伟大旗帜 为夺取全面建设小康社会新胜利而奋斗》，人民出版社 2007 年版。

[39] 十八大报告：《坚定不移沿着中国特色社会主义道路前进 为全面建成小康社会而奋斗》，人民出版社 2012 年版。

[40]《全面贯彻落实党的十八大精神要突出抓好六个方面工作》，《求是》2013 年第 1 期。

[41]《中国共产党第十八届中央委员会第三次全体会议公报》，人民出版社 2013 年版。

[42]《论群众路线重要论述摘编》，中央文献出版社 2013 年版。

[43]《深入学习习近平总书记重要讲话读本》，人民出版社 2013 年版。

[44]《改革开放以来历届三中全会文件汇编》，人民出版社 2013 年版。

[45]《习近平关于实现中华民族伟大复兴的中国梦论述摘编》，中央文献出版社 2013 年版。

[46]《干在实处，走在前列：推进浙江新发展的思考与实践》，中共中央党校出版社 2013 年版。

[47]《习近平总书记系列重要讲话读本》，学习出版社 2014 年版。

[48]《习近平关于全面深化改革论述摘编》，中央文献出版社 2014 年版。

[49]《学习习近平总书记系列讲话精神干部读本》，浙江人民出版社 2014 年版。

## 二　著作类

[50] 习近平：《之江新语》，浙江人民出版社 2013 年版。

[51] 秦宣：《中国特色社会主义史》（上、下），高等教育出版社 2009 年版。

[52] 赵智奎：《改革开放 30 年思想史》（上、下），人民出版社 2008 年版。

[53] 王炳林：《抉择——共和国重大思想决策论争纪实》，人民出版社 2010 年版。

[54] 周新城：《围绕改革问题马克思主义同反马克思主义的斗争》，中国社会科学出版社 2010 年版。

[55] 中共中央党史研究室第三研究部：《中国改革开放史》，辽宁人民出版社 2002 年版。

[56] 中共中央党史研究室第三研究部：《中国改革开放 30 年》，辽宁人民出版社 2008 年版。

[57] 中央政策研究室：《改革开放 30 年的辉煌成就和宝贵经验》，研究

出版社 2008 年版。
[58] 李君如：《社会主义和谐社会论》，人民出版社 2005 年版。
[59] 吴敬琏等：《改革共识与中国未来》，中央编译出版社 2013 年版。
[60] 吴敬琏：《改革是最大政策》，东方出版社 2014 年版。
[61] 李慎明：《世界社会主义跟踪研究报告（2011—2012）》，社会科学文献出版社 2012 年版。
[62] 石云霞：《中国特色社会主义改革开放的历史经验研究》，华中科技大学出版社 2008 年版。
[63] 刘国光：《纵论改革开放 30 年》，河南人民出版社 2008 年版。
[64] 郭建宁：《改革开放与中国特色社会主义》，北京大学出版社 2010 年版。
[65] 厉以宁：《读懂中国改革：新一轮改革的战略和路线图》，中信出版社 2014 年版。
[66] 林翰：《改革开放语录》，中国友谊出版公司 2012 年版。
[67] 张维迎：《改革》，上海人民出版社 2013 年版。
[68] 郑永年：《关键时刻：中国改革何处去》，东方出版社 2014 年版。
[69] 郑永年：《中国改革三步走》，东方出版社 2012 年版。
[70] 中国（海南）改革发展研究院：《全面深化改革若干重大问题》，国家行政学院出版社 2013 年版。
[71] 国家发展改革委经济体制与管理研究所：《改革开放三十年：从历史中走来——中国经济体制改革若干历史经验研究》，人民出版社 2008 年版。
[72] 刘吉：《碰撞三十年：改革开放十次思想观念交锋实录》，江苏人民出版社 2008 年版。
[73] 汤应武：《改革开放 30 年重大决策纪实》（上、下），中共中央党校出版社 2008 年版。
[74] 黄中平：《改革开放 30 年纪实》，人民出版社 2009 年版。
[75] 郎咸平：《郎咸平说：改革如何再出发》，东方出版社 2014 年版。
[76] 南方都市报编著《见证：中国改革开放三十年口述史》，广东教育出版社 2008 年版。

[77] 刘田夫：《刘田夫回忆录》，中央党史出版社 1995 年版。

[78] 胡平：《改革开放亲历记》，中央文献出版社 2010 年版。

[79] 田纪云：《改革开放的伟大实践》，新华出版社 2009 年版。

[80] 胡舒立：《中国 2014：改革升档》，民主与建设出版社 2014 年版。

[81] 本书编写组：《全面深化改革专题解读》，新华出版社 2013 年版。

[82] 沈宝祥：《真理标准问题的讨论始末》，中国青年出版社 1977 年版。

[83] 宋晓明：《追寻 1978——中国改革开放纪元访谈录》，福建人民出版社 1998 年版。

[84] 杨胜群：《历史转折：1977—1978》，生活·读书·新知三联书店 2009 年版。

[85] 钟生：《解放——改革开放以来思想大论战》，人民出版社 2008 年版。

[86] 马国川：《大碰撞：中国改革纪事》，新华出版社 2005 年版。

[87] 罗晓：《共识：中国在改革中前行》，东方出版社 2012 年版。

[88] 华生：《中国改革做对的和没做的》，东方出版社 2012 年版。

[89] 肖前：《马克思主义哲学》，中国人民大学出版社 1996 年版。

[90] 王瑞璞：《中国民营经济发展与企业家的社会责任》，人民出版社 2006 年版。

[91] 李青：《中国共产党对资本主义和非公有制经济的认识与政策》，中共党史出版社 2004 年版。

[92] 张静：《法团主义》，中国社会科学出版社 1998 年版。

[93] 谭安奎：《公共理性》，浙江大学出版社 2010 年版。

[94] 张斌峰：《人文思维的逻辑》，天津人民出版社 2001 年版。

[95] 苏宝荣：《〈说文解字〉今注》，陕西人民出版社 2000 年版。

[96] 海德格尔：《存在与时间》，陈嘉映译，生活·读书·新知三联书店 2012 年版。

[97] 哈贝马斯：《交往与社会进化》，张博树译，重庆人民出版社 1989 年版。

[98] 戴维·米勒：《布莱克维尔政治学百科全书》，邓正来译，中国政法大学出版社 2002 年版。

［99］ 安德鲁·海伍德：《政治学核心概念》，吴勇译，天津人民出版社2008年版。

［100］ 密尔：《论自由》，商务印书馆2006年版。

［101］ 罗素：《人类的知识》，张金言译，商务印书馆1983年版。

［102］ 约翰·罗尔斯：《政治自由主义》，万俊人译，译林出版社2000年版。

［103］ 约翰·罗尔斯：《公共理性观念再探》，时和兴译，生活·读书·新知三联书店2000年版。

［104］ Graham, J. G. Jr, Consensus. In Social Science Concepts: a systematic analysis, ed. G. Sartori. Beverly Hills, Calif., London and New Delhi: Sage, 1984.

［105］ Deliberative Democracy: Essays on Reason and Politics. The MIT Press, 1997.

［106］ Oshua Cohen. Procedure and Substance in Deliberative. Democracy. James Bohman, William Rehg. eds.

［107］ John Rawls: collected Papers, samuelFreeman, ed. Harvard niversity-press, 2001.

## 三　期刊、报纸及其他类

［108］ 秦龙、邓晶晶：《论中国梦与改革共识的价值共向》，《广西社会科学》2017年第3期。

［109］ 王文章：《凝聚改革共识难在何处》，《人民论坛》2017年第17期。

［110］ 宋周尧：《邓小平凝聚改革共识思想解析》，《重庆理工大学学报》（社会科学版）2016年第12期。

［111］ 叶飞霞：《改革共识建构的社会心态基础分析》，《福建农林大学学报》（哲学社会科学版）2016年第12期。

［112］ 陈海锋：《破除思维阻碍凝聚改革共识》，《政工学刊》2016年第7期。

[113] 叶险明：《关于"中国道路"中的政治发展问题——再聚中国政治体制改革的共识》，《江海学刊》2016 年第 5 期。

[114] 张冬利、李萍：《当代中国改革思想论争的历史品格与基本共识》，《理论月刊》2016 年第 3 期。

[115] 人民论坛课题组：《改革发展关键阶段需要全面凝聚政治共识——当前公众的政治观念与政治意识调查报告》，《人民论坛》2016 年第 19 期。

[116] 林贤明：《论社会主义核心价值观引领改革共识》，《中共福建省委党校学报》2015 年第 4 期。

[117] 杨晓虎：《中国梦：凝聚改革共识的精神力量》，《胜利油田党校学报》2015 年第 1 期。

[118] 张道全：《略论改革共识的形成》，《皖西学院学报》2015 年第 6 期。

[119] 武飞：《论改革进程中共识的规范性》，《学术交流》2015 年第 9 期。

[120] 王树荫：《全面深化改革进程中如何凝聚改革共识》，《马克思主义研究》2014 年第 6 期。

[121] 宋海春、张桂英：《社会转型期改革共识的法治意蕴》，《东北师范大学学报》（哲学社会科学版）2014 年第 2 期。

[122] 龙柏林、罗嗣亮：《当代中国改革共识的形成与升级》，《思想战线》2014 年第 6 期。

[123] 唐昊：《论我国当前改革共识的形成路径》，《思想战线》2014 年第 6 期。

[124] 叶飞霞：《凝聚改革共识的难点分析与路径探究》，《福建农林大学学报》（哲学社会科学版）2014 年第 5 期。

[125] 石德金：《改革共识形成模式的嬗变——以国家与社会关系的视角》，《思想战线》2014 年第 6 期。

[126] 邱成梁：《法治中国与改革共识的法治进路》，《山东行政学院学报》2014 年第 4 期。

[127] 毛志强：《十一届三中全会后党内农村改革共识形成的启示》，

《长白学刊》2014年第6期。

［128］李林：《以法治凝聚改革共识》，《理论参考》2014年第1期。

［129］金碚：《深化改革基于市场经济共识》，《社会科学战线》2014年第11期。

［130］张守文：《"改革决定"与经济法共识》，《法学评论》2014年第2期。

［131］秦国民、秦舒展：《凝聚共识：重要战略机遇期深化改革的关键》，《中共福建省委党校学报》2014年第9期。

［132］赵峰：《共识与改革——基于哲学存在论的视角》，《中共济南市委党校学报》2014年第3期。

［133］刘洋：《"和而不同"：全面深化改革需要的共识智慧》，《宁夏党校学报》2014年第5期。

［134］李萍：《改革与共识》，《思想战线》2014年第6期。

［135］公方彬：《当前改革的"险滩"在哪——凝聚共识汇聚力量推进政治体制改革》，《理论参考》2014年第1期。

［136］林智敏：《为全面深化改革凝聚共识献智出力》，《中央社会主义学院学报》2015年第5期。

［137］张红：《中国梦是法治梦：以法治凝聚改革新共识》，《理论参考》2014年第1期。

［138］高飞乐：《凝聚深化改革的共识》，《理论参考》2014年第1期。

［139］李艳玲：《扣准社会脉搏是凝聚改革共识的重要前提》，《求是》2013年第2期。

［140］孙剑：《凝聚改革共识难在哪里》，《求是》2013年第2期。

［141］葛志新：《对既得利益与深化改革共识的思考》，《新疆社会科学》2013年第2期。

［142］魏波：《在民主的创新实践中凝聚改革共识》，《中国特色社会主义研究》2013年第1期。

［143］陈红心：《邓小平南方谈话与重聚中国改革共识的路径选择》，《云南行政学院学报》2013年第1期。

［144］蒋德海：《改革需要共识——关于"顶层设计"的几点辨析》，

《探索与争鸣》2013 年第 5 期。

[145] 刘方喜：《超越"历史周期律"与"资本周期律"：重启改革的底线共识》，《探索与争鸣》2013 年第 2 期。

[146] 黄卫平：《论改革的共识、智慧和勇气》，《深圳大学学报》（人文社会科学版）2013 年第 3 期。

[147] 蒋德海：《以中国特色社会主义为旗帜凝聚改革开放的共识》，《学习与探索》2013 年第 3 期。

[148] 李君如：《中国特色社会主义道路是改革的共识》，《山西师范大学学报》（社会科学版）2013 年第 5 期。

[149] 孙煜华：《我们需要什么样的改革》，《求是》2013 年第 2 期。

[150] 廖小平：《改革开放以来价值观的变迁及其双重后果》，《科学社会主义》2013 年第 1 期。

[151] 孙立平：《深化改革需凝聚新的改革共识》，《领导科学》2012 年第 10 期。

[152] 李波、陈鹏：《凝聚改革共识，推进转型发展》，《探索》2012 年第 4 期。

[153] 程伟礼：《价值判断困惑障碍改革共识》，《人民论坛》2012 年第 10 期。

[154] 虞崇胜：《深化政治体制改革需要凝聚共识》，《中国党政干部论坛》2012 年第 3 期。

[155] 习近平：《深入学习中国特色社会主义理论体系　努力掌握马克思主义立场观点方法》，《求是》2010 年第 10 期。

[156] 任保平：《后改革时代的标志、特征及其改革共识的构建》，《学术月刊》2010 年第 5 期。

[157] 张润泽、刘世成：《改革共识的逻辑清理与现实思考》，《长沙理工大学学报》（社会科学版）2010 年第 4 期。

[158] 周新城：《新自由主义的核心观点及其对我国改革的影响》，《学习论坛》2010 年第 1 期。

[159] 漆思：《改革三十年中国模式的发展理念与发展共识》，《社会科学战线》2009 年第 3 期。

[160] 蒋平：《多元文化整合机制的缺失及其现实影响》，《沈阳师范大学学报》2009 年第 1 期。

[161] 管新华、李前进：《中国共产党构建改革共识的历史进程与现实探索》，《理论探讨》2008 年第 5 期。

[162] 管新华、李前进：《中国共产党关于改革共识的不懈探索》，《南京师范大学学报》（社会科学版）2008 年第 5 期。

[163] 韩小安、李前进、管新华：《中国改革开放共识的变迁脉络和发展轨迹》，《天水行政学院学报》2008 年第 3 期。

[164] 谢海军：《改革开放后我国利益格局变迁的轨迹和特点》，《科学社会主义》2008 年第 5 期。

[165] 李海青：《当代政治哲学视域中的公共理性——一种规范性分析》，《哲学动态》2008 年第 6 期。

[166] 徐景安：《"双轨制"改革的由来》，《财经》2008 年第 5 期。

[167] 李青、王多吉：《改革反思与新改革共识——"以人为本"的共享式改革观探要》，《开发研究》2007 年第 3 期。

[168] 郎咸平：《"和谐社会的时代意义》，《商务周刊》2007 年第 1 期。

[169] 黄一兵：《试析一九七七年至一九九九年中国领导人出访活动的作用和影响》，《党的文献》2007 年第 2 期。

[170] 皇甫平：《改革不可动摇》，《财经》2006 年 1 月 23 日。

[171] 陈敏：《对改革反思的反思——张春霖博士访谈录》，《中国改革》2006 年第 1 期。

[172] 郎咸平：《在清华大学的演讲（上）》，《世界》2006 年第 2 期。

[173] 孙立平：《对当前改革争论的两个问题的认识》，《开放导报》2006 年第 4 期。

[174] 何光友：《私营企业主入党与党的先进性建设关系之我见》，《经济师》2006 年第 12 期。

[175] 高尚全：《改革共识与建设服务型政府》，《经济社会体制比较》2005 年第 6 期。

[176] 李晓西：《改革共识有赖于阶段定位》，《中国改革》2005 年第 8 期。

[177] 胡鞍钢等：《改革的政治经济学讨论》，《读书》2005 年第 1 期。

[178] 陈家刚：《协商民主：概念、要素与价值》，《中共天津市委党校学报》2005 年第 3 期。

[179] 吴波：《私营企业主阶层的政治参与与发展趋势分析》，《社会主义研究》2004 年第 4 期。

[180] 田卫东：《在私营企业主入党问题上不宜一刀切》，《中央社会主义学院学报》2002 年第 2 期。

[181] 陈金松：《私营企业主入党问题刍议》，《哈尔滨市委党校学报》2002 年第 2 期。

[182] 项启源：《工人阶级的政党岂能吸收资本家?》，《真理的追求》2001 年第 1 期。

[183] 韩金玉：《中国城乡居民收入差距分析》，吉林大学硕士学位论文，2004 年。

[184] 张振华：《当代中国社会共识形成研究》，博士学位论文，2014 年。

[185] 王秀娜：《多元社会的共识理论研究》，博士学位论文，2013 年。

[186] 张平：《中国转型社会公共理性研究》，博士学位论文，2012 年。

[187] 习近平：《习近平总书记在中央全面深化改革领导小组日前召开第三十五次会议上的讲话》，《人民日报》2017 年 5 月 23 日。

[188] 习近平：《习近平总书记在主持召开中央全面深化改革领导小组第 34 次会议上的讲话》，《人民日报》2017 年 4 月 25 日。

[189] 习近平：《习近平总书记在中央全面深化改革领导小组日前召开第 33 次会议上的讲话》，《人民日报》2017 年 4 月 4 日。

[190] 习近平：《习近平总书记在中央全面深化改革领导小组第三十次会议上的讲话》，《人民日报》2016 年 12 月 5 日。

[191] 习近平：《习近平总书记在中央全面深化改革领导小组第二十八次会议上的讲话》，《人民日报》2016 年 10 月 11 日。

[192] 习近平：《习近平总书记在中央全面深化改革领导小组第二十七次会议上的讲话》，《人民日报》2016 年 8 月 30 日。

[193] 习近平：《习近平总书记在庆祝中国共产党成立 95 周年大会上的

讲话》，《人民日报》2016 年 7 月 1 日。

［194］习近平：《习近平总书记在中央全面深化改革领导小组第二十四次会议上的讲话》，《人民日报》2016 年 5 月 20 日。

［195］习近平：《习近平总书记在中央全面深化改革领导小组第二十三次会议上的讲话》，《人民日报》2016 年 4 月 18 日。

［196］习近平：《习近平总书记在中央全面深化改革领导小组第二十一次会议上的讲话》，《人民日报》2016 年 2 月 23 日。

［197］习近平：《习近平总书记在省部级主要领导干部学习贯彻十八届五中全会精神专题研讨班上的讲话》，《人民日报》2016 年 1 月 18 日。

［198］习近平：《习近平总书记在中央全面深化改革领导小组第二十次会议上的讲话》，《人民日报》2016 年 1 月 11 日。

［199］习近平：《习近平总书记在中央全面深化改革领导小组第十六次会议上的讲话》，《人民日报》2015 年 9 月 15 日。

［200］习近平：《习近平总书记在中央全面深化改革领导小组第十四次会议上的讲话》，《人民日报》2015 年 7 月 1 日。

［201］习近平：《习近平总书记在中央全面深化改革领导小组第十一次会议上的讲话》，《人民日报》2015 年 4 月 1 日。

［202］习近平：《习近平总书记在中央全面深化改革领导小组第十次会议上的讲话》，《人民日报》2015 年 2 月 27 日。

［203］习近平：《习近平总书记在中央全面深化改革领导小组第七次会议上的讲话》，《人民日报》2014 年 12 月 2 日。

［204］习近平：《习近平总书记在中央全面深化改革领导小组第四次会议上的讲话》，《人民日报》2014 年 8 月 18 日。

［205］习近平：《习近平总书记在中央全面深化改革领导小组第二次会议上的讲话》，《人民日报》2014 年 2 月 28 日。

［206］习近平：《中共中央政治局第十三次集体学习时强调把培育和弘扬社会主义核心价值观作为凝魂聚气强基固本的基础工程》，《人民日报》2014 年 2 月 26 日。

［207］习近平：《习近平总书记在中央全面深化改革领导小组第一次会议

上的讲话》,《人民日报》2014年1月22日。

[208] 习近平:《关于〈中共中央关于全面深化改革若干重大问题的决定〉的说明》,《人民日报》2013年11月16日。

[209] 习近平:《切实把思想统一到党的十八届三中全会精神上来》,《人民日报》2014年1月1日。

[210] 习近平:《全面贯彻落实党的十八大精神要突出抓好六个方面工作》,《求是》2013年第1期。

[211] 习近平:《在河北省阜平县考察扶贫开发工作时的讲话》,《人民日报》2012年12月30日。

[212] 习近平:《在纪念毛泽东同志诞辰120周年座谈会上的讲话》,《人民日报》2013年12月27日。

[213] 习近平:《推动全党学习和掌握历史唯物主义》,新华网,2013年12月4日。

[214] 习近平:《关于〈中共中央关于全面深化改革若干重大问题的决定〉的说明》,《人民日报》2013年11月15日。

[215] 习近平:《学习和掌握马克思主义立场观点方法是深入学习中国特色社会主义理论的根本要求》,《学习时报》2013年4月28日。

[216] 习近平:《习近平在接受金砖国家媒体联合采访时的讲话》,《人民日报》2013年3月20日。

[217] 习近平:《在第十二届全国人民代表大会第一次会议上的讲话》,《人民日报》2013年3月18日。

[218] 习近平:《全面贯彻落实党的十八大精神要突出抓好六个方面工作》,《求是》2013年第1期。

[219] 习近平:《在广东考察时的讲话》,《人民日报》2012年12月12日。

[220]《习近平在中央政治局会议上关于改进工作作风、密切联系群众的讲话》,《人民日报》2012年12月4日。

[221] 人民日报评论员文章:《以底线思维定边界》,《人民日报》2014年3月17日。

[222] 曲青山:《马克思主义政党对待历史和领袖人物的郑重态度》,

《光明日报》2014年1月6日。

[223] 刘云山：《加强和改善党对全面深化改革的领导》，《人民日报》2013年11月19日。

[224] 汪玉凯：《准确把握利益格局　突破利益固化藩篱》，《北京日报》2013年2月18日。

[225] 《习近平主持政治局集体学习：以更大的政治勇气和智慧深化改革》，《人民日报》2013年1月2日。

[226] 公方彬：《改革最关键的共识有哪些》，人民网（http://theory.people.com.cn/GB/82288/112848/112851/17400619.html），2013年3月15日。

[227] 焦佩峰：《"底线思维"的三个着力点》，《学习时报》2013年10月28日。

[228] 李景田：《全面深化改革必须高举中国特色社会主义伟大旗帜》，《人民日报》2013年12月10日。

[229] 人民日报评论员：《深刻把握全面深化改革开放目标要求》，《人民日报》2012年12月6日。

[230] 任理轩：《复兴之路　富强之路　幸福之路》，《人民日报》2012年5月9日。

[231] 郑新立：《转变发展方式　凝聚改革共识》，《中国科学报》2012年7月22日。

[232] 吴酩：《"改革共识"有哪些》，《中国经济周刊》2012年第13期。

[233] 孙立平：《建立以公平正义为核心的改革新共识》，《南方周末》2012年3月15日。

[234] 胡锦涛：《在庆祝中国共产党成立九十周年大会上的讲话》，《人民日报》2011年7月2日。

[235] 吴任：《完善群众利益诉求表达机制的四点建议》，《检察日报》2011年7月13日。

[236] 于建华：《始终高举中国特色社会主义伟大旗帜》，《人民日报》2011年7月6日。

[237] 吴晓波：《改革共识的七个误区》，http://www.ftchinese.com/sto-

ry/001037178，2011 年 3 月 1 日。

[238] 房宁：《公民该如何理性表达自身诉求》，《解放日报》2008 年 1 月 21 日。

[239] 曹普：《中国改革开放的历史由来》，《学习时报》2008 年 10 月 6 日。

[240] 胡锦涛：《在中央党校省部级干部进修班上的重要讲话》，《人民日报》2007 年 6 月 26 日。

[241] 《胡锦涛吴邦国贾庆林曾庆红分别参加审议和讨论》，《人民日报》2006 年 3 月 7 日。

[242] 刘国光：《反思改革不等于反改革》，《经济观察报》2005 年 12 月 10 日。

[243] 程恩富等：《关于郎咸平质疑流行产权理论和侵吞国有资产问题的学术声明》，《社会科学报》2004 年 9 月 15 日。

[244] 张维迎：《张维迎回应郎咸平：善待为社会做贡献的人》，《经济观察报》2004 年 8 月 28 日。

[245] 胡锦涛：《在山东、河南考察农村工作时的讲话》，《人民日报》2003 年 12 月 17 日。

[246] 《在"三个代表"重要思想研讨会上的讲话》，《人民日报》2003 年 7 月 2 日。

[247] 胡锦涛：《学习贯彻"三个代表"重要思想和十六大精神要持之以恒》，《人民日报》2003 年 2 月 19 日。

[248] 胡锦涛：《在新进中央委员会的委员、候补委员学习"三个代表"重要思想和贯彻十六大精神研讨班结业时的讲话》，2003 年 2 月 18 日。

[249] 江泽民：《在中国共产党成立八十周年大会上的讲话》，《人民日报》2001 年 7 月 2 日。

[250] 人民日报评论员：《伟大的实践，光辉的篇章》，《人民日报》1992 年 10 月 24 日。

[251] 《必须旗帜鲜明地反对动乱》，《人民日报》1989 年 4 月 26 日。

[252] 《中国共产党第十一届中央委员会第三次全体会议公报》，《人民

日报》1978 年 12 月 23 日。

[253] 胡乔木:《依照经济规律办事,加快实现四个现代化》,《人民日报》1978 年 10 月 6 日。

[254] 《国务院关于今年上半年工业生产情况的报告》,1977 年 7 月 30 日。

[255] 《实践是检验真理的唯一标准》,《光明日报》1978 年 5 月 11 日。

[256] 《现代汉语词典》(2002 年增补本),商务印书馆 2002 年版。

[257] Shils E., Lipsitz L., Consensus. In International Encyclopedia of the Social Sciences, Vol. III, ed. D. S. Sills. New York: Macmillan and the Free Press, 1968.

[258] John Rawls, "The Idea of Public Reason Revisited", The University of Chicago Law Review, Vol. 64, No. 3 (Summer, 1997).